Hilde Wolf, Margit Endler, Beate Wimmer-Puchinger (Hg.)

# Frauen
# Gesundheit
# Soziale Lage

Festschrift anlässlich des 10-jährigen Bestehens
des Frauengesundheitszentrums FEM Süd

**facultas.wuv**

**Bibliografische Information Der Deutschen Bibliothek**

Die Deutsche Nationalbibliothek verzeichnet diese Publikation in der Deutschen Nationalbibliografie; detaillierte bibliografische Daten sind im Internet über http://dnb.d-nb.de abrufbar.

Alle Angaben in diesem Fachbuch erfolgen trotz sorgfältiger Bearbeitung ohne Gewähr, eine Haftung des Autors oder des Verlages ist ausgeschlossen.

1. Auflage 2010
Copyright © 2010 Facultas Verlags- und Buchhandels AG

facultas.wuv Universitätsverlag, Berggasse 5, 1090 Wien, Österreich
Alle Rechte, insbesondere das Recht der Vervielfältigung und der Verbreitung sowie der Übersetzung, sind vorbehalten.
Umschlagbild: © Giorgio Fochesato Photographer, istockphoto.com
Lektorat: Susanne Müller, Wien
Satz und Druck: Facultas Verlags- und Buchhandels AG
Printed in Austria
ISBN 978-3-7089-0542-6

Gedruckt mit Unterstützung des Bundesministeriums für Wissenschaft und Forschung in Wien, der Bezirksvorstehung Favoriten und des Wiener Krankenanstaltenverbunds.

## Inhaltsverzeichnis

Das Frauengesundheitszentrum FEM Süd aus Sicht der
Wiener Gesundheitspolitik
*Mag.ª Sonja Wehsely* .................................................... 7

Das Frauengesundheitszentrum FEM Süd aus Sicht der
Wiener Frauenpolitik
*Sandra Frauenberger* .................................................... 9

Das FEM Süd und der 10. Bezirk – Eine Erfolgsstory vom ersten Tag an
*Hermine Mospointner* .................................................. 11

Zur Entstehung des Buchs
*Mag.ª Hilde Wolf* ....................................................... 13

Frauengesundheit als Spiegel sozialer Ungleichheit
*Univ.-Prof.-Dr.in Beate Wimmer-Puchinger* ............................ 17

Frauengesundheitsförderung, die ankommt
Konzeption und Arbeitsweise des Frauengesundheitszentrums FEM Süd
*Dr.in Margit Endler, Mag.ª Hilde Wolf* ................................. 26

Von der Rolle?!
Zum Thema Geschlechterrolle und frauenspezifische psychologische
Beratung
*Mag.ª Huberta Haider, Mag.ª Eva Trettler* ............................. 35

Essstörungen
Frauen zwischen Widerstand und Anpassung
*Mag.ª Nina Schnaubelt* ................................................. 50

Mädchenräume – Freiräume!
Zur Notwendigkeit geschlechtssensibler Mädchenarbeit
*Mag.ª Eva Trettler, Julia Spitzer* ..................................... 64

„Für Mädchen und Frauen, die viel drauf haben ..."
Neue Ansätze der Adipositasprävention und -behandlung
*Mag.ª Christa Bauer, Mag.ª Kathleen Löschke-Yaldiz,
Mag.ª Sonja Rader* ...................................................... 78

Was Frauen (be)hindert
Lebenssituation und Empowerment von Frauen mit Behinderungen
*Mag.ª Sonja Rader, Mag.ª Cassandra Cicero* ............................ 92

„Böse Hexen – weise Frauen?"
Empowerment für Frauen in der zweiten Lebenshälfte
*Margarete Kunz* .................................................. 107

Schwangerschaft, Geburt und Wochenbett als psychosoziales Risiko?
Gesundheitsförderung und Prävention für sozial benachteiligte
Schwangere mit und ohne Migrationshintergrund
*Mag.ª Daniela Kern, Mag.ª Franziska Pruckner* ...................... 120

Migration und psychische Gesundheit
Muttersprachliche psychologische Beratung und Psychotherapie
für Frauen aus dem ehemaligen Jugoslawien und der Türkei
*Dr.in Sevin Cayiroglu, Mag.ª Ekim San,*
*Mag.ª Natalija Popovic-Sczlachcikowski* ............................ 130

„Gesund in allen Sprachen"
Health Literacy bei MigrantInnen
*Mag.ª Kathleen Löschke-Yaldiz, Mag.ª Serpil Özsoy, Mag.ª Ekim San,*
*Seher Ünsal, Nuray Sümbültepe Keegan* ............................. 143

Weibliche Genitalverstümmelung
Ein Gesundheitsrisiko für Frauen
*Mag.ª Hilde Wolf, Umyma El Jelde, Bakk.ª* ......................... 155

„Women at Work"
Interkulturelle betriebliche Gesundheitsförderung
für Frauen in Niedriglohnbranchen
*Mag.ª Huberta Haider, Mag.ª Karin Korn, Slavica Blagojevic* ........ 168

Gesundheitliche Situation Arbeit suchender Frauen in Wien
und Möglichkeiten gesundheitsfördernder Interventionen
am Beispiel von (f)itworks
*Mag.ª Birgit Pichler, Mag.ª Karin Korn* ............................ 180

Gesundheitsförderung für wohnungslose Frauen
Ein Wiener Modellprojekt
*Mag.ª Daniela Kern, Mag.ª Julia Karinkada* ........................ 191

Männergesundheitsförderung in der Praxis
Ein Balanceakt von emanzipatorischem Anspruch und
Ressourcen-Orientierung
*Mag. Romeo Bissuti* ............................................... 201

Anhang ............................................................ 213

## Das Frauengesundheitszentrum FEM Süd aus Sicht der Wiener Gesundheitspolitik

Das Frauengesundheitszentrum FEM Süd steht für zehn Jahre erfolgreiche Arbeit für Frauen, Eltern und Mädchen – unabhängig von Alter, Bildung, Einkommen und Herkunft. Sie finden hier Beratungen, Projekte und Kurse zu Gesundheitsthemen wie etwa Ernährung, Bewegung, Partnerschaft, Sexualität und seelische Gesundheit.

Bereits 1992 hat die Wiener Gesundheitspolitik die Frauengesundheit als wichtiges Thema erachtet und das Frauengesundheitszentrum FEM in der Wiener Ignaz-Semmelweis-Frauenklinik gegründet. Dieses WHO-Modellprojekt war das erste in einem Spital angesiedelte Frauengesundheitszentrum Österreichs. Durch die ganzheitliche Verbindung von Krankenversorgung und Gesundheitsförderung an einem Ort konnten Barrieren des Zugangs zur Gesundheitsversorgung und -förderung abgebaut werden. Den Wienerinnen wurde hier ein einfacher Zugang zu neuen Gesundheitsangeboten ermöglicht.

Das Frauengesundheitszentrum FEM hatte sich erfolgreich etabliert, deshalb wurde 1999 das Frauengesundheitszentrum FEM Süd – angesiedelt im Wiener Kaiser Franz Josef-Spital – gegründet. Zugeschnitten auf die speziellen Anliegen der Bewohnerinnen der Region – ermittelt durch eine Bedarfsanalyse im 10. Wiener Gemeindebezirk – wurde das bewährte Konzept mit einem neuen Schwerpunkt umgesetzt. Das Team besteht aus Fachfrauen aus dem Gesundheits- und Sozialbereich, die zudem auch die Sprachen der größten Bevölkerungsgruppen des regionalen Umfelds beherrschen. So gibt es Beratungs- und Informationsangebote in mittlerweile sechs verschiedenen Sprachen. In einem multikulturellen und multiprofessionellen Team stehen den Frauen Psychologinnen, Psychotherapeutinnen, Ärztinnen, Gynäkologinnen und Sozialberaterinnen zur Verfügung. Weiters gibt es ein Servicetelefon, an das sich Mädchen und Frauen mit jedem erdenklichen Anliegen wenden können – was sie auch nützen.

Der Schwerpunkt des Frauengesundheitszentrums ist es, Barrieren des Zugangs zur Gesundheitsversorgung für sozial benachteiligte Frauen wie Alleinerzieherinnen, Frauen mit geringer Schulbildung und/oder geringem Einkommen sowie Migrantinnen abzubauen und ihren gesundheitlichen Anliegen und Bedürfnissen gerecht zu werden.

Mit der Ausrichtung, sich insbesondere den gesundheitlichen Bedürfnissen von Frauen in sozial schwierigen Lebenssituationen zu widmen, kam dem Frauengesundheitszentrum FEM Süd vor zehn Jahren eine Vorreiterinnenrolle zu. Mittlerweile gilt der Zusammenhang zwischen Gesundheit und sozialer Lage – national wie international – als erwiesen. Aktuelle Gesundheitsberichte zeigen, dass sozial benachteiligte Menschen meist einen schlechteren Gesundheitszustand haben und Gesundheitsvorsorge kaum in Anspruch nehmen. Frauen sind dabei aufgrund ihrer deutlich höheren Armutsgefährdung und weiteren Faktoren wie schlechter bezahlten Jobs, Mehrfachbelastungen etc. besonders betroffen.

Das FEM Süd schafft Frauen, die vielen Belastungen ausgesetzt sind, einen Freiraum, um für ihre eigene Gesundheit aktiv zu werden. Diese Leistung und das Engagement des gesamten Teams schlägt sich in der hohen Akzeptanz des Frauengesundheitszentrums FEM Süd nieder, was die ständig steigenden Besucherinnenzahlen bestätigen. So haben in den vergangenen zehn Jahren mehr als 20.000 Menschen psychologische, soziale oder medizinische Beratungsgespräche im FEM Süd geführt.

Das FEM Süd ist mittlerweile zum Kompetenzzentrum für Frauengesundheit im Kontext sozialer Benachteiligung geworden und ist aus der Gesundheitsversorgung der Wienerinnen nicht mehr wegzudenken. Ich danke dem Team für die geleistete Arbeit und wünsche den Frauen des FEM Süd alles Gute für ihre Arbeit!

*Mag[a] Sonja Wehsely*
Stadträtin für Gesundheit und Soziales

# Das Frauengesundheitszentrum FEM Süd aus Sicht der Wiener Frauenpolitik

Das Frauengesundheitszentrum FEM Süd engagiert sich seit nunmehr 10 Jahren für Frauen in sozial schwierigen Lebenssituationen. Denn die Lebenslage von Frauen unterscheidet sich nach wie vor in vielerlei Hinsicht von jener der Männer. Geschlechtsspezifische Benachteiligungen sind in verschiedenen Bereichen – man denke nur an die Einkommensschere – noch immer Realität. Und nach wie vor sind es vorwiegend Frauen, die verantwortlich zeichnen für Haus- und Familienarbeit. Die Einkommensverhältnisse und die Mehrfachbelastungen haben Auswirkungen auf die gesamte Lebenssituation, so auch auf Gesundheit und Wohlbefinden.

Anlässlich des 10-jährigen Jubiläums von FEM Süd werden nun die vielfältigen Arbeitsbereiche und innovativen Methoden erstmals im Rahmen eines Buches der Öffentlichkeit zugänglich gemacht. Die Beiträge machen die Konzeption von FEM Süd sichtbar, die charakterisiert ist durch ganzheitliche, alters- und kulturunabhängige Frauengesundheitsförderung. In einem Kurs- und Beratungsangebot, das stets bemüht ist, Bedürfnissen von Mädchen wie Frauen jeder Lebensphase gerecht zu werden, werden aktuelle Frauenthemen aufgegriffen, darunter Essstörungen und Schönheitsideale, Wechseljahre, Stress und Burn-out u.v.m.

Frauen erhalten im Frauengesundheitszentrum aber nicht nur individuelle Beratung und Stärkung in ihrer Lebensführung. Die vielfältigen Gruppenangebote führen dazu, dass Frauen – egal ob Migrantin oder Seniorin – auch Kontakt zu anderen Frauen bekommen und sich gegenseitig darin bestärken, ihr Leben selbst „in die Hand zu nehmen". Das führt bei manchen Frauen dazu, sich für einen Job zu bewerben, bei anderen, sich aus einer schwierigen Beziehungssituation zu lösen oder bei Migrantinnen dazu, einen Deutschkurs zu besuchen. Bei interkulturellen Aktivitäten wie etwa gemeinsamem Kochen kommen Frauen mit und ohne Migrationshintergrund in Kontakt und können so Berührungsängste verlieren.

Zentrales Anliegen von FEM Süd ist somit die Stärkung von Selbstbestimmung und Empowerment bei den Nutzerinnen, und dies nicht nur im Hinblick auf gesundheitliche Belange, sondern in Bezug auf alle Lebensbereiche.

So vielfältig die Gruppe sozial benachteiligter Frauen, so vielfältig sind die zielgruppenspezifischen Angebote von FEM Süd: Es gibt Angebote für Mädchen wie für ältere Frauen, für arbeitsuchende Frauen, für Frauen in Niedriglohnbranchen, für Frauen mit und ohne Migrationshintergrund, für Frauen mit Behinderungen.

Um Frauen dieser Zielgruppen mit Gesundheitsförderung zu „erreichen", bedarf es innovativer Methoden. Einen wesentlichen Teil des Erfolgs von FEM

Süd macht daher die Flexibilität der Mitarbeiterinnen aus, deren Tätigkeit weit über die Arbeit vor Ort im FEM Süd hinausgeht. Mittels aufsuchender Arbeit treten sie in Kontakt mit sozial benachteiligten Frauen in deren Lebenswelt, beispielsweise in Deutschkursen, Jugend- und Nachbarschaftszentren, Kulturvereinen, Moscheen, oder aber auch an öffentlichen Plätzen (z. B. Parkanlagen) bzw. am Arbeitsplatz.

Der Migrantinnenschwerpunkt in der Arbeit kommt an, ca. 50% der Nutzerinnen von FEM Süd sind nicht in Österreich geboren. Und auch innerhalb dieser Zielgruppe wird auf besondere gesundheitliche Belange eingegangen. Aus diesem Grund gibt es seit 2007 beispielsweise ein spezielles Beratungsangebot für afrikanische und arabische Frauen, das vor allem Frauen, die von Genitalverstümmelung betroffen sind, unterstützt.

FEM Süd arbeitet nach dem Motto, Gesundheitsförderung dort umzusetzen, wo sie ankommt für diejenigen Frauen, die sie wirklich brauchen!

Ich möchte dem Frauengesundheitszentrum FEM Süd meine Glückwünsche zum 10-jährigen Bestehen aussprechen und herzlich danken für die engagierte Arbeit von Frauen für Frauen!

*Sandra Frauenberger*
Frauen- und Integrationsstadträtin

## Das FEM Süd und der 10. Bezirk
### Eine Erfolgsstory vom ersten Tag an

Da ich 1994 erstmals in das Amt der Bezirksvorsteherin des 10. Bezirks gewählt wurde, begleite und verfolge ich die Tätigkeit des FEM Süd vom Tag seiner Gründung an. Und ich möchte vorausschicken, dass es von Anfang an eine exzellente Kooperation mit dem Bezirk gab. Diese ausgezeichnete Zusammenarbeit, für die ich mich bei allen Akteurinnen recht herzlich bedanke, hat es ermöglicht, eine Reihe von hervorragenden Projekten in Favoriten zu verwirklichen. Der Bezirk seinerseits war stets bestrebt, die Arbeit des FEM Süd bestmöglich zu unterstützen. Wir waren und sind gerne behilflich bei der Herstellung von Kontakten, bei der Auswahl von Veranstaltungsorten im Bezirk oder bei der Unterstützung der Öffentlichkeitsarbeit des FEM Süd auf Bezirksebene und versuchen – wo immer es gewünscht wird – uns auch inhaltlich einzubringen.

So darf ich heute einen kleinen Rückblick auf zehn Jahre Zusammenarbeit des FEM Süd mit dem 10. Bezirk werfen. Ich mache das umso lieber, weil mich von Anbeginn an die praxisorientierte Arbeit des FEM Süd begeistert hat. Das tut der hohen fachlichen Qualifikation des Teams keinen Abbruch und ich halte es für ganz wichtig, das umfassende theoretische Wissen und die wissenschaftliche Kompetenz der Mitarbeiterinnen zu betonen und gerade auch in Form dieser Festschrift darzustellen. Die Ergebnisse der umsetzungsorientierten Arbeit des FEM Süd sind es aber letztlich, an denen der Erfolg zu messen ist.

Favoriten wurde als bevölkerungsreichster Wiener Bezirk aufgrund einer Bedarfsanalyse für die Einrichtung des FEM Süd ausgewählt. Aktuell leben 172.000 Menschen in Favoriten, davon mehr als 88.000 Frauen. Rund 21% besitzen nicht die österreichische Staatsbürgerschaft. Das deutsch-, türkisch-, serbisch-, bosnisch- und kroatischsprachige Team hat sich von Haus aus auch in spezieller Form der Zielgruppe sozial benachteiligter Frauen sowie Migrantinnen zugewendet. Hier konnte im Lauf der letzten zehn Jahre eine Reihe von Referenzprojekten entwickelt und durchgeführt werden, auf die ich besonders stolz bin.

Eine kleine Auflistung belegt, wo überall das FEM Süd im 10. Bezirk unterwegs war und wie viele Veranstaltungen und Projekte bisher durchgeführt worden sind. Bei allen öffentlichen Aktivitäten des Bezirks ist das Team des FEM Süd wegen einer Mitwirkung stets ansprechbar. So war und ist das FEM Süd bei vielen derartigen Veranstaltungen in Favoriten beinahe schon als Fixpunkt dabei.

Wir haben in Favoriten mit dem sogenannten „Regionalteam Favoriten" eine beispielhafte Vernetzungseinrichtung, wo alle Einrichtungen im Bezirk, die mit sozialen Fragen zu tun haben, zusammenkommen, sich austauschen und gemeinsame Aktivitäten entwickeln. Bezirksvorstehung, Dienststellen der Stadt Wien, Polizei, Jugendzentren, SozialarbeiterInnen, Gesundheitseinrichtungen, SeniorenvertreterInnen, Caritas und Pfarren, alle kommen im Regionalteam Favoriten regelmäßig zusammen und arbeiten miteinander für die Menschen im Bezirk. Ich freue mich sehr, dass das FEM Süd dabei eine sehr verantwortliche und maßgebliche Rolle spielt.

Die unmittelbar die Gesundheit von Frauen und Mädchen ansprechenden Aktivitäten stellen einen wichtigen Schwerpunkt dar. Ich möchte in diesem Zusammenhang vor allem das besonders integrative Projekt „Nach Herzenslust – Favoritner Frauen leben gesund" nennen, das mit einem großen gemeinsamen Koch-Fest einen krönenden Abschluss gefunden hat.

Der Bezirk hat im Naherholungsgebiet Wienerberg eine mit Running Checkpoints ausgeschilderte Strecke eingerichtet. Einmal wöchentlich gibt es seither einen Frauenlauftreff und einen Nordic Walking-Treff in der Neilreichgasse.

Ein großes Anliegen ist mir das mit finanzieller Unterstützung des Bezirks realisierte Frauenschwimmen im Amalienbad. Trotz politischer Anfeindungen haben wir erreicht, dass nunmehr vierzehntägig am Sonntagabend nach der allgemeinen Badezeit ein Badeabend nur für Frauen und Mädchen eingerichtet ist. Die hervorragende Aufnahme, die das Frauenschwimmen gefunden hat, bestätigt mich in der Richtigkeit der getroffenen Entscheidung.

Der Favoritner Mädchengesundheitstag, seit 2006 unter dem Motto „Young, free & healthy" als Gesundheitstag für Mädchen und Burschen veranstaltet, ist ein wichtiger Schwerpunkt in der Arbeit des FEM Süd, das ja vor einigen Jahren mit dem MEN einen kleinen Bruder bekommen hat.

So bedanke ich mich bei allen Mitarbeiterinnen und den Verantwortlichen für die hervorragende Arbeit, die sie im FEM Süd leisten und wünsche uns allen, dass wir in den nächsten zehn Jahren diese wichtige Arbeit für die Frauen in Wien und im 10. Bezirk so engagiert und erfolgreich fortsetzen können.

Herzlichst

*Hermine Mospointner*
Bezirksvorsteherin

# Zur Entstehung dieses Buchs

Der erste Bundes-Frauengesundheitsbericht in Deutschland (2002) sieht Frauengesundheit „als Summe individueller, gesellschaftlicher, sozialer und biologischer Einflussfaktoren". Der Gesundheitszustand von Frauen ist mehrdimensional und hängt stark von den Lebensbedingungen ab. Frauenspezifische Benachteiligungen am Arbeitsmarkt, Frauenarmut, Mehrfachbelastungen durch Beruf, Haushalt und Familienarbeit und ähnliche Faktoren haben somit gravierenden Einfluss auf die Gesundheit von Frauen. Will man die Gesundheit von Frauen stärken, müssen daher all diese Ebenen berücksichtigt werden.

Der enge Zusammenhang zwischen Frauengesundheit und sozialer Lage erhält – aufgrund seiner Aktualität – zunehmend Aufmerksamkeit von WissenschafterInnen, PraktikerInnen und PolitikerInnen und ist ein Ausgangspunkt für die Entstehung dieses Buches.

Anlass für das Buch ist das 10-jährige Bestehen des Frauengesundheitszentrums FEM Süd, das sich von Beginn an der Begleitung, Unterstützung und Stärkung von Frauen in schwierigen Lebenssituationen gewidmet hat. Aus der anfänglichen Herausforderung ist in diesen Jahren eine Vielzahl an Erkenntnissen in der Arbeit mit unterschiedlichsten Zielgruppen entstanden. Mit diesem Buch haben wir die vielfältigen Erfahrungswerte aus dem Spannungsfeld unserer Aktivitäten zusammengetragen und möchten diese einer interessierten Öffentlichkeit zugänglich machen.

Ziel ist es, AkteurInnen in Praxis, Lehre und Forschung der Gesundheitswissenschaften einen umfassenden Überblick zu geben über die gesundheitliche Lage von Frauen in sozial benachteiligten Lebenslagen in Österreich sowie sich daraus ergebende Problemstellungen, Handlungsansätze und Perspektiven für eine zielgruppengerechte Gesundheitsförderung und ganzheitliche Betreuung darzustellen.

Durch Projekte mit unterschiedlicher Zielgruppenausrichtung in verschiedensten Settings gelingt es Frauen zu erreichen, für die der Zugang zu Beratung wie auch zu Gesundheitsförderung durch Barrieren erschwert ist. Mädchen wie ältere Frauen, Frauen mit und ohne Migrationshintergrund, Frauen mit Behinderungen, arbeitssuchende oder wohnungslose Frauen machen die Diversität deutlich und für jede Zielgruppe braucht es neue, innovative Zugänge und maßgeschneiderte Angebote, die es partizipativ zu gestalten gilt und die an vorhandenen Gesundheitspotenzialen und -ressourcen anknüpfen.

Der großen Bandbreite an Aktivitäten liegt eine gemeinsame Haltung der Beraterinnen und Projektmitarbeiterinnen zugrunde, nämlich jene, Frauenbiografien und Frauengesundheit ganzheitlich zu sehen und Frauen in ihrem soziokulturellen Kontext wahrzunehmen. Ein interdisziplinärer und multiprofessioneller Zugang kennzeichnet diese Arbeit, was sich auch in den Buchbeiträgen widerspiegelt.

Diese sind in ihrer Gesamtheit ein „Mix" aus Theorie und Praxis, zu jedem Thema findet sich ein theoretischer Teil, der Zahlen, Daten, Fakten aber auch (Geschlechter-)theorien umfasst. Daran schließen praktische Erfahrungen aus der Beratung sowie der Gesundheitsförderung an. Praxisorientierte Zugänge gehen von aktuellen, evidenzbasierten Erkenntnissen der Gesundheitswissenschaften aus.

Die Autorinnen und der Autor des Beitrags zur Männergesundheit sind alle MitarbeiterInnen oder Kooperationspartnerinnen des Frauengesundheitszentrums FEM Süd bzw. des Trägervereins „Institut für Frauen- und Männergesundheit".

Mit *Beate Wimmer-Puchinger*, der Wiener Frauengesundheitsbeauftragten, macht die Initiatorin von FEM Süd einen Blick zurück zu den Anfängen der Frauenbewegung, die auch das Thema Frauengesundheit auf die politische und wissenschaftliche Tagesordnung gesetzt hat. Der Zusammenhang zwischen Frauengesundheit und sozialer Benachteiligung wird dabei aus wissenschaftlicher Sicht beleuchtet – und darauf aufbauend die programmatischen zielgruppenspezifischen Strategien zur Verbesserung der Frauengesundheit in Wien.

Nach einem Einblick in Konzept und Methodik des Frauengesundheitszentrums FEM Süd sowie dessen strukturelle und organisatorische Verortung durch *Margit Endler* und *Hilde Wolf* beleuchten die nachfolgenden Autorinnen Besonderheiten frauenspezifischer psychologischer Beratung (*Huberta Haider*, *Eva Trettler*), bei der das Reflektieren und Hinterfragen tradierter Geschlechterrollen eine wesentliche Rolle spielt. In engem Zusammenhang mit einem idealisierten – körperbezogenen – Frauenbild steht die leider nach wie vor hohe Anzahl an Mädchen und Frauen, die von Essstörungen betroffen sind. *Nina Schnaubelt* geht in ihrem Beitrag auf die Hintergründe und Besonderheiten der psychotherapeutischen Zugänge im Kontext von Bulimie und Anorexie ein. Diese beginnen ja bereits im Jugendalter, wenn es darum geht, Geschlechtsidentität und Ich-Stärke zu entwickeln. *Eva Trettler* und *Julia Spitzer* zeigen die Notwendigkeit gesundheitsbezogener Mädchenarbeit, in der der Stärkung der persönlichen Kompetenzen und des Selbstwerts ein hoher Stellenwert zukommt.

Da nicht nur „typische" Essstörungen nach wie vor sehr verbreitet sind, sondern auch die Zahl jener Menschen, die an Adipositas leiden, stark im Steigen begriffen ist, bietet FEM Süd betroffenen Frauen und Mädchen auch dazu seit mehreren Jahren gezielte Hilfestellung. Sozial benachteiligte Frauen sind besonders häufig von diesem Problem betroffen, und *Christa Bauer*, *Kathleen Löschke-Yaldiz* und *Sonja Rader* stellen ein maßgeschneidertes Programm vor, das auch Bedürfnissen von Mädchen und Frauen mit Migrationshintergrund gerecht wird.

Die folgenden Beiträge setzen sich mit Frauen in besonderen sozialen und gesundheitlichen Lebenslagen auseinander. Frauen in höherem Alter und Frauen, die an einer Behinderung leiden, sind nach wie vor Mehrfachdiskriminierungen ausgesetzt, weshalb Empowermentansätze für Frauen dieser Zielgruppen große Wirkung zeigen. Diese werden von *Sonja Rader, Cassandra Cicero* sowie *Margarete Kunz* beschrieben.

Dass auch die idealerweise schöne Zeit im Zuge einer Schwangerschaft und der Geburt eines Kindes – in Abhängigkeit von sozialen Belastungsfaktoren – zu einer krisenhaften Lebensphase für Frauen werden kann, zeigen *Daniela Kern* und *Franziska Pruckner* und stellen ein spezielles Betreuungsangebot des Frauengesundheitszentrums FEM vor.

Der anschließende Abschnitt widmet sich der Gesundheit von Migrantinnen und damit einem Arbeitsschwerpunkt von FEM Süd. Auf Beratungsmethodik und Zugänge der Gesundheitsvorsorge und -förderung für Frauen im Kontext von Migration gehen die Autorinnen des nächsten Abschnitts ausführlich ein (*Sevin Cayiroglu, Ekim San, Natalija Popovic-Sczlachcikowski, Kathleen Löschke-Yaldiz, Serpil Özsoy, Nuray Sümbültepe-Keegan, Seher Ünsal*). *Hilde Wolf* und *Umyma El Jelede* fokussieren in ihrem Beitrag die besondere Problematik der weiblichen Genitalverstümmelung.

Die Gesundheitssituation von Frauen im Kontext von Arbeitsplatz sowie Arbeitssuche steht im Mittelpunkt der nächsten beiden Beiträge, in dem die Autorinnen auch Unterstützungsprojekte vorstellen (*Huberta Haider, Karin Korn, Slavica Blagojevic, Birgit Pichler, Karin Korn*). Der letzte Beitrag zur Gesundheitsförderung von Frauen widmet sich schließlich einer sozial besonders benachteiligten Gruppe, nämlich Frauen in Einrichtungen der Wohnungslosenhilfe (*Daniela Kern, Julia Karinkada*).

Nach längerer Überlegung haben wir uns entschlossen einen Exkurs zum relativ neuen Gebiet der Männergesundheitsarbeit in das Buch mit aufzunehmen. *Romeo Bissuti* geht darin auf Daten zur Männergesundheit sowie den aktuellen Diskurs zu Männlichkeitstheorien ein und stellt die Arbeit des Männergesundheitszentrums MEN vor, das in dieser Form europaweit einzigartig ist. MEN bildet gemeinsam mit den Frauengesundheitszentren FEM und FEM Süd den Verein „Institut für Frauen- und Männergesundheit" und ermöglicht so geschlechts- und kulturspezifische Kooperationen zu aktuellen Schwerpunktthemen im Sinne gelebter „Gender" und „Diversity".

## Danksagung

Zum Schluss ein herzliches Danke all jenen, die zur Entstehung dieses Buches beigetragen haben. Allen voran den AutorInnen, die viel Zeit und Energie in die Erstellung ihrer Beiträge investiert haben und Frau Mag.ª Cornelia Posch vom facultas.wuv für die spontane, unkomplizierte Unterstützung unseres Projekts.

Der Bezirksvorsteherin von Wien Favoriten, Hermine Mospointner, und dem Wiener Krankenanstaltenverbund danken wir für die finanzielle Unterstützung, die die Buchidee zur Realität hat werden lassen.

An dieser Stelle sei insbesondere der Gesundheits- und Sozialstadträtin, Mag.a Sonja Wehsely, und der Frauen- und Integrationsstadträtin, Sandra Frauenberger, gedankt, die seit vielen Jahren Vertrauen in unsere Arbeit setzen und die finanzielle Grundlage dafür bereitstellen.

Neben dem Wiener Krankenanstaltenverbund, der mittels Basisfinanzierung die Existenz sichert, sind weitere Einrichtungen der Stadt Wien unverzichtbare KooperationspartnerInnen für die Projektarbeit. Das Wiener Frauengesundheitsprogramm ist für uns von großer Bedeutung, ebenso die Frauen- und Integrationsabteilung der Stadt Wien sowie die neu gegründete Wiener GesundheitsförderungsGmbH (WIG). Auf Bundesebene werden Projekte durch den Fonds Gesundes Österreich sowie das Bundesministerium für Gesundheit und Frauen und das Bundessozialamt (ko-)finanziert, auch diesen FördergeberInnen sei hier gedankt.

### Literatur

Bundesministerium für Familie, Senioren, Frauen und Jugend (Hrsg.). (2002). *Bericht zur gesundheitlichen Situation von Frauen in Deutschland*. Stuttgart, Berlin, Köln: Kohlhammer.

# Frauengesundheit als Spiegel sozialer Ungleichheit
Beate Wimmer-Puchinger

## Der Blick zurück

Es ist das Verdienst der Frauenbewegung der 70er- und 80er-Jahre, auf die historische Rolle des „männlichen Blickes" der Medizin auf den weiblichen Körper in Forschung, Lehre und Praxis hinzuweisen und eine andere, emanzipierte, frauenspezifische Forschung und Behandlungsstrategie einzufordern. Die Erkenntnis, dass „Gesundheit ein Geschlecht hat" – und somit die soziologische gesellschaftliche Dimension zu beachten und von der biologischen Festschreibung loszulösen ist – wurde lange vor der Proklamierung von Gender Mainstreaming verfolgt. Am trefflichsten formuliert das Anliegen die engagierte Frauengesundheitsexpertin Ilona Kickbusch (1994):

> In den Schatten der Krankheitsorientierung gestellt wird gerade das, was Gesundheitspolitik insgesamt auszeichnet und was es so schwierig macht, sie zu gestalten: Ihre Nähe zum persönlichsten, das wir besitzen, zu unserem Körper (...). Gesundheitspolitik wird im Durchgang durch das Private gemacht, im Durchgang durch den Körper.

Die Kritikpunkte bezogen sich auf eine kritische Reflexion der damals gängigen, den Frauen jedoch nicht gerecht werdenden Geburtshilfe, auf den Umgang mit der reproduktiven Gesundheit, auf den Umgang und die Interpretation der psychischen Erkrankungen bei Frauen, auf ein Verständnis weiblicher Sexualität, Risikobedingungen in der Kardiologie sowie in der Pharmakologie. Erstmals wurde auch das Faktum aufgegriffen und bewusst gemacht, dass in klinisch pharmakologischen Studien Frauen nicht in Untersuchungssamples eingebunden wurden, die Anwendungen jedoch sehr wohl auf Frauen generalisiert wurden (BMGF 2005).

Um den frauenspezifischen Ansätzen besser Rechnung zu tragen, wurden in den 90er-Jahren Forschungsschwerpunkte zu Frauengesundheit, eine Entsprechung in Universitätslehre und Fachausbildungen sowie Empfehlungen und Deklarationen seitens der WHO – und später der EU – formuliert. Bahnbrechend war der Erlass des „Women's Equity Act" durch den US-Kongress 1992, in dem Forschungsschwerpunkte und finanzielle Mittel beschlossen wurden. Dies ermöglichte beispielsweise die erste unabhängige Langzeitstudie über Effekte der Hormonersatztherapie (Women's Health Initiative (WHI)-Studie), die eine größere Sensibilität der Verschreibungspraxis zur Folge hatte (siehe BMGF 2005). Strukturell wurden Women's Health Offices in den Gesundheitsbehörden wie dem NIH, der WHO und in Gesundheitsministerien in den USA, in Australien und in Kanada etabliert, um Verantwortlichkeiten festzumachen, frauenspezifische Strategien zu entwickeln und umzusetzen. Die Stadt Glasgow entwickelte 1988 einen Strategieplan für Frauengesundheit, der im Rahmen der „Gesunde Städte" – Initiative wichtige Pionierprojekte ermöglichte.

In Österreich wurden durch die Gründung des Ludwig Boltzmann Institutes für Frauengesundheitsforschung (1990–2005) unter der wissenschaftlichen Leitung von Frau Univ. Prof.[in] Dr.[in] Beate Wimmer-Puchinger in der Semmelweis-Frauenklinik Forschungsfragen zu psychosozialen Aspekten von Schwangerschaft, Geburt, Elternschaft, Gewalt gegen Frauen und Kinder, Sexualpädagogik, Jugendsexualität und HIV-Prävention, aber auch zu Patientinnenerwartungen und Zufriedenheit verfolgt. Frauengesundheitsberichte erschlossen den Blick auf Versorgungslücken und Handlungsfelder.

Dies ermöglichte eine gute Basis, wissenschaftlich belegt Themen aufzubereiten, auf denen Maßnahmen aufgebaut werden konnten. So war auch die Gründung eines Frauengesundheitszentrums als wissenschaftliches WHO-Modellprojekt durch das Ludwig Boltzmann Institut für Frauengesundheitsforschung mit dem Ziel verbunden, geschlechtsspezifisches Bewusstsein im Gesundheitssystem zu verbreiten. Die Gründung dieser Einrichtung folgte einer Empfehlung der ersten WHO/EURO-Konferenz zum Thema „Women, Health and Urban politics" 1992 in Wien.

## Frauengesundheitszentren: Schlüssel zu einer frauenspezifischen Gesundheitsversorgung

Die Etablierung eines Frauengesundheitszentrums 1992 in Wien, das Strategien und Maßnahmen für frauenspezifische Angebote der Gesundheitsförderung in einer Frauenklinik aufgebaut hat, hat sich als wichtiger Motor und Multiplikator in der „Gesundheitslandschaft" sowohl im ExpertInnensystem als auch für die Frauen selbst erwiesen. Auch in den Städten Graz, Linz, Salzburg, Villach und Wels wurden Frauengesundheitszentren gegründet. In Wien wurde von der strategischen Überlegung ausgegangen, durch die Implementierung des Zentrums für Frauen, Eltern und Mädchengesundheit (FEM) in einem öffentlichen Spital in die Frauenheilkunde hineinzuwirken und die Behandlungsqualität der Patientinnen hinsichtlich eines gendergerechteren, ganzheitlichen Verständnisses von Gesundheit zu beeinflussen. Dies hat sich im Sinne des WHO-Konzeptes eines „Gesundheitsförderlichen Krankenhauses" (Healthy Hospital) bewährt.

Durch Organisationsentwicklungsprozesse und Qualitätszirkel wurde geschlechtsspezifisches Bewusstsein beim Krankenhauspersonal eingeleitet. Als weiteres Leitprinzip dienten die Empfehlungen der Ottawa-Charta, die damals – und übrigens bis heute – keine Genderorientierung berücksichtigte

(Helfferich & Wimmer-Puchinger 1996). Die ersten fünf Modelljahre wurden in Bezug auf Veränderungsprozesse laufend erforscht und dokumentiert. Die nachweislich positiven Erfolge des FEM ermöglichten eine Nachhaltigkeit durch die Konstituierung eines Vereins sowie die Ausweitung auf ein weiteres Frauengesundheitszentrum. Dieses wurde – eine bewusste Überlegung – in einem öffentlichen Schwerpunktspital (KFJ), in einem sozial durchmischten, aber eher benachteiligten Wiener Gemeindebezirk (Favoriten) 1999 eröffnet. Die angebotenen Maßnahmen sollten vor allem auf sozial benachteiligte Frauen und Migrantinnen abzielen.

## ... und vor allem die Frauen: Soziale Benachteiligung im Geschlechterdiskurs

Die Erkenntnis, dass Armut krank macht, d. h. die Bedeutung der sozialen Dimension von Gesundheit, hat sich in den letzten Jahren von einer „Volksweisheit" zu einer wissenschaftlichen empirischen Evidenz verdichtet (vgl. Mielck 2000, 2005; Marmot & Wilkinson 2006). Armut ist meist verbunden mit sozialer Ausgrenzung, Benachteiligung und Ausschluss von bestimmten Angeboten oder Leistungen (z. B. Zahnbehandlungen). Verstärkt wird dies durch mangelndes Wissen und Zugangsbarrieren zu Gesundheitsleistungen oder nicht förderliches Gesundheitsverhalten infolge mangelnder Ressourcen und schlechter Lebensbedingungen.

Metaanalysen von 684 Publikationen (Mielck 2005) haben eindeutig ergeben, dass eine hohe Korrelation von Krankheitsbelastungen und sozialer Benachteiligung besteht. Die nachfolgende Darstellung (Abb. 1) zeigt die Bedingungsfaktoren von Gesundheit und Krankheit auf (Quelle: Hurrelmann 2004, zitiert nach Kickbusch 2006, S. 13).

In der Abbildung auf Seite 20 wird Gesundheit als verwoben mit der sozialen Lage dargestellt. Zum Tragen kommen persönliche Faktoren wie Alter, biologisches und „gesellschaftliches" Geschlecht, ethnische Herkunft, Lebensgewohnheiten, Bildungsgrad, aber auch Bewältigungskompetenzen von Menschen. Ferner ist neben den aufgelisteten sozialen Faktoren ein gerechter Zugang zum Gesundheitssystem relevant.

In schlechten Wohnverhältnissen zu leben bedeutet, dem Risiko höherer Gewaltbereitschaft ausgesetzt zu sein. In Summe entsteht ein Gefühl der Machtlosigkeit, das Gefühl, die eigenen Interessen nicht zur Geltung bringen zu können, ein Gefühl der Chancenlosigkeit in Bildung und Schule sowie der Eindruck, eine Bürgerin zweiter Klasse zu sein. Der Bericht über die soziale Lage des BM für soziale Sicherheit, Generationen und Konsumentenschutz (2004) hat in Bezug auf Frauen drei Risikogruppen herausgefiltert: Migrantinnen, Alleinerzieherinnen und Frauen im Alter. Auf EU-Ebene wurde im Nizza-

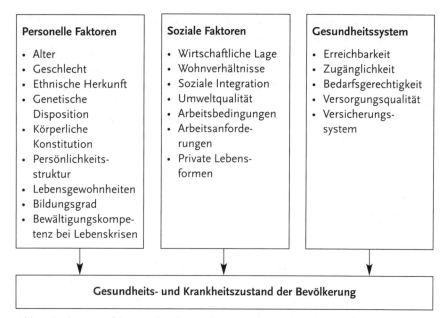

Abb. 1: Bedingungsfaktoren des Gesundheits- und Krankheitszustands

Vertrag 2000 die Empfehlung für einen gerechten Zugang für sozial Benachteiligte und zur Verhinderung von sozialen Exklusionen ausgesprochen sowie die Empfehlung an die Mitgliedsstaaten formuliert, Strategien zur Vermeidung der Risiken der Ausgrenzung und Maßnahmen zugunsten der sozial am stärksten gefährdeten Personen zu entwickeln.

## Weibliche Risikogruppen in der Gesundheitsversorgung

Das Faktum, dass Wohnungslosigkeit multiple Erkrankungen verstärkt, wurde kaum beachtet. Dass auch Frauen davon betroffen sind, wird doppelt tabuisiert und nicht beachtet. Diese Frauen werden einerseits noch stärker als Männer gesellschaftlich verachtet und diskriminiert, andererseits sind sie stark der Gefahr von Gewaltübergriffen ausgesetzt. Einen Arzt, eine Ärztin aufzusuchen ist für sie oftmals undenkbar, da zu hochschwellig. Erstmals haben in Deutschland Greifenhagen und Fichter (1998) Gesundheitsdaten von wohnungslosen Frauen ermittelt.

Arbeitslosigkeit auch aus der Gesundheitsperspektive als Handlungsauftrag zu sehen, ist ein noch nicht gängiger Ansatz. Die Langzeitarbeitslosenquote beträgt in Wien 7%, in Österreich 6%. Überdurchschnittlich häufig von Langzeitarbeitslosigkeit betroffen sind gering qualifizierte Frauen, Wiedereinsteigerinnen mit geringer beruflicher Qualifikation und Migrantinnen. Frauen werden zudem durch Scheidung oder auch durch Karenz aus der Berufslaufbahn geworfen. Bereits vorhandene Probleme verstärken sich. Die Folgen sind das Fehlen einer Tagesstruktur, häufiger Nikotinkonsum, höherer Alkoholismus, ungesündere Ernährung und reduzierte körperliche Bewegung. Diese Zusammenhänge wurden vom Robert Koch-Institut in Deutschland (2008) untersucht.

Der Epidemiologe Michael Marmot hat 2006 in seinem Buch *Social Determinants of health* diese Fakten publiziert. So ist der Zusammenhang von Depression und Arbeitslosigkeit geschlechtsspezifisch untersucht worden. Arbeitslose Frauen, aber auch im Haushalt tätige Frauen sind besonders von Depressionen betroffen (Marmot & Wilkinson 2006, S. 79).

Als weiteres Beispiel ist der Zusammenhang von Brustkrebserkrankung und Arbeitslosigkeit bzw. Armut bei Frauen anzuführen. An Brustkrebs erkranken Frauen meist ab dem 50. Lebensjahr, zu einem Zeitpunkt, in dem auch das Risiko generell höher ist, den Job zu verlieren. Davon sind Frauen mit Brustkrebs besonders betroffen: Vorhandene oder dadurch entstandene Schulden können nicht mehr abgebaut werden. Zusätzlich zum Kampf gegen den Krebs können Frauen somit in einen Kampf gegen existenzielle Not geraten. Krankheit führt also zu einem höheren Risiko, die Arbeit zu verlieren, Arbeitslosigkeit wiederum führt zu einem erhöhten Krankheitsrisiko.

## Das Wiener Frauengesundheitsprogramm: Maßnahmen im Kampf gegen soziale Ungleichheit

Die Forschung und Entwicklung von Maßnahmen gegen die vorher beispielhaft aufgezeigten Probleme konnte in Wien in verschiedenen Phasen aufgebaut werden.

Zum einen ermöglichte es die Policy der Stadt als WHO „Healthy City", gemeinsam mit der WHO Kongresse zu veranstalten, von denen internationale Impulse ausgingen. Diese wurde vom damaligen Gesundheitsstadtrat Dr. Sepp Rieder aufgegriffen und innovative Initiativen wurden unterstützt. Eine geschlechtsspezifische Gesundheitsberichterstattung (Wiener Frauengesundheitsberichte) zeigte Handlungsbedarf auf verschiedenen Ebenen auf. Das Vorhaben, ein Programm zu initiieren, erweist sich im Rückblick noch deutlicher als ein für damalige Zeiten bahnbrechendes Projekt, da es noch vor der Proklamation von Gender Mainstreaming der EU durchgeführt wurde. Unter dem Vorsitz der damaligen Frauenstadträtin Mag. Renate Brauner und dem Gesundheitsstadtrat Dr. Rieder wurde in einer überparteilichen ExpertInnenkommission gemeinsam mit den PolitikerInnen aller Parteien ein Programm erarbeitet, dass einstimmig vom Gemeinderat angenommen wurde. Eine Basis und ein Auftrag war geschaffen worden, um Maßnahmen zu entwickeln. Das Programm umfasst zwölf Handlungsfelder und dient als Orientierungsrahmen für frauenspezifische Gesundheitsprojekte.

Besonders bedacht genommen wird darauf, Maßnahmen für Frauen in unterschiedlichen Lebensphasen und mit besonders belastenden Lebensbedingungen (Migrantinnen, Frauen mit Behinderung, wohnungslose sowie langzeitarbeitslose Frauen, Frauen mit psychosozialen Belastungen in der Schwangerschaft) zu setzen. Insgesamt lassen sich die Schwerpunkte in den Handlungsfeldern wie folgt zusammenfassen:

- *Frauen mit sozialen Benachteiligungen:*
  Für Österreich wurden vom Team des FEM erstmalig in Einrichtungen für Wohnungslose niederschwellige gynäkologische Sprechstunden und Gesundheitsförderungsprogramme implementiert. Ferner ist es gelungen, Behinderung aus der Geschlechterperspektive zu sehen und spezielle Maßnahmen für Frauen zu entwickeln. Das Wiener Programm für Frauengesundheit war des Weiteren die Grundlage, Migrantinnengesundheit spezifisch zu fokussieren.

- *Verbesserung der Betreuungsqualität im Rahmen des Gesundheitssystems:*
  Brustkrebsfrüherkennung steht und fällt mit der Qualität und Sensitivität der Diagnostik sowie mit einem populationsbezogenen organisierten Ansatz, der allen Frauen ab dem 50. Lebensjahr einen gleichen Zugang ermöglicht. Die Daten zeigen jedoch, dass besonders sozial benachteiligte Frauen wie Migrantinnen und Frauen mit geringem Einkommen keine regelmäßige oder gar keine Mammografieuntersuchung vornehmen lassen. Dies war für das Wiener Programm für Frauengesundheit ein Auftrag für Wien ein organisiertes Mammografiescreening nach aktuellsten EU-Qualitätsstandards zu entwickeln. Gemeinsam mit der Wiener Gebietskrankenkasse wurde daher ein Mammografiescreeningprogramm für drei sozial benachteiligte Bezirke durchgeführt.
  Um Frauen als Gewaltopfer im Krankenhaus sensibler betreuen zu können, wurde für alle öffentlichen Spitäler ein Curriculum zur Früherkennung, Kommunikation und Unterstützung für Patientinnen mit Gewalterfahrungen umgesetzt. Über 800 ÄrztInnen und Pflegekräfte konnten in dieses Programm eingebunden werden (Stadt Wien 2005).

- *„Body Politics" – Essstörungen, Schönheits-OPs, weibliche Genitalverstümmelungen:*
  Die Erkenntnis, dass über 90% der Personen mit Essstörungen weiblich sind, ist nicht neu. Dies war andererseits für das Wiener Programm für Frauengesundheit eine Herausforderung, das Thema in Österreich als wichtiges Gesundheitsanliegen für Frauen aufzugreifen. Dazu wurden Maßnahmen auf mehreren Ebenen aufgebaut, die den psychotherapeutischen, aber auch Public Health-Erkenntnissen folgen. Dazu gehört auch

die Erkenntnis, dass unsere Gesellschaft in Medien, Modeindustrie und Wirtschaft einen normierten Frauenkörper propagiert, der maßgeblich einerseits das Risiko von Essstörungen, andererseits den Trend zu Schönheits-OPs verstärkt. Daher wurde die Initiative S-O-ESS gegründet, um gemeinsam mit der Wirtschaftskammer, Modelagenturen, Medien etc. ein Zeichen gegen diese Frauen und Mädchen krankmachende Entwicklung zu setzen und die Aufmerksamkeit auf die gesundheitlichen Folgen zu lenken.

Da Schönheitschirurgie auch vor dem weiblichen Genital nicht Halt macht, hat sich das Wiener Programm für Frauengesundheit zur Aufgabe gemacht, Aufklärungsarbeit zu leisten und dieser neuen Richtung gegenzusteuern.

Die weibliche Genitalverstümmelung (FGM) als Menschenrechtsverletzung ist auch ein Thema in Österreich. Der Kampf dagegen, Prävention, Aufklärung und Betreuung von Betroffenen ist ein weiterer Arbeitsschwerpunkt.

- *Reproduktive Gesundheit:*
Ungeplante Schwangerschaften vor allem im Teenageralter möglichst zu verhindern ist ein Anliegen von Mädchen- und Frauengesundheit. Eine geeignete Maßnahme zur Prävention sind u. a. flächendeckende sexualpädagogische Workshops, die Prävention gewinnt mit zunehmender Pornografisierung an Bedeutung. Insbesondere wird es frauenpolitisch wichtig werden, das dort kommunizierte Frauenbild zu konterkarieren und mit den Jugendlichen kritisch zu reflektieren. Erste Anzeichen lassen befürchten, dass eher ein Backlash, aber auch eine Wiederkehr der männlichen Gewaltverherrlichung drohen könnte.
Die Erkenntnis, dass rund 20% der Frauen während der Schwangerschaft und insbesondere nach der Geburt schwere depressive Verstimmungen erleiden, ist eine Herausforderung für präventive Maßnahmen (siehe Wimmer-Puchinger & Riecher-Rössler 2006). In den geburtshilflichen Abteilungen der Stadt wird daher mit Früherkennung und Unterstützungsmaßnahmen angesetzt. Dafür hat das Wiener Programm für Frauengesundheit gemeinsam mit den geburtshilflichen Teams der Spitäler und PsychologInnen sowie PsychiaterInnen Maßnahmenbündel entwickelt, darunter Leitlinien für eine psychosoziale Schwangerenbetreuung, die für alle Teams Gültigkeit haben, Broschüren für werdende Eltern über Krisen und Hilfestellungen in der Schwangerschaft und nach der Geburt. Weiters wurden und werden Schulungen des Personals und von MultiplikatorInnen durchgeführt.

## Vom Programm zur Praxis

Bei der Umsetzung der Programme verfolgen wir Strategien wie
- Datenrecherche, Studien wissenschaftlicher Publikationen
- Ist- und Zielanalysen
  Problem- und zielgruppenorientiert werden Steuerungsgruppen mit den relevanten Policymakers und Stakeholders der jeweiligen Einrichtungen, NGOs, Administration und FachexpertInnen gebildet.
- Problemstellungen werden gemeinsam erarbeitet und Maßnahmen partizipativ und interdisziplinär entwickelt.
- Die Umsetzung erfolgt in jeweils relevanten PartnerInnen-Organisationen. Somit wird eine breite Basis von Programmträgern ermöglicht.
- Die Frauengesundheitszentren FEM und FEM Süd haben sich als Kompetenzzentren und hochprofessionelle Partnerorganisationen etabliert und sind aus der Versorgungslandschaft in Wien für Frauen nicht mehr wegzudenken.
- FEM und FEM Süd sind für unsere Arbeit Keyplayer, die als VermittlerInnen zwischen Bedürfnissen der Frauen und Klientinnen und dem Gesundheitssystem erfolgreich fungieren. Sie tragen mit uns gemeinsam das Engagement, Geschlechtergerechtigkeit im Gesundheitsbereich Schritt für Schritt Realität werden zu lassen.

### Literatur

Bundesministerium für Gesundheit und Frauen (Hrsg.), verfasst vom Ludwig Boltzmann Institut für Frauengesundheitsforschung. (2005). *Österreichischer Frauengesundheitsbericht 2005. Kurzfassung.* Wien: BMGF.

Bundesministerium für soziale Sicherheit, Generationen und Konsumentenschutz (Hrsg.) (2004). *Bericht über die soziale Lage 2003–2004. Ressortaktivitäten und Analysen.* Wien: Druckerei des BMSG.

Greifenhagen, A. & Fichter, M. (1998). Ver-rückt und obdachlos – psychische Erkrankungen bei wohnungslosen Frauen. (H. 3, S. 89). In Bundesarbeitsgemeinschaft Wohnungslosenhilfe e.V. (Hrsg.), *wohnungslos. Aktuelles aus Theorie und Praxis zur Armut und Wohnungslosigkeit.* 40. Jahrgang. Bielefeld: VSH Verlag Soziale Hilfe.

Helfferich, C. & Wimmer-Puchinger, B. (1996). Die Bedeutung der Ottawa-Charta für die Gesundheit von Frauen. *Prävention 19 (2),* S. 43–45.

Kickbusch, I. (2006). *Die Gesundheitsgesellschaft. Megatrends der Gesundheit und deren Konsequenzen für Politik und Gesellschaft.* Gamburg: Verlag für Gesundheitsförderung.

Kickbusch, I. (1994). Frauen und Gesundheit aus der Sichtweise der WHO-Gesundheitsförderung und Public Health (S. 5). In Helffereich, C. & Troschke, J. v., *Der Beitrag der Frauengesundheitsforschung zu den Gesundheitswissenschaften/Public Health in Deutschland. Schriftreihe der „Koordinierungsstelle Gesundheitswissenschaf-*

*ten/Public Health"* an der Abteilung für Medizinische Soziologie der Universität Freiburg, Band 2.
Marmot, M. & Wilkinson, R. G. (2006). *Social Determinants of health.* Second edition. New York: Oxford University Press.
Mielck, A. (2000). *Soziale Ungleichheit und Gesundheit. Empirische Ergebnisse, Erklärungsansätze, Interventionsmöglichkeiten.* Bern: Verlag Hans Huber.
Mielck, A. (2005). *Soziale Ungleichheit und Gesundheit. Einführung in die aktuelle Diskussion.* Bern: Verlag Hans Huber.
Robert Koch-Institut (Hrsg.), in Zusammenarbeit mit dem Statistischen Bundesamt (2008). *Schwerpunktbericht: Migration und Gesundheit.* Berlin: Robert Koch-Institut.
Stadt Wien – MA 57 & Fonds Soziales Wien, dieSie (2005). *Curriculum „Gewalt gegen Frauen und Kinder". Opferschutz an Wiener Krankenanstalten. Ein Handbuch.* Wien: AV+Astoria Druckzentrum GmbH.
Wimmer-Puchinger, B. & Riecher-Rössler, A. (Hrsg.) (2006). *Postpartale Depression. Von der Forschung zur Praxis.* Wien: Springer-Verlag.

**Autorin**

a.o. Univ.-Prof.[in] Dr.[in] phil. Beate Wimmer-Puchinger

Frauengesundheitsbeauftragte der Stadt Wien, Klinische und Gesundheitspsychologin, Professorin am Institut für Psychologie der Universität Salzburg, Ausbildung in Organisationsentwicklung und Public Health, Leitung des LBI für Frauengesundheitsforschung bis 2005, Aufbau der Frauengesundheitszentren FEM und FEM Süd, wissenschaftliche Leitung von Forschungsprojekten zu reproduktiver Gesundheit, Gewalt in der Familie, Sexualität, Verfasserin von Frauengesundheitsberichten, Lehrtätigkeiten im In- und Ausland, zahlreiche wissenschaftliche Publikationen, Reviewerin int. Fachzeitschriften, Vorstandsmitglied der ISPOG.

# Frauengesundheitsförderung, die ankommt
Konzeption und Arbeitsweise des Frauengesundheitszentrums FEM Süd

*Margit Endler, Hilde Wolf*

## Einleitung

Alexa Franke (2008) macht in einer Übersicht Unterschiede zwischen Frauen und Männern im gesundheitlichen Kontext deutlich, die wissenschaftlich erwiesen sind. Demnach unterscheiden sich Frauen und Männer
- in der Art der Erkrankungen
- in der Häufigkeit von Erkrankungen
- im subjektiven Erleben von Gesundheit und Krankheit
- in der Art ihres Krankheitsverhaltens
- im Umgang mit ihrem Körper und ihren Emotionen
- im Medikamentenkonsum
- in den Inanspruchnahmequoten aller medizinischen und psychosozialen Einrichtungen
- in Art und Häufigkeit gesundheitsriskanten Verhaltens
- im Umgang mit gesundheitsrelevanten Stressoren und Ressourcen
- im Schmerzerleben und -ausdruck. (Franke 2008, S. 183)

Obwohl inzwischen die Tatsache der unterschiedlichen Mortalität und Morbidität von Männern und Frauen, ihr unterschiedlicher Umgang mit Gesundheit und Krankheit und die Geschlechtsspezifität ihrer jeweiligen subjektiven Gesundheitstheorien nicht mehr in Frage gestellt werden, wird der Faktor Geschlecht nach wie vor in Forschung, Gesundheitsvorsorge und -förderung nicht ausreichend berücksichtigt.

Die Frage, ob Männer oder Frauen das kränkere Geschlecht sind, ist jedoch dabei falsch gestellt, denn Frauen und Männer weisen aus verschiedensten Gründen unterschiedliche Krankheitsprofile auf (Maschewsky-Schneider 1994). Hier alleine die Lebenserwartungsunterschiede heranzuziehen, greift ebenfalls zu kurz. So haben zwar Frauen im allgemeinen eine höhere Lebenserwartung als Männer – in Österreich derzeit ca. 6 Jahre (Bundesministerium für Gesundheit und Frauen 2006). Betrachtet man allerdings die Zahl der bei guter Gesundheit verbrachten Lebensjahre, die sogenannte „health expectancy", so haben Frauen keinen deutlichen Vorteil. Hinzu kommt die nach wie vor bestehende Benachteiligung von Frauen in der medizinischen Forschung sowie der gesundheitlichen Versorgung, die sich sowohl in Über- als auch in Unterversorgung manifestiert (siehe dazu auch den Beitrag von Wimmer-Puchinger).

Neben dem Faktor Geschlecht spielt der Faktor soziale Lage eine zentrale Rolle. Wie Frauengesundheitsförderung im Kontext sozialer Benachteiligung in der Praxis umgesetzt werden kann, beleuchtet der vorliegende Beitrag anhand der Konzeption und der Praxiserfahrungen des Frauengesundheitszentrums FEM Süd.

## Soziale Benachteiligung als Herausforderung für die Gesundheitsförderung

Soziale Lebensumstände und Gesundheit sind eng miteinander verbunden. Zahlreiche Gesundheitsberichte und Studien machen deutlich, dass Menschen mit einem niedrigen sozialen Status meist einen schlechteren Gesundheitszustand sowie eine geringere Lebenserwartung aufweisen und Gesundheitsvorsorge nur selten in Anspruch nehmen. (vgl. Stadt Wien 2001; Stadt Wien 2006; Bundesministerium für Gesundheit und Frauen 2006)

In den letzten 20 Jahren bekam die Zielsetzung, gesundheitliche Ungleichheit zu verringern, zunehmend Aufmerksamkeit von Seiten der Gesundheitsförderung und gesundheitspolitischer Programme – die Ottawa-Charta der Gesundheitsförderung (1986) ist bis heute wegweisend. Dabei wurde offensichtlich, dass jene „vulnerablen" Zielgruppen, die besonderen gesundheitlichen Belastungen ausgesetzt sind und somit großen Bedarf an gesundheitsfördernden Interventionen haben, gerade die sind, die durch die Gesundheitsförderung am schwersten zu erreichen sind. Dazu gehören MigrantInnen, AlleinerzieherInnen, Menschen mit Behinderungen, ältere Personen etc. – und innerhalb dieser Gruppen haben Frauen und Männer wiederum unterschiedliche Bedürfnisse, die es zu berücksichtigen gilt.

Der Lebensstil korreliert bei beiden Geschlechtern sehr hoch mit Ausbildung, Einkommen sowie beruflichem Status. Gesundheitsschädigende Verhaltensweisen wie Nikotinkonsum, Fehlernährung oder mangelnde Bewegung finden sich in sozial benachteiligten Bevölkerungsgruppen wesentlich häufiger und sind ausschlaggebend für die hohe Prävalenz an Herz-Kreislauf-Erkrankungen. Als Beispiel kann die körperliche Aktivität dienen, die gerade bei Frauen sehr stark mit sozioökonomischen Faktoren zusammenhängt. 39,5% der Frauen mit Pflichtschulabschluss gaben in einer Wiener Studie an, nie körperliche Bewegung auszuüben, bei Frauen mit Hochschulabschluss sinkt dieser Wert auf 10,2% (Stadt Wien 2001).

Frauen nehmen nach wie vor häufiger als Männer Früherkennungsmaßnahmen in Anspruch und nützen auch gesundheitsfördernde Angebote in einem wesentlich größeren Ausmaß. So besuchen Frauen beispielsweise häufiger Kurse zur Entspannung oder Stressbewältigung, zur Wirbelsäulengymnastik sowie zur gesunden Ernährung und Gewichtsreduktion (Kolip & Koppelin 2002). Dies zementiert aber ein Geschlechterverhältnis, in dem Frauen auf die Rolle derjenigen verwiesen werden, die sorgsam im Umgang mit ihrem Körper sind und sich für gesundheitliche Belange interessieren. Dabei gilt hier für beide Geschlechter, dass mit derartigen Angeboten Angehörige sozial benachteiligter Schichten in eher geringerem Maße zu erreichen sind (Mielck 2005).

Die Schlussfolgerung aus diesen Ergebnissen ist, dass es für Frauen in sozial schwierigen Lebenssituationen zielgruppenspezifischer, an ihren Bedürfnissen und Problemlagen ausgerichtete Gesundheits(förderungs-)angebote bedarf.

## Zur Entstehung des Frauengesundheitszentrums FEM Süd

Mit der Gründung des Frauengesundheitszentrums FEM (kurz für die Zielgruppe: Frauen – Eltern – Mädchen) in der Wiener Semmelweis-Frauenklinik wurde erstmals in Europa eine derartige Einrichtung innerhalb eines Krankenhauses angesiedelt. Sie wurde 1992 im Rahmen des WHO-Modellprojektes „Frauengesundheitsförderung an einer Frauenklinik" ins Leben gerufen. Die damit verbundene Konzeption war, eine ganzheitliche Sichtweise von Frauengesundheit in die Medizin zu „transportieren" und für Frauen, die als Patientinnen in die Klinik kommen, eine niederschwellige Anlaufstelle für Gesundheitsförderung und Beratung zu bieten.

Aufgrund der großen Akzeptanz wurde mit dem Frauengesundheitszentrum FEM Süd eine Ausweitung vollzogen. Dieses wurde im Mai 1999 in einem Schwerpunktkrankenhaus implementiert und erhielt einen Arbeitsschwerpunkt in der Gesundheitsförderung für sozial benachteiligte Frauen, insbesondere für Migrantinnen.

Gestützt wurde dieses Vorhaben durch eine Bedarfserhebung unter fast 2.000 Frauen (Wimmer-Puchinger, Gartner & Wolf 1998) im regionalen Umfeld, in der sich 80% der befragten Frauen für eine Frauengesundheitseinrichtung in ihrer Nähe aussprachen.

Dabei hat sich deutlich gezeigt:
- Eine beträchtliche Anzahl von Frauen leidet unter gesundheitlichen Problemen. Jede dritte Frau klagt über Kopfschmerzen, jede vierte hat Gewichtsprobleme bzw. Kreuzschmerzen. Psychische Belastungen manifestieren sich bei einem Fünftel der Frauen als Schlafstörungen, wobei Doppelbelastung durch Familie und Beruf, finanzielle Probleme und ungünstige Wohnverhältnisse häufig damit einhergehen.

- Es hat sich gezeigt, dass sich Frauen aus höheren Bildungsschichten sowohl psychisch als auch physisch besserer Gesundheit erfreuen als weniger gebildete Frauen.
- Das Wohlbefinden ist darüber hinaus nicht unabhängig von der Herkunft der Frauen: Frauen, die aus der Türkei zugewandert sind, fühlen sich sowohl körperlich als auch psychisch kränker als Frauen, die aus den Ländern des ehemaligen Jugoslawiens zugewandert sind bzw. als in Wien geborene Frauen.

Das Frauengesundheitszentrum FEM Süd steht für niederschwellige, ganzheitliche und kulturunabhängige Frauengesundheitsförderung. Der Aufgabenbereich von FEM Süd fokussiert im Besonderen gesundheitliche Bedürfnisse und Anliegen von sozial benachteiligten Frauen, wie Alleinerzieherinnen, Frauen mit geringer Qualifikation und/oder geringem Einkommen sowie insbesondere Migrantinnen.

Mittels Ansiedelung im Wiener Kaiser-Franz-Josef-Spital (Sozialmedizinisches Zentrum Süd), in einer Region mit einem hohen Anteil sozial benachteiligter Wohnbevölkerung, sowie mit aufsuchenden und niederschwelligen Strategien werden Gesundheitsförderung und Prävention Zielgruppen zugänglich gemacht, die normalerweise aufgrund zahlreicher Barrieren nicht erreicht werden.

## Zur Arbeitsweise von FEM Süd

Die Angebote werden auf die speziellen Bedürfnisse und Belastungen von Frauen zugeschnitten und versuchen durch ein ganzheitliches Verständnis von Gesundheit und Krankheit die Eigeninitiative von Frauen zu stärken. Ein gesundheitsbewusster Lebensstil, physisches und psychisches Wohlbefinden sollen gefördert und die Verwirklichung von Wünschen im Lebensalltag unterstützt werden.

Da im kommunalen Umfeld des Frauengesundheitszentrums eine große Zahl an Frauen mit Migrationshintergrund lebt, gibt es Beratungs- und Informationsangebote auch in Fremdsprachen. Ein multiprofessionelles Team von derzeit zwanzig Mitarbeiterinnen unterstützt vor allem Frauen in schwierigen Lebenslagen. Neben Klinischen Psychologinnen und Psychotherapeutinnen sind Sozialberaterinnen, Pädagoginnen, eine Pharmazeutin und eine Medizinerin im Team vertreten. Dazu kommt ein großer, vielsprachiger TrainerInnen- und ReferentInnenpool. Die FEM Süd-Mitarbeiterinnen beraten und informieren in den Sprachen Deutsch, Englisch, Türkisch, Bosnisch, Kroatisch, Serbisch, Arabisch und Französisch.

Für Österreicherinnen wie für Migrantinnen gibt es somit Beratung, Begleitung, Information, Kurse und Gruppen auf Deutsch oder in der Muttersprache.

Schwerpunktthemen sind dabei psychische Gesundheit, Krisen, Essstörungen, Gewalterfahrungen sowie Probleme in Zusammenhang mit Partnerschaft, Sexualität, Schwangerschaft(skonflikt), Geburt, Elternschaft, Erziehung, Wechseljahre, Mehrfachbelastung, geringer Selbstwert u. a. m. Neben der Unterstützung in akuten Krisen kommt der Prävention und der Gesundheitsförderung dabei wesentliche Bedeutung zu. Die Arbeitsweise ist charakterisiert durch Flexibilität und unbürokratisches Vorgehen, wobei die Türen stets offen stehen, um mögliche Hemmschwellen abzubauen.

Mittels aufsuchender Methoden wird Kontakt zu sozial benachteiligten Frauen mit und ohne Migrationshintergrund in ihrer Lebenswelt aufgenommen, beispielsweise in Deutschkursen, Jugend- und Nachbarschaftszentren, Kulturvereinen, Moscheen oder aber auch an öffentlichen Plätzen (z. B. in Parkanlagen) bzw. bei berufstätigen Frauen in Niedriglohnbranchen (z. B. bei Reinigungskräften) auch am Arbeitsplatz. Die Erfahrung hat gezeigt, dass am Anfang jeder Maßnahme die Vertrauensbildung steht – ist diese geglückt, sind Frauen dieser Zielgruppe sehr wohl für Maßnahmen der Gesundheitsförderung zu gewinnen. Wichtig ist es, alle Angebote partizipativ und somit den Bedürfnissen dieser Frauen entsprechend zu entwickeln und umzusetzen.

Neben einem großen Informationsbedürfnis zu verschiedensten Gesundheitsthemen zeigt sich dabei vor allem Interesse an Aktivitäten im Gruppenzusammenhang, die Spaß machen, Frauen aus der Isolation holen und in nur geringem Ausmaß problemorientiert sind. So konnten schon zahlreiche Aktivitäten wie „Gesundheitstage", Bewegungskurse, aber auch umfassende Gesundheits(förderungs)projekte umgesetzt werden. Die zielgruppenspezifischen Projekte, die in unterschiedlichen Settings stattfinden, werden in anderen Buchbeiträgen im Detail dargestellt. Eine zentrale Rolle kommt dabei denjenigen Mitarbeiterinnen zu, die denselben ethnischen Hintergrund haben und daher die gleiche „Sprache" – auch in übertragener Hinsicht – sprechen.

Durch diese Konzeption gelingt es, Frauen zu erreichen, für die bestehende Institutionen der Gesundheitsversorgung und -förderung nicht adäquat sind, was auch die kontinuierlich steigenden Klientinnen- bzw. Nutzerinnenzahlen (50.500 Kontakte im Jahr 2008) zeigen. Der Anspruch, für alle Frauen, unabhängig von Alter oder ethnischer Zugehörigkeit, da sein zu wollen, konnte auch im letzten Jahr gut umgesetzt werden. Die Altersspanne der NutzerInnen, die ins FEM Süd kamen, reichte von 12 bis 83 Jahren, diese kamen aus 43 verschiedenen Ländern, bei einem Migrantinnenanteil von 45%.

Zusätzlich zur individuellen Beratung liegt ein zweiter Schwerpunkt im Bereich der Öffentlichkeitsarbeit. Neben Medienarbeit und der Erstellung von Informationsbroschüren werden Publikumsveranstaltungen zu aktuellen Themen der Frauengesundheit durchgeführt, die einen niederschwelligen Zugang zur Information gewährleisten. So werden beispielsweise für MigrantInnen in Kooperationen mit Vereinen und Moscheen Gesundheitstage für verschiedene „communities" ausgerichtet, Gesundheitsaktionen an öffentlichen Plätzen durchgeführt oder mädchenspezifische Gesundheitstage im Bezirk veranstaltet.

## Handlungsempfehlungen für Gesundheitsförderung mit und für Frauen in schwierigen Lebenslagen

In Anlehnung an die Qualitätskriterien für Gesundheitsförderung bei sozial Benachteiligten der Bundeszentrale für gesundheitliche Aufklärung in Deutschland (BZgA 2005) und aufbauend auf den Erfahrungswerten von FEM Süd ergeben sich Empfehlungen für Gesundheitsförderung mit der Zielgruppe sozial benachteiligter Frauen mit und ohne Migrationshintergrund. Zentral sind dabei innovative und flexible Zugangswege um diese Zielgruppe zu erreichen. Im Folgenden eine Aufzählung von Schlüsselfaktoren zum Abbau von Barrieren:

- Aufsuchende Gesundheitsförderung (Wohnumgebung, Kulturvereine, Kindergärten, Schulen, öffentliche Plätze ...)
- Nicht stigmatisiertes Setting (Kindergarten, Schule, Betrieb)
- Lebenswelt-, Lebenslagen- und Alltagsbezug
- Schwierige Lebenssituationen und prioritäre Probleme berücksichtigen
- Frauengerechte Rahmenbedingungen (z. B. Kinderbetreuung, Flexibilität, punktuelle Teilnahme möglich, geringer bzw. kein Kostenbeitrag)
- Einbindung von Strukturen bestehender „Communities" (Kulturvereine, Kirchen und Moscheen ...)
- Anpassung von Angeboten an Bedürfnisse und Kompetenzen der Nutzerinnen (Partizipation)
- Ganzheitliche, interdisziplinäre Programme
- Sozialer Charakter der Angebote (Gruppenangebote) „Wohlfühlfaktor" statt Problemorientierung
- Empowerment für Gesundheit und selbstbestimmte Lebensführung
- Realistische Zielsetzung und Ressourcenplanung
- Bei Bedarf Kommunikationsunterstützung durch fremdsprachige Informationen in schriftlicher sowie audiovisueller Form bzw. Zusammenarbeit mit bilingualen MultiplikatorInnen (ÄrztInnen, SozialarbeiterInnen ...)

Generell gilt, dass Frauen in sozial benachteiligten Lebenslagen für Gesundheitsförderung nur durch großes persönliches Engagement der Projektmitarbeiterinnen und Beraterinnen zu erreichen sind. Vielversprechend sind Initiativen frauenspezifischer Gesundheitsförderung in sozial benachteiligten Regionen („Grätzlarbeit"), die mit Empowerment-Angeboten gekoppelt sind. Zu vermeiden sind dabei jedenfalls paternalistische Strategien im Sinne von „Wir wissen, was gut für Sie ist". Nach dem Arbeitsprinzip von FEM Süd ist jede Frau Expertin für ihre eigene Gesundheit und es gilt vielmehr positive Gesundheitspotenziale und Ressourcen der Frauen ausfindig zu machen und zu verstärken.

Zielsetzung der Arbeit von FEM Süd ist es, das Thema Frauengesundheit auf individueller, aber auch auf struktureller Ebene voranzutreiben. D. h. in der Praxis, dass es darum geht, einzelne Frauen bzw. Frauengruppen auf dem Weg zu einem gesünderen Leben, zu mehr Selbstbestimmung zu begleiten, aber daneben auch die Lebensverhältnisse von Frauen zu thematisieren und gesundheitsförderliche Lebens- und Arbeitsbedingungen von Frauen zu fordern und zu unterstützen.

Für den Gesundheitsbereich bedeutet dies, dass für Betreuungs- und Versorgungsstandards eingetreten wird, die den spezifischen Bedürfnissen von Frauen gerecht werden und die einen ganzheitlichen Zugang zur Frauengesundheit stützen. Durch Mitarbeit in Gremien, Arbeitskreisen, durch Projektberatung, durch Schulung von MultiplikatorInnen und Vortragstätigkeit auf Kongressen und Tagungen werden Frauengesundheitsanliegen immer wieder zum Thema gemacht. Schließlich zählt Vernetzungstätigkeit auf regionaler, nationaler und internationaler Ebene zu den wichtigen Faktoren, die wesentlich zum Gelingen der Arbeit beitragen. Eine zentrale Rolle spielt dabei die Zusammenarbeit mit den österreichischen Frauengesundheitszentren, die im Folgenden dargestellt wird.

## Das Netzwerk der österreichischen Frauengesundheitszentren

Frauengesundheitszentren übernehmen in Österreich als Kompetenzzentren für frauenspezifische Gesundheitsthemen wichtige Aufgaben. Um Wissenstransfer und Synergien zu ermöglichen, gründeten 1996 die bestehenden Zentren das Netzwerk der österreichischen Frauengesundheitszentren.

Diesem Netzwerk gehören aktuell sieben Einrichtungen an. Neben den beiden Wiener Frauengesundheitszentren FEM und FEM Süd gibt es weitere Einrichtungen in Graz, Salzburg, Villach, Linz und Wels (Adressen und Kontakt siehe Anhang). Das Netzwerk setzt sich ein für ein frauenspezifisches Verständnis von Gesundheit, für frauenspezifische Strategien und Angebote in der Gesundheitsförderung und für eine frauenspezifische Gesundheitspolitik.

Die österreichischen Frauengesundheitszentren teilen grundlegende Prinzipien. Sie setzen sich ein für die Wahlmöglichkeit, Entscheidungsfreiheit und Selbstbestimmung der Frau. Sie treten ein für frauenorientierte Dienstleistungen, in dem sie dazu beitragen, die Qualität der frauenspezifischen Gesundheitsversorgung verbessern.

Von zentraler Bedeutung für alle österreichischen Frauengesundheitszentren ist das Konzept der Frauengesundheitsförderung, das sich auf Empowerment und auf die Beachtung der Lebensumstände einzelner Frauen und von Frauen insgesamt stützt. Das Bereitstellen von Information, Unterstützung und Orientierungshilfe ist daher eine Dienstleistung aller Frauengesundheitszentren. Die gesellschaftliche Tendenz, normale weibliche Lebensphasen wie Pubertät, Schwangerschaft oder Wechseljahre zu pathologisieren und zu medikalisieren, nimmt weiterhin zu. Eine der wichtigsten Aufgaben der Frauengesundheitszentren in Österreich ist es daher, diesen Prozess aufzuzeigen und die Frau in ihrer selbstbestimmten Entscheidungsfindung zu stärken. Frauengesundheitsförderung impliziert aber ebenso, diese Verhältnisse zu verändern. Dies tun Frauengesundheitszentren, indem sie mit Arbeitskreisen, Modellprojekten und Kooperationen Strukturveränderungen im Gesundheitswesen anregen und begleiten.

Trotz dieser Gemeinsamkeiten unterscheiden sich die einzelnen Frauengesundheitszentren in ihren Strategien. Die Ansätze lassen sich als breites Spektrum beschreiben, das von der Zusammenarbeit mit ÄrztInnen über die Implementierung von Frauengesundheitsförderung in Krankenhäusern bis zur systematischen Kritik an der medizinischen Praxis reicht. Einzelne fokussieren stärker auf die Bedürfnisse der individuellen Frau, andere Frauengesundheitszentren betonen die Relevanz gesundheitspolitischer Strukturen und deren Veränderung.

Das Netzwerk der österreichischen Frauengesundheitszentren ist somit Kompetenzzentrum und Informationsdrehscheibe zugleich. Es nimmt kritisch Stellung zu Gesundheitstrends und Entwicklungen in der Frauengesundheitspolitik und arbeitet in nationalen und internationalen Netzwerken. Durch die Entwicklung und Bekanntmachung von *models of good practice* trägt das Netzwerk der österreichischen Frauengesundheitszentren maßgeblich zur Qualitätsverbesserung der Frauengesundheitsarbeit bei.

**Literatur**

Bundesministerium für Gesundheit und Frauen (Hrsg.). (2006). *Österreichischer Frauengesundheitsbericht 2005/2006*. Wien.
Bundeszentrale für gesundheitliche Aufklärung/BZgA (2005). *Kriterien guter Praxis in der Gesundheitsförderung bei sozial Benachteiligten*. Gesundheitsförderung konkret, Band 5. Köln.

Franke, A. (2008). *Modelle von Gesundheit und Krankheit.* Bern: Hans Huber.
Kolip, P. & Koppelin, F. (2002): Geschlechtsspezifische Inanspruchnahme von Prävention und Krankheitsfrüherkennung. In K. Hurrelmann, P. Kolip, (Hrsg.), *Geschlecht, Gesundheit und Krankheit. Männer und Frauen im Vergleich,* 491–504. Bern: Hans Huber.
Maschewsky-Schneider, U. (1994): Frauen leben länger als Männer. Sind Sie auch gesünder? *Zeitschrift für Frauenforschung, 12 (4),* 28–38.
Mielck, A. (2005): *Soziale Ungleichheit und Gesundheit. Einführung in die aktuelle Situation.* Bern: Hans Huber Verlag.
Stadt Wien (Hrsg.). (2001). *Wiener Gesundheits- und Sozialsurvey.* Wien.
Stadt Wien (Hrsg.). (2006). *Wiener Frauengesundheitsbericht 2006.* Wien.
Wimmer-Puchinger, B., Gartner, D. & Wolf, H. (1998). *Die Lebens- und Gesundheitssituation von Frauen im 10. Wiener Gemeindebezirk.* Ludwig Boltzmann-Institut für Frauengesundheitsforschung. Wien.
World Health Organisation (1986). *Ottawa Charta for Health Promotion.* WHO International. Geneva.

## Autorinnen

**Dr.[in] Margit Endler**
Fachärztin für Gynäkologie und Geburtshilfe, Akademisch geprüfte Krankenhausmanagerin, Hauptamtliche Ärztliche Direktorin des SMZ-Süd/Kaiser-Franz-Josef-Spitals, Präsidentin des Vereins „Institut für Frauen- und Männergesundheit", Universitätsrätin der Karl-Franzens-Universität in Graz.

**Mag.[a] Hilde Wolf**
Studium der Psychologie an den Universitäten Wien und Salzburg, postgraduelle Ausbildung zur Klinischen und Gesundheitspsychologin; Mitbegründung des Frauengesundheitszentrums FEM Süd im Kaiser-Franz-Josef-Spital (SMZ Süd) und Leitung seit 1999. Vorstandsmitglied des Instituts für Frauen- und Männergesundheit. Mitglied im wissenschaftlichen Beirat der Österreichischen Akademie für Psychologie (ÖAP). Arbeitsschwerpunkte: Gesundheitsförderung für Migrantinnen und sozial benachteiligte Frauen.

# Von der Rolle?!
## Zum Thema Geschlechterrolle und frauenspezifische psychologische Beratung
*Huberta Haider, Eva Trettler*

## Geschlechterrollen/Gender versus biologisches Geschlecht

Einleitend sollen Begriffe wie Geschlecht, Gender und Geschlechterrollen definiert werden. So hat die Leserin/der Leser ein einheitliches Bild der dargestellten Problematik.

„Der Begriff ‚Geschlecht' dient zur Klassifizierung von Lebewesen als entweder männlich oder weiblich, entsprechend ihrer Fortpflanzungsorgane und der Funktion, die auf den entsprechenden Chromosomen basieren" (Lautenbacher, Güntürkün & Hausmann 2007, S. 4). Damit ist die chromosomal und hormonell gesteuerte unterschiedliche körperliche Ausstattung von Frauen und Männern gemeint, d. h. die Geschlechtsmerkmale. Das soziale Geschlecht (engl. „gender") hingegen bezeichnet ein Bündel an zumeist „unbewussten" Erwartungshaltungen, die sich darauf beziehen, wie ein „richtiger Mann" bzw. eine „richtige Frau" zu sein hat, also die Geschlechterrollen (Bissuti & Götz 2004).

Der Begriff „Rolle" wird sowohl in der Psychologie als auch in der Soziologie mit den unterschiedlichsten Bedeutungen verwendet. Im Folgenden soll jedoch die Rolle als „Gesamtheit von Verhaltensregeln, Leitlinien und Vorschriften, die das geschlechtsspezifische Verhalten einer Person bestimmen", verwendet werden (Kasten 2003, S. 70). Geschlechterrollen sind normative Erwartungen bestimmter Eigenschaften und Handlungsweisen (Alfermann, 1996). Bestimmte Rollenerwartungen werden an eine Person gerichtet. Die Geschlechterrolle ist zugeschrieben, universal und zeitlich immer vorhanden. Sie kann aber vom Kontext abhängig sein und daher mehr oder weniger stark hervortreten.

Die Geschlechterunterschiede rühren aus den unterschiedlichen sozialen Rollen, die Männer und Frauen in der Familie und in Organisationen einnehmen (Alfermann 1996). Es zeigt sich nach wie vor, dass Männer in beruflichen Sphären tätig sind, um der Erwartung, sie seien Familienernährer, zu entsprechen. Frauen mit außerhäuslichen Erwerbstätigkeiten sind zwar mittlerweile zur Selbstverständlichkeit geworden, aber die Konzentration auf ihre primäre Funktion als (Ehe-)Frau und Mutter bleibt nach wie vor bestehen. Daran wird deutlich, dass Geschlechterrollenerwartungen verbindliche Regeln über die familiäre und berufliche Arbeitsteilung beinhalten (vgl. Alfermann 1996; Hamann & Linsinger 2008).

Diese Erwartungen und Verhaltensregeln sind selten konkrete Hinweise oder ausführliche Anleitungen, im Allgemeinen lernen zum Beispiel Kinder ihre „Geschlechterrollen", indem sie unterschiedlich behandelt und bekräftigt werden und indem an sie unterschiedliche Wünsche und Erwartungen herangetragen werden (Kasten 2003).

## Die „richtige Frau"

Das Ministerium für Bildung, Wissenschaft und Kultur erwähnt im Grundsatzerlass *Erziehung zur Gleichstellung von Frauen und Männern*, dass die von der Gesellschaft „gemachten" Strukturmerkmale der weiblichen Persönlichkeit wie folgt zu benennen sind: Innenorientierung, Schwachsein, Körpernähe und Emotionalität, Beziehungsorientierung und Abhängigkeit, Minderwertigkeit (Bundesministerium für Bildung, Wissenschaft und Kultur, 2003). Das bedeutet, dass Frauen Eigenschaften wie passiv, abhängig, unlogisch, natürlich, arglos, schön, sensibel, fürsorglich, gepflegt, geduldig, sanft, warm, launisch, romantisch, verführerisch und psychisch schwach zugeschrieben werden (Schenk 1996). Für die männliche Sozialisation werden folgende Eigenschaften beschrieben: Außenorientierung, Selbstbewusstsein, Körperferne und Rationalität, Nicht-Bezogenheit, Überlegenheit und Kontrolle (Bundesministerium für Bildung, Wissenschaft und Kultur, 2003).

Mädchen mangelt es daher oft an Selbstwertgefühl und Selbstbewusstsein – auch dem anderen Geschlecht gegenüber. Man gesteht den Mädchen bis heute nicht zu, sich abzugrenzen oder schwierige Situationen selbständig zu bewältigen. Mädchen müssen sich fügen und unterordnen, vor allem wenn helfend eingegriffen wird. Was bei einem Mädchen als aggressiv beschrieben wird, wird bei einem Jungen als „Durchsetzungsvermögen" gelobt (Kasten 2003).

Mädchen bekommen zusätzlich Spielzeug, welches sie – in spielerischer Form – auf ihre zukünftigen Haushaltstätigkeiten vorbereiten soll. Die Puppenküche in der Kuschelecke signalisiert dem Mädchen recht früh, welche Aufgaben ihr in ihrer Zukunft zugeschrieben werden (Kasten 2003). Aber auch schon im Kindesalter müssen Mädchen meist mehr im Haushalt helfen als Jungen (Hamann & Linsinger 2008). Durch Medien, Kinderbücher und Schulbücher werden diese Tendenzen verstärkt. Selbst in modernen Geschichten werden Mädchen als schwach und ängstlich dargestellt. Bei Kinderbüchern findet man laut Kasten (2003) in jedem zehnten eine Abweichung von den traditionellen Geschlechterrollen. Auch in TV-Kindersendungen stehen den Männern alle Möglichkeiten offen, während Frauen sich im Normalfalle mit traditionellen weiblichen Berufen begnügen (Sekretärin, Lehrerin, Krankenschwester usw.).

Auch wenn vielleicht eine gewisse Angleichung in der Rollenaufteilung passiert ist, so erschweren (oder auch erleichtern) Geschlechterrollen nach wie vor den Zugang in bestimmte Einrichtungen, Berufe oder Gruppierungen (Kasten 2003). Auch die Unterschiede der Gehälter sind zwar geringer geworden, aber die Angleichung erfolgt sehr langsam und somit gilt noch immer: „Frauen leisten, global gesehen, zwei Drittel der Arbeit, verfügen über zehn Prozent des Einkommens und ein Prozent des Vermögens" (Hamann & Linsinger 2008, S. 12).

## Die neue Überforderung oder der Mythos der Vereinbarkeit

Ist es „natürlich", „angeboren", „genetisch bedingt", dass Frauen weicher, sanfter, fürsorglicher und der „bessere" Elternteil sind – zumindest in der Frage der Kindererziehung? Pointiert auf den Punkt gebracht, schreibt Radisch (2008, S. 139): „Frauen, die genetisch angeblich für nichts anderes programmiert waren als zum Beerensammeln, Kochen, Nähen, Kinderaufziehen und zur Krankenpflege, erlernten in einer einzigen Generation, wie man Flugzeuge fliegt, Unternehmen leitet, Lungenflügel operiert, Industriestaaten regiert und ähnliche Kleinigkeiten". Natürlich sind noch nicht alle Frauen von diesen Veränderungsprozessen betroffen, aber wir können bereits erkennen, dass junge Frauen besser ausgebildet sind als gleichaltrige Männer (Hamann & Linsinger 2008).

Überhaupt ist die Idee, dass die Mutter ausschließlich zu Hause bei den Kindern bleibt, nicht seit Urzeiten gültig, sondern eine Folgeerscheinung der Industrialisierung. Zuvor mussten Frauen selbstverständlich auf dem Feld oder im Stall arbeiten, die Kinder blieben häufig in Fremdbetreuung oder erhielten gar keine. Erst das 19. Jahrhundert kam auf die Idee, die mittelständische Frau ganztags zu Hause zu beschäftigen, und nannte dieses Arrangement „natürlich" (Radisch 2008). Anders gesagt: was von Aristokratinnen, Bäuerinnen und Arbeiterinnen bisher nebenher oder auch gar nicht erledigt wurde, bekam nun in der bürgerlichen Kleinfamilie einen tagesfüllenden Stellenwert – auch wenn die Haushalte immer kleiner wurden (Hamann & Linsinger 2008).

Jetzt „dürfen" zwar Frauen nach wie vor zu Hause bleiben, erleben aber dadurch eine Isolation in ihrer Lebenswelt (Radisch 2008). Sie verzichten auf eine außerfamiliäre Befriedigungsquelle und bleiben oder werden von ihrem Partner finanziell abhängig. Dazu kommt, dass Hausfrauen- und Familienarbeit in der gesellschaftlichen Werteskala weit unten rangiert. Es wird für die Frau schwer sein, ihr positives Selbstwertgefühl aus sich heraus so aufrechtzuerhalten (Kasten 2003). Dazu kommt, dass Mütterlichkeit genauso wenig wie Väterlichkeit eine selbstverständliche Eigenschaft ist (Radisch 2008).

Weder die Frau noch der Mann hat oftmals vor dem ersten Kind einen Brei gekocht oder die Windeln gewechselt, aber intuitiv wird die Frau dafür verantwortlich gemacht. Während erwartet wird, dass Frauen hier rasch Routine entwickeln, wird der Mann immer unsicherer. Versucht er es doch, so wird er um Rat fragen oder sich so ungeschickt anstellen, dass sie es übernimmt – damit sind beide in die „Mutterfalle" getappt (Hamann & Linsinger 2008).

Die Mehrheit der Frauen sucht jedoch einen Kompromiss, um alles unter einen Hut zu bekommen – den Kindern und dem Partner zuliebe. Die Berufslaufbahn wird unterbrochen oder durch die Doppel- und Dreifachbelastung (Beruf, Haushalt, Kinder) wird das eigene Wohlbefinden beeinträchtigt. Viele Frauen haben jedoch das Gefühl, die familienbezogenen Aufgaben nicht zu schaffen, und sind meist eher bereit in beruflicher Hinsicht zurückzustecken. Für die Männer stellt sich die Frage der Unterbrechung der Arbeit nicht, da sie in der Regel sowieso die Besserverdiener sind, und sie überlassen die Kinderpflege den Frauen, die ihres Erachtens besser dafür geeignet sind (Kasten 2003).

Selbst bei den sogenannten „neuen Vätern" bleibt der Löwenanteil an haushaltsbezogenen Tätigkeiten den Frauen überlassen (Kasten 2003). Als Beispiel sollen die folgenden Zahlen dienen: zwischen 1991 und 2001 „steigerten" Väter, die Kinder und eine berufstätige Frau haben, ihre Arbeit im Haushalt um zwei Minuten (Genderdatenreport, zitiert nach Hamann & Linsinger 2008). Der Bildungsgrad der Männer hat hier wenig Einfluss, jedoch sinkt der Zufriedenheitsgrad der Frau mit zunehmender Bildung (Hamann & Linsinger 2008).

„Karrierefrauen" ohne Kinder leben in einer glücklicheren Partnerschaft/ Ehe als berufstätige Frauen mit Kindern. Die größere Unzufriedenheit dieser Frauen lässt sich wohl durch die nicht zufrieden stellende Koordination von Beruf, Haushalt und Kindern erklären (Kasten 2003).

Ist man erst einmal aus der Arbeitswelt „draußen", so fällt der Wiedereinstieg sehr schwer. So bleiben mehr als die Hälfte der deutschen Mütter mindestens sechs Jahre zu Hause. Die Auszeit wird schnell verlängert, der Partner hat inzwischen ein Gehalt erreicht, welches wohl kaum einzuholen ist. Die Rollen zu tauschen erscheint daher sehr unwirtschaftlich, denn der Wiedereinstieg wirft eine Frau gehaltsmäßig zurück (Hamann & Linsinger 2008). Die finanzielle Abhängigkeit vom Mann bleibt über Jahre erhalten. Im Trennungsfall rächt sich dies: „Mehr als zwei Drittel aller Alleinerzieherinnen in Deutschland sind auf Sozialhilfe angewiesen." (Kröhnert & Klingholz, zitiert nach Hamann & Linsinger 2008, S. 184)

## Frauen als pflegende Angehörige

Die Versorgung von pflegebedürftigen Menschen ist nicht nur auf der individuellen, familiären, sondern auch auf der politischen Ebene Thema. Vorherrschend ist überall der Wunsch, pflegebedürftige Menschen optimal und angemessen zu betreuen. Vor allem Frauen fühlen sich moralisch verpflichtet ihre Angehörigen zu pflegen (Kasten 2003). So werden 80% der pflegebedürftigen Menschen in Österreich zu Hause gepflegt. Wie bereits erwähnt, wird diese Aufgabe zum größten Teil (79%) von Frauen übernommen (Netdoktor, 2009).

In dieser Debatte manifestieren sich die traditionellen Geschlechterrollen bzw. die Geschlechterrollenerziehung: Frauen wurden so erzogen, sich verantwortlich und zur Versorgung der Familienmitglieder verpflichtet zu fühlen. Männer tragen ihren Anteil durch materielle oder organisatorische Hilfe bei (Kasten 2003).

Auf der politischen Ebene gibt es Tendenzen diese Form der Pflege beizubehalten. „Nur mit dieser Pflege im Familienkreis ist eine Betreuung aller Pflegebedürftigen möglich" (Bundesministerium für Soziale Sicherheit, Generationen und Konsumentenschutz 2005, S. I). Eine monetäre Unterstützung wird jedoch angeboten. Mit der Einführung des Pflegegeldes können private Personen einen finanziellen Beitrag für die Betreuung erhalten, es mangelt jedoch an langfristiger finanzieller Absicherung für pflegende Angehörige. 42% der befragten Personen gaben auch an, keine ausreichenden finanziellen Mittel für einen mobilen Dienst zu haben. In ländlichen Gebieten wird dieses Angebot außerdem als unzureichend wahrgenommen. Aber nicht nur die finanzielle Belastung ist zu erwähnen. 70% der Pflegepersonen fühlen sich „ab und zu bzw. fast immer belastet" (Bundesministerium für Soziale Sicherheit, Generationen und Konsumentenschutz 2005, S. III), vor allem durch das Gefühl der Verantwortung, Überforderung und Aussichtslosigkeit.

In der Thematik pflegender Angehöriger kann daher ein weiterer Ort der Belastung und Überlastung für Frauen und das Tradieren der Geschlechterrollen lokalisiert werden.

## Frauen und Beziehungen

Frauen fühlen sich für Beziehungen verantwortlich. Sie kümmern sich um die Kontakte zu FreundInnen und Bekannten, treffen Verabredungen, arrangieren Einladungen und halten die Verbindung zu den Verwandten. Kommt es einmal zu Streitereien und Auseinandersetzungen, bemühen sich meist Frauen um Klärung und Schlichtung.

Auch in der partnerschaftlichen Beziehung zeigen Frauen meist eine größere Sensibilität. Sie nehmen negative Veränderungen früher wahr und zeigen mehr Bereitschaft darüber zu reden oder suchen Hilfe von außen (BeraterInnen, TherapeutInnen). Frauen sehen die Beziehung realistischer, während Männer ein romantischeres Bild vertreten. Frauen sind auch eher bereit ihren Partner zu verlassen. 57% der Scheidungen werden von Frauen eingereicht, 36% vom Mann und 7% gemeinsam (vgl. Kasten 2003; Hamann & Linsinger 2008). Aufgrund ihrer größeren Bereitschaft, sich zu öffnen, tragen Frauen in stärkerem Ausmaß dazu bei, das partnerschaftliche Wohlbefinden zu steigern und die eventuell entstandene Distanz abzubauen. Das heißt, Männer profitieren von diesem Bedürfnis nach Nähe, haben aber gleichzeitig Angst davor. Während der Adoleszenz mussten sie ihre „maskuline" Identität aufbauen, und diese wird nun in Frage gestellt. Das kann zu massiven Partnerschaftsproblemen führen (Kasten 2003).

Auch in partnerschaftlichen Beziehungen sind tradierte Geschlechterrollen zu erkennen. Frauen sind viel stärker für die Beziehung verantwortlich, nicht nur in der Partnerschaft, sondern auch im Freundeskreis. Durch ihre Sensibilität können sie atmosphärische Störungen eher erkennen und ansprechen. Damit liefern sie einen wichtigen Beitrag für die Beziehung. Nimmt dies überhand, bekommen Männer jedoch Angst vor zu viel Nähe und zusätzliche Probleme sind vorprogrammiert: ein weiterer „Zuständigkeitsbereich" für Frauen, der kein Ort der Erfüllung, sondern Belastung bedeuten kann (Kasten 2003).

Zusammenfassend kann gesagt werden, dass die Vereinbarkeit von Familie und Beruf lediglich ein Ideal, wenn nicht gar eine Überforderung darstellt. Frauen wird weisgemacht, sie könnten uneingeschränkt Kinder bekommen und müssten gleichzeitig keine Kompromisse in ihrer Berufsausübung eingehen. Ganz im Gegenteil: der Chancengleichheit entsprechend (die ein weiteres Ideal darstellt) könnten sie unbeschränkte berufliche Entfaltungsmöglichkeiten genießen (Radisch 2008).

In anderen Worten kann man den neuen Rollendruck auch wie folgt beschreiben:
- Frauen haben eine hohe Anzahl an verschiedenen Zuständigkeitsbereichen.
- Die Anforderungen der einzelnen Bereiche sind miteinander nicht kompatibel.
- Der Mythos der Superfrau, die „alles unter einen Hut bekommt", wird als real existenter Maßstab genommen.
- Diesen Anforderungen nicht zu entsprechen wird von Frauen als persönliches Versagen interpretiert.

## Geschlechtsspezifische Unterschiede im Bereich psychischer Belastungen

Von Seiten der Gesundheitsberichterstattung und -forschung wurde lange Zeit kein Augenmerk auf Unterschiede zwischen Männern und Frauen gelegt. Eine Umkehr ist mit der Erstellung von geschlechtsspezifischen Gesundheitsberichten mit entsprechenden Analysen von Gesundheits- und Krankheitsdaten erfolgt.

Im Bereich psychischer Belastungen und Störungsbilder finden sich laut Bericht zur gesundheitlichen Lage von Frauen in Deutschland (2002) sowie dem Wiener Frauengesundheitsbericht (2006) international übereinstimmend folgende Unterschiede zwischen Männern und Frauen:
- Depressionen werden bei Frauen zwei- bis dreimal häufiger als bei Männern diagnostiziert.
- Angststörungen werden bei Frauen häufiger diagnostiziert als bei Männern.
- Von Essstörungen sind Schätzungen zufolge zu 95% Mädchen und Frauen betroffen.
- Affektive Psychosen werden bei Frauen doppelt so häufig wie bei Männern diagnostiziert.
- Funktionelle Störungen (Störungen ohne organischen Hintergrund) führen bei Frauen doppelt so häufig wie bei Männern zu stationären Aufenthalten.
- 60% der Suizidversuche werden von Frauen unternommen.
- Gewalt gegen Frauen hat gravierende physische und psychische Gesundheitsprobleme zur Folge. Zumindest eine von fünf Frauen ist in ihrem Leben physischen bzw. sexuellen Übergriffen ausgesetzt.

Diese geschlechtsspezifischen Unterschiede lassen sich zunächst auf bio-psycho-soziale Faktoren zurückführen. Neben biologisch-somatischen Voraussetzungen (im Bereich von Hormonen, reproduktiver Gesundheit etc.) treten bei Frauen aufgrund unterschiedlicher Sozialisationserfahrungen und Lebensbedingungen andere gesundheitliche Belastungen auf.

Krankmachende Lebenszusammenhänge von Frauen manifestieren sich einerseits in der Festlegung auf traditionelle Frauenrollen mit der Verpflichtung zu Selbstlosigkeit und Sorge um andere, andererseits in der bereits beschriebenen Doppel- und Mehrfachbelastung der Frau. Entsprechend ihrer Sozialisation nehmen Frauen bei auftretenden psychischen Problemen häufiger Hilfe in Anspruch, und zwar nicht nur für sich selbst, sondern auch für den Partner und Familienangehörige.

Eine wesentliche strukturelle Benachteiligung von Frauen ist allerdings in der Qualität der Gesundheitsversorgung zu sehen: so werden die gleichen Symptome bei Männern eher als somatisch diagnostiziert und therapiert, bei Frauen eher als psychisch bzw. psychosomatisch. Die typischerweise Frauen zugeschriebenen „Merkmale" decken sich mit den häufigsten psychopathologischen Diagnosen: Schwäche, Passivität, übersteigerte Empfindsamkeit und Emotionalität finden sich in den Diagnosen Depressivität, Hysterie, vegetative Dystonie etc. wieder (Sickendiek & Nestmann 2001). Diese Thematik greift auch der Wiener Frauengesundheitsbericht (2006, S. 180) auf und ergänzt folgenden Blickwinkel: „Grundsätzlich ist bei der Erfassung psychischer Probleme zu bedenken, dass Frauen in der Regel eher bereit sind, über ihre Probleme zu sprechen als Männer, was zu häufigeren Diagnosen bei Frauen beitragen kann."

In weiterer Folge bekommen Frauen bis zu zweimal häufiger als Männer folgende Medikamente verordnet: Beruhigungs- und Schlafmittel, Antidepressiva und Neuroleptika, Schmerzmittel sowie Medikamente zur Gewichtsreduktion (Maschewsky-Schneider 2002). Das Suchtpotenzial einiger dieser Medikamente kann zum zusätzlichen Problem der Medikamentenabhängigkeit führen, die bei Frauen weit verbreitet ist.

Die vorhandenen Forschungsergebnisse zur Benachteiligung von Frauen in bestimmten Bereichen der Diagnostik und Therapie zeigen weiters auf, dass Frauen mit schlechteren Bildungs- und ökonomischen Voraussetzungen davon besonders betroffen sind. Die soziale Lage scheint insgesamt von großer Bedeutung zu sein. Nach bisherigen empirischen Ergebnissen sind vor allem verheiratete Frauen mit geringer Schulbildung, die sozial benachteiligten Schichten angehören, mehrere Kinder haben und nicht berufstätig sind, gesundheitlich stark gefährdet. Alleinerziehende Mütter sowie Migrantinnen zählen ebenfalls zu den besonders belasteten Personen (Wimmer-Puchinger, Gartner & Wolf 1998).

## Methoden der frauenspezifischen klinisch-psychologischen Beratung

Obwohl Frauen eher als Männer psychologische Hilfestellung in Anspruch nehmen, sind die Rahmenbedingungen für die Inanspruchnahme von wesentlicher Bedeutung. Niederschwellige, kostengünstige Angebote kommen der Situation von Frauen entgegen. Ein wöchentliches ambulantes Setting stellt für viele Frauen keine zeitliche Barriere dar, die *compliance* ist hier sehr hoch. Mehrwöchiger Aufenthalt in einer Klinik oder Kureinrichtung ist aufgrund der zahlreichen Anforderungen an Frauen selten möglich. Wie bereits bei Wolf und Haider (2004) beschrieben, erweisen sich in der psychologischen Beratung/Behandlung von weiblicher, v. a. sozial schwächerer Klientel wie z. B. Alleinerzieherinnen, Migrantinnen oder Frauen mit niedriger Bildung folgende Faktoren als zentral: Aufklärung über den Beratungsprozess, Parteilichkeit, interkulturelle Kompetenz und Lösungsorientierung. Unumgänglich ist weiters sozialarbeiterisches Know-how und vernetztes Arbeiten auf Seiten der Beraterin.

Im Folgenden wird die Methodik frauenspezifischer psychologischer Behandlung und Therapie bei Klientinnen des Frauengesundheitszentrums FEM Süd näher erläutert.

### Aufklärung über den Beratungsprozess

In der Beratung selbst ist die Klärung bzw. Information über das, was im Prozess geschieht, besonders wichtig, da es sich gerade bei sozial schwächeren Frauen um Klientinnen handelt, die in den meisten Fällen keine therapeutische Vorerfahrung haben und über das Vorgehen bei psychologischen Behandlungen bzw. deren Möglichkeiten und Grenzen wenig informiert sind. Aufklärung über Methodik, Verschwiegenheitspflicht sowie die verbindliche gemeinsame Zielvereinbarung stehen am Beginn jeder Kooperation. Weiters wird von Beginn an die aktive Mitgestaltungsmöglichkeit der Klientin betont – sie kann und soll im Beratungsprozess Rückmeldung an die Beraterin geben, ob die gewählte Methodik hilfreich ist oder geändert werden soll. Auf Seiten der Beraterin ist hier Methodenvielfalt wesentliche Voraussetzung.

### Parteilichkeit

Frauenspezifische klinisch-psychologische Beratung sollte ausschließlich von Frau zu Frau erfolgen, wobei die Beraterin eindeutig parteilich, auf Seiten ihrer Klientin, arbeitet. Die Klientin wird in ihrem Anliegen und Recht auf Selbstbestimmung unterstützt und kann sich darauf verlassen, in ihren Wahrnehmungen und Erfahrungen als Frau ernst genommen zu werden (Sickendiek & Nestmann 2001). Zentraler Aspekt psychologischer Arbeit ist die Herstellung und Wahrung einer achtungs- und vertrauensvollen Atmosphäre.

### Interkulturelle Kompetenz

Bei klinisch-psychologischer Behandlung und Psychotherapie handelt es sich um Behandlungsformen, die in besonderer Weise von der jeweiligen Kultur her bestimmt sind. Eine beidseitige Anpassungsleistung – sowohl von Seiten der Behandlerin als auch der Klientin – sind notwendig. Interkulturelle Kompetenzen wie Kenntnis der Phänomene interkultureller Kommunikation, soziokulturelles Hintergrundwissen über den kulturellen Kontext und kommunikative Interaktionsformen der Klientin erleichtern den Prozess.

### Lösungsorientierte Vorgehensweise

In der klinisch-psychologischen Behandlung wird vorwiegend „lösungsorientiert" gearbeitet. Die Bearbeitung einer konkreten Störung bzw. einer aktuell vorherrschenden Symptomatik steht im Vordergrund. Die Thematiken, die mit den Klientinnen bearbeitet werden, werden auf diejenigen eingegrenzt, die am dringlichsten sind, die realistischerweise veränderbar erscheinen oder die im Vordergrund stehen. Der Arbeitsschwerpunkt liegt darin, Veränderungsprozesse anzustoßen, wobei jedoch sehr sensibel vorgegangen werden muss und auf die Vereinbarkeit mit der Lebenssituation der Klientin Rücksicht zu nehmen ist.

### Sozialarbeiterisches Know-how und vernetztes Arbeiten

Die Arbeit mit sozial benachteiligten Frauen, die oftmals in existenziellen Lebenskrisen wie Trennung, Scheidung, Verlust des Partners oder im Rahmen eines Asylverfahrens psychologische Hilfestellung suchen, macht sozialarbeiterisches Know-how unumgänglich. Oftmals ist die psychologische Beraterin eine zentrale Vertrauensperson und der Erstkontakt zu externer Hilfestellung. Eine aktive Vernetzung mit juristischen und anderen Institutionen, die frauenspezifisch und themenzentriert arbeiten, ist nötig, um kompetent weitervermitteln zu können und so eine umfassendere Betreuung zu ermöglichen. Psychologische Intervention kann erst greifen, wenn die existenzielle Basis sichergestellt ist.

## Leitlinien der klinisch-psychologischen Beratung für Frauen

Im Beratungsprozess erweisen sich Empowerment, Ressourcenorientierung, ein sensibler Umgang mit Machtfragen sowie systemisches Arbeiten als zentrale Leitlinien (Wolf & Haider 2004). Ebenfalls von wesentlicher Bedeutung sind die psychologische Arbeit am Spannungsfeld zwischen Beziehung und Autonomie und an körperlichen Symptomen sowie das Hinterfragen (der Erfüllbarkeit) der Rollenbilder.

### Ressourcenorientierung

Zu Beginn stehen bei Klientinnen fast immer eine große Bedürftigkeit, Gefühle der Ohnmacht und der Hilflosigkeit im Mittelpunkt. Sensible psychologische Arbeit, die die Ressourcen der Frau in den Vordergrund rückt, stärkt daher ihr Selbstbewusstsein („empowering women"). Nach Nestmann (1996, zit. nach Willutzki 2001, S. 700) kann unter Ressourcen potenziell „alles, was von einer bestimmten Person in einer bestimmten Situation wertgeschätzt wird oder als hilfreich erlebt wird" verstanden werden. Damit wird die positive Evaluation von Eigenschaften, Verhaltensweisen, Möglichkeiten und Lebensbedingungen zum leitenden Merkmal für die Identifikation von Ressourcen (Willutzki 2001). Besonders für Migrantinnen erweist sich die Arbeit an eigenen Selbsthilfepotenzialen als besonders wichtig, zumal damit der Rollenerwartung entgegengewirkt wird, die sich aus dem traditionellen Bild der Ärztin/des Arztes ergibt, die/der heilend handelt, während die Patientin/der Patient geduldig die Ergebnisse abwartet.

**Sensibilität für Machtfragen**

Gerade bei psychologischen Hilfestellungen für Frauen, die in ihren privaten und beruflichen Beziehungen vielfach Ohnmacht und Unterlegenheit erleben, soll die Erfahrung von Gleichberechtigung ermöglicht werden (vgl. Sickendiek & Nestmann 2001). Der professionellen Expertise auf Seiten der Helferin steht die Klientin als Expertin ihrer Lebenssituation gegenüber, die den Hilfeprozess mit gestaltet, statt ihn als passives Objekt professioneller Behandlung zu erdulden. Durch Betonung der Rechte von Klientinnen in der Beratung, Förderung der aktiven Teilnahme oder Herstellung von Transparenz des therapeutischen Prozesses wird ein Zugewinn von Selbstwertgefühl und Selbstvertrauen angestrebt (Willutzki 2001).

**Systemisches Arbeiten**

Systemisches Denken ist in der frauenspezifischen Therapie und Beratung besonders geeignet, da immer auch der Kontext miteinbezogen wird. Der rein individuelle Ansatz wird einem Frauenleben, das inmitten einer Vielzahl von Beziehungen abläuft, nicht gerecht. Gerade Frauen, die aufgrund der Versuche, den an sie gerichteten Rollenerwartungen zu entsprechen, bisher zu Selbstaufopferung und Orientierung an der Außenwelt neigten, stoßen bei der in gelungener Beratung erzielten Konzentration auf das eigene Wohlbefinden oftmals auf massive Widerstände ihrer nächsten Umgebung. Darauf muss die Beraterin vorbereitet sein und über dementsprechendes Wissen verfügen. Die Orientierung an Lebenswelten und persönlichen Lebensumständen erfordert weiters auf PsychologInnen-/TherapeutInnenseite Neugier und Bereitschaft, sich auf neue Erfahrungen im gegenseitigen Austausch einzulassen sowie eine Reflexion der eigenen Wirklichkeitskonstruktion.

**Beziehung versus Autonomie**

Zentraler Inhalt psychologischer Beratungen mit und für Frauen besteht in problematischen Beziehungen und Partnerschaften. Gerade das Spannungsfeld zwischen Beziehung und Autonomie spielt hier eine entscheidende Rolle. Aus feministischer Perspektive wurde bereits als therapeutische Grundannahme formuliert, dass Beziehung und Autonomie nicht einander ausschließende, sondern einander ergänzende Bestrebungen sein können (Willutzki 2001). Die Arbeit an sozialen Kompetenzen wie Wahrnehmung und Einforderung eigener Rechte und Bedürfnisse, Äußerung von Wünschen und Forderungen, Durchsetzungs- und Konfliktverhalten etc. zeigen sich immer wieder als zentrale Elemente der klinisch-psychologischen Behandlungen.

### Psychologische Arbeit an körperlichen Symptomen

Oftmals geht der Konsultation einer Psychologin eine Vielzahl von Untersuchungen bei ÄrztInnen voraus, die ohne medizinischen Befund blieben bzw. aufgrund der bereits erwähnten „diagnostischen Geschlechterbrille" als psychisch bedingt diagnostiziert wurden. Dadurch entstand auf Seiten der Klientin die subjektive Gewissheit, dass „diese Symptome gar nicht vorhanden sind oder sein dürften", und in weiterer Folge eine oft medikamentöse Behandlung ebendieser Symptome. Diese Behandlungsform kommt vielen Frauen auch entgegen, da sie möglichst schnell wieder „funktionieren" wollen, um ihren vielseitigen Anforderungen gerecht werden zu können. Die Behandlung von Störungsbildern, die auch oder hauptsächlich durch die Rollenerwartungen entstehen, wie Depression oder Burnout, erfordern allerdings eine Fokussierung auf diese körperlichen Symptome. In der Beratung findet ein Umdenken dahingehend statt, dass die eigenen körperlichen Wahrnehmungen und Schmerzen persönliche Grenzen aufzeigen und als Signal verstanden werden können, dass hier die eigene Belastbarkeit überschritten wurde. Daraus können selbstbestimmtere und effizientere Behandlungsformen erarbeitet werden.

### Hinterfragen der (Erfüllbarkeit der) Rollenerwartungen

„Wie ist eine richtige Frau, eine perfekte Mutter, eine richtige Partnerin, eine gute Freundin, eine perfekte Kollegin etc.?" − „Wie viele Rollen wollen Sie parallel und natürlich perfekt erfüllen?" − „Wer hilft Ihnen dabei?". Solche Fragen eignen sich, um die Absurdität der parallelen Erfüllung der vielseitigen Rollenerwartungen aufzuzeigen und den eigenen Perfektionismus ansprechbar zu machen. Der individuellen Belastungsfähigkeit sind natürliche Grenzen gesetzt, deren Ausmaß von vielerlei Faktoren abhängig ist. Wesentliche Faktoren sind hier das soziale Netz und die Möglichkeit der Rekreation bzw. des „Auftankens der eigenen Batterien". Hier liegt ein Fokus der psychologischen Beratung. Das oftmals erstmalige Hinterfragen(dürfen) aller Erwartungen wirkt bereits entlastend und der Fokus verlagert sich oftmals auf Wege und Möglichkeiten, die eigenen Kraftreserven nach eigenen Prioritäten einzusetzen und ebendiese Kraftreserven auch immer wieder zu erneuern. Letzteres ist ein lustvoller Weg – denn genau das, was Freude macht, lädt auch auf. Allerdings ist genau dies oftmals das erste, worauf Frauen – vermeintlich um Zeit und Kraft zu sparen – verzichten.

## Fazit

Der kritische Blick auf die an die Frau gerichteten Rollenerwartungen einerseits und die unterschiedliche Diagnostizierung von Krankheiten bei Frauen und Männern andererseits zeigt, dass vielfältige weibliche Störungsbilder genau dadurch (mit)bedingt und geformt werden. Gerade die „Modeerkrankungen" Überforderung, stressinduzierte Depression bzw. Burn-out nehmen in dem Maße zu, wie die Erwartungen an Frauen steigen. So wird die schlichte und offensichtliche Inkompatibilität so vielfältiger Bereiche wie Beruf und Karriere, Familie, Haushalt, Pflege von Angehörigen und Beziehungspflege oftmals übersehen und die Frau als „psychisch krank" abgestempelt.

Nicht zuletzt unterliegen die Frauen selbst diesen falschen Zuschreibungen und interpretieren – rollenkonform – die real existierende Überforderung als eigenes Versagen und Defizit in ihrer Leistungsfähigkeit.

Dem entgegenzuwirken ist auf individueller sowie gesellschaftspolitischer Ebene notwendig.

Auf individueller Ebene sollte als grundlegendes Leitmotiv frauenzentrierter Praxisansätze, ob medizinisch, psychisch oder sozial, der Ressourcenorientierung vorrangige Bedeutung beigemessen werden. Damit ist die Überzeugung verbunden, dass der Einsatz und die Entfaltung bislang unerkannter Potenziale, Kräfte und Fähigkeiten von Frauen sie selbst in die Lage versetzen, sich aktiv für den Erhalt ihrer (psychischen) Gesundheit oder für die Bewältigung von Krankheit und Leid einzusetzen. Solche Ressourcen, die körperlichen oder seelischen Ursprungs oder in sozialen Beziehungsnetzen verborgen sein können, kommen dann ans Licht, wenn Frauen aus einer oft selbstverständlichen Selbst- und Fremdabwertung heraustreten, Stolz auf ihre eigenen Leistungen entwickeln und sich selbst Genuss und Freude zubilligen können. Dies zu fördern sollte Anliegen der unterschiedlichen Praxiskonzepte sein.

Darüber hinaus ist immer wieder aufzuzeigen, dass die gesellschaftlich bedingte Überforderung der Frau nicht individuell lösbar ist. Es sind Rahmenbedingungen zu schaffen, die eine gerechtere Verteilung der Aufgaben und Ressourcen beider Geschlechter ermöglichen.

## Literatur

Alfermann, D. (1996). *Geschlechterrollen und geschlechtstypisches Verhalten*. Stuttgart: Kohlhammer.
Bissuti, R. & Götz, A. (2004). *Geschlechtssensible Pädagogik*. Grundkurs 2004 am 18.09.2004, Institut für Freizeitpädagogik, Albertg. 35/II, 1080 Wien.
Bundesministerium für Bildung, Wissenschaft und Kultur. (2003). *Unterrichtsprinzip „Erziehung zur Gleichstellung von Frauen und Männern". Informationen und Anregungen ab der 5.Schulstufe*. Wien: BMBWK.
Bundesministerium für Familie, Senioren, Frauen und Jugend (Hrsg.). (2002). *Bericht zur gesundheitlichen Situation von Frauen in Deutschland*. Stuttgart: Kohlhammer.
Bundesministerium für Soziale Sicherheit, Generationen und Konsumentenschutz. (2005). *Situation pflegender Angehöriger. Endbericht*. Wien: BMSG.
Hamann, S. & Linsinger, E. (2008). *Weißbuch Frauen Schwarzbuch Männer. Warum wir einen neuen Geschlechtervertrag brauchen*. Wien: Deuticke.
Kasten, H. (2003): *Weiblich – Männlich. Geschlechterrollen durchschauen* (2. Aufl.). München: Reinhardt.
Lautenbacher, S., Güntürkün, O. & Hausmann, M. (2007): *Gehirn und Geschlecht. Neurowissenschaft des kleinen Unterschieds zwischen Mann und Frau*. Heidelberg: Springer.
Maschewksy-Schneider, U. (2002). Die gesundheitliche Situation von Frauen in Deutschland. In C.H. Gold & R. Geene (Hrsg.), *Gesundheitsziele gegen Armut: Netzwerke für Menschen in schwierigen Lebenslagen. Materialien für Gesundheitsförderung, Band 10*. Berlin: B_books.
Netdoktor: Frauen-Quiz (2009) [www-Dokument]. Verfügbar unter: http://www.netdoktor.at/quiz/quiz.php?id=1821175&anzahl_richtige=5&ergebnis=1&mode=answer&zaehler=11 [Datum des Zugriffs: 23.7.2009]
Radisch, I. (2008): *Die Schule der Frauen. Wie wir die Familie neu erfinden*. München: Goldmann.
Schenk, M. (1996): *Praxis-Leit(d)-Faden zur emanzipatorischen Jugendarbeit in der offenen Kinder und Jugendarbeit*. Jugendamt, Stadt Nürnberg.
Sickendiek, U. & Nestmann, F. (2001). Frauen in der psychosozialen Versorgung und Psychiatrie. In A. Franke & A. Kämmerer (Hrsg.), *Klinische Psychologie der Frau. Ein Lehrbuch* (S. 661–688). Göttingen: Hogrefe.
Stadt Wien (Hrsg.). *Wiener Frauengesundheitsbericht 2006*. Autorinnen: Baldaszti, E. & Urbas, E. Wien, 2006.
Willutzki, U. (2001). Feministische Perspektiven für die psychosoziale Versorgung. In A. Franke & A. Kämmerer (Hrsg.), *Klinische Psychologie der Frau. Ein Lehrbuch* (S. 689–716). Göttingen: Hogrefe.
Wimmer-Puchinger, B., Gartner, D. & Wolf, H. (1998). *Die Lebens- und Gesundheitssituation von Frauen im 10. Wiener Gemeindebezirk*. Ludwig Boltzmann-Institut für Frauengesundheitsforschung. Wien.
Wolf, H. & Haider, H. (2004). Frauen, soziale Benachteiligung und psychische Gesundheit. In G. Metha (Hrsg.), *Die Praxis der Psychologie. Ein Karriereplaner* (S. 329–338). Wien: Springer.

## Autorinnen

**Mag.ª Huberta Haider**
Studium der Psychologie, postgraduelle Ausbildung zur Klinischen und Gesundheitspsychologin. Mitarbeiterin des FEM Süd seit 2002. Arbeitsschwerpunkte: Projektleitung und psychologische Beratung und Behandlung für Frauen v. a. zu den Themen Partnerschaft, Angst, Depression, Stress und Burnout.

**Mag.ª Eva Trettler**
Studium der Psychologie, postgraduelle Ausbildung zur Klinischen und Gesundheitspsychologin. Mitarbeiterin des FEM Süd seit 2003, mit den Schwerpunkten Mädchenarbeit, Sexualaufklärung, Gewaltprävention, Schwangerschaftsberatungen, Adipositas, psychologische Behandlung und Beratung im Einzel- und Gruppensetting.

# Essstörungen
## Frauen zwischen Widerstand und Anpassung
*Nina Schnaubelt*

Um Schönheit zu verstehen, muss man einen außergewöhnlich einfachen Geist haben. Einen Geist, der nicht durch das Denken getrübt ist, der die Dinge so sehen kann, wie sie sind, der einen Sonnenuntergang in all seiner Farbenpracht, seiner Lieblichkeit und seinem Lichtglanz sehen kann, der ihn einfach ohne Worte anschauen kann und mit ihm in Kontakt ist, in Kommunion, ohne das Wort, ohne die Geste, ohne die Erinnerung, sodass es kein „du" und kein Objekt gibt, das „du" anschaust. Diese außergewöhnliche Kommunion ohne Objekt, ohne den Denker und das Denken, ohne das Objekt und seine Erfahrung, dieses Gefühl unendlichen Raumes, das ist Schönheit (Krishnarmurti 1965, zitiert nach Weeraperuma 2004, S. 165).

Welche Frau hat heutzutage keine Essstörung? Welches pubertierende Mädchen isst noch nach Lust, Laune und Hunger? Ist „Sattsein" überhaupt erlaubt und willkommen? Oder macht das Gefühl der Sättigung nur Angst und schlechtes Gewissen, weil es bedeuten könnte, die Menge der Nahrung war zu viel? Wäre ständiger Hunger somit eine Lösung?

Immer mehr Beratungsstellen, Spitäler, PsychologInnen, PsychotherapeutInnen, LehrerInnen und SozialpädagogInnen werden mit dem Phänomen Essstörungen konfrontiert. Wurden laut Statistik Austria 2001 in Österreich 870 weibliche Patientinnen mit Anorexia nervosa (F.50) bei ihrer Spitalsentlassung verzeichnet, waren es 2007 bereits 1233. 454 bulimische Patientinnen (F 50.2) wurden 2001 gezählt, 2007 waren es bereits 593. Wie viele Frauen und Mädchen von niedergelassenen PsychotherapeutInnen, PsychologInnen und ÄrztInnen betreut werden, ist nicht verzeichnet. Prinzipiell kann davon ausgegangen werden, dass es weitaus mehr Betroffene gibt, denn die Dunkelziffer wird sehr hoch geschätzt.

Essstörungen zu verstehen ist oft nicht leicht. Nahrungsaufnahme und Körper werden problematisiert, die wahren Ursachen dahinter verdrängt. So wird es möglich, dass sich sehr schlanke Mädchen oder Frauen als „dick und zu viel" empfinden, Selbstwert und Laune oft von mehr oder weniger Körpergewicht abhängen.

Was ist geschehen mit diesen Mädchen und Frauen, dass Essen als Feind und Belastung empfunden wird? Können nur noch Waage, Fettmessung und Ernährungscoach den Weg zu einem glücklichen Menschen anleiten?

In meinem Artikel möchte ich auf meine mehr als zehnjährige Erfahrung in der Zusammenarbeit mit Mädchen und Frauen eingehen, welche in irgendeiner Art mit Essproblemen zu kämpfen hatten. Jede einzelne Essstörung war in ihrem Ausmaß, ihrer Geschichte und ihrem Verlauf unterschiedlich, obgleich die Gefühle dahinter sehr ähnlich waren und sind. Ich werde von Essstörungen nur aus weiblicher Sicht berichten, was sowohl Literatur, persönliche Erzählungen als auch die Erfahrungen anbelangt, welche ich in meiner psychotherapeutischen Tätigkeit machen konnte. Da mein Arbeitsplatz, FEM Süd, eine Frauenberatungsstelle ist, wenden sich meist weibliche Betroffene an uns. Selten, aber doch wollen auch Väter oder Partner Information oder Beratung zum Thema Essstörungen oder initiieren einen Erstkontakt. Es gibt sehr wohl auch Männer oder Burschen mit dieser Symptomatik, meistens jedoch noch wenig behandelt und als solche erkannt. Männern dürfte es noch unangenehmer sein, ein Problem mit dem Essen zuzugeben, da dies bislang eindeutig ein weibliches Thema ist und war.

Ziel meines Berichtes ist es, die Welt der Betroffenen transparenter und damit verständlicher zu machen und aufzuzeigen, dass ihr Verhalten keine sonderbare Störung ist, sondern eine nachvollziehbare Reaktion auf bestehende Schönheitsideale, Perfektionismus, Konsumverhalten, Schnelllebigkeit und die daraus entstehenden Gefühle von Leere und Sinnlosigkeit. Ich betrachte meinen Artikel bei weitem nicht als vollständig. Über familiäre und innerpsychische Ursachen von Essstörungen gäbe es noch genügend zu schreiben, doch würden diese Ausführungen den Rahmen sprengen.

## Ein „normales" Essverhalten: Was ist das überhaupt?

Es gibt zahlreiche, ständig wechselnde Theorien, welche Nahrungsmittel nun gesund und gut bekömmlich sind, welche für diätetische Zwecke unbedingt gegessen oder welche vermieden werden sollen. Auch über die Häufigkeit der Nahrungsaufnahme wird diskutiert: Meinen manche WissenschafterInnen, mehrere kleine Mahlzeiten pro Tag seien gesund, so besagen neue Methoden, dass zwischen den jeweiligen Essenszeiten mehrere Stunden Pause eingehalten werden sollte. Um zu verstehen, welche Nahrungsmittel wann und wie kombiniert gegessen werden sollen, bedarf es eines eigenen Studiums. Aufgrund der Produkt- und Ideenvielfalt gibt es kaum noch die Möglichkeit, sich „richtig" zu ernähren.

Je jünger Mädchen sind, desto mehr sind sie daran interessiert, gute Ernährungstipps zu erfahren. Sie wollen meist abnehmen und das Schlanksein per se wird noch nicht in Frage gestellt. Selbst Volksschülerinnen beginnen oft schon bewusst weniger zu essen. Bei vielen Betroffenen war jedoch das Diäthalten die „Einstiegsdroge" in die Essstörung. Sich nach einem vorgegebenen Plan zu ernähren, welcher weder Wachstum, physische Aspekte noch individuelle Lebenssituation berücksichtigt, kann selten gelingen. Dieses Scheitern wird jedoch sehr persönlich genommen und führt zu Gefühlen des Versagens. So ist leicht verständlich, dass aus einem Versuch Diät zu halten ein Problem mit dem Essen wird und letztendlich, wenn noch andere negative Einflüsse hinzukommen, eine manifestierte Bulimie, Anorexie oder Esssucht entstehen kann.

## Der schlanke Körper – ein kurzer historischer Exkurs

Das Schönheitsideal hat sich in den letzten Jahrzehnten verändert. Wir finden Frauenkleidungsgrößen XXS, welche noch vor 15 Jahren in der Kinderabteilung zu finden waren. Während die Zahl adipöser Menschen weltweit ansteigt, werden Models und Schauspielerinnen immer dünner und geben Frauenidole vor, welche meist aufgrund ihres Untergewichts keine Periode mehr haben (bei Einnahme der Antibabypille kommt es weiterhin zu monatlichen Blutungen). Unser Auge hat sich längst an den Anblick von Rippen und Hüftknochen gewöhnt, sei es im Kino, TV oder auf Plakaten. Filmdiven der 50er-Jahre erscheinen dagegen heute üppig und unsportlich.

„Die Damenoberbekleidungsindustrie registrierte zwischen 1973 und 1983 eine Veränderung der weiblichen Figur: die Frauen werden immer größer (um durchschnittlich vier Zentimeter) und an Busen und Hüften schmaler (um ca. dreieinhalb Zentimeter)" (Wardetzki 2008, S. 142). Dieses heutige Schönheitsideal der Größe Zero ist nur durch strenge Diäten und übermäßigen Sport zu erreichen. Kein Wunder also, dass die Zahl der bulimischen und magersüchtigen Mädchen und Frauen von Jahr zu Jahr ansteigt.

Die Sehnsucht nach einem schlanken und beweglichen Körper gibt es seit jeher, obgleich nicht so rigide und radikal. Merta (2008) beschreibt, dass schon bei den alten Griechen Fettleibigkeit als Folge des Verfehlens des rechten Maßes interpretiert und sozial geächtet wurde. Übermäßiger Körperumfang widersprach dem philosophisch-ästhetischen Bild von Schönheit. Auch bei der römischen Oberschicht war das Problem der Fettleibigkeit bekannt und im Jahr 180 v. Christus wurden daraufhin die „Gesetze gegen Schlemmerei" erlassen. Trotz des Hanges zu Genuss sollte der ideale Körper einer Frau sehr schlank sein. Bei den Christen zählte Völlerei und übermäßiges Trinken zu den sieben Todsünden. Auch in der frühen Neuzeit wurde Dickleibigkeit als Ausdruck von Maßlosigkeit betrachtet. Die Gesundheit des Körpers wurde insofern immer wichtiger, als die Produktivkraft des Menschen immer bedeutender wurde. Im 19. Jahrhundert entwickelten sich verschiedene Naturheilbewegungen, welche mit unterschiedlichen Ernährungskonzepten (z. B. Vegetarismus) den menschlichen Körper entfetten und somit gesund bekommen bzw. erhalten wollten. Fettleibigkeit als Ergebnis von Unmäßigkeit zehre an Lebenskraft und verkürze das Leben. Gesundheit und Ernährung wurden mehr und mehr in den Blickpunkt des öffentlichen Interesses gestellt. Das sich um die Jahrhundertwende ergebende neue Körperbewusstsein, welches durch die Verbindung von Bewegung wie Gymnastik, Sport und Tanz und der Einhaltung von Diät propagiert wurde, begann einen neuen Körpersinn zu vermitteln. Der jugendlich-schlank trainierte Körper wurde zum neuen Orientierungsmuster der Moderne.

Ab den 20er-Jahren des 20. Jahrhunderts begannen sich Merta (2008) zufolge Anorexiefälle zu häufen, da die „Schlankheitsmode" extremer wurde. Schönheitswettbewerbe, Kosmetikindustrie und Mannequins etablierten sich, und Frauen aller Schichten und Lebensalter versuchten nun diesen Idealen zu entsprechen. Die Personenwaage hielt Einzug in Schwimmbädern, Bahnhofshallen und Privathaushalten, um täglich über das aktuelle Gewicht informieren zu können. Schlankheit war die Basis, um sozial akzeptiert zu werden sowie Glück und Leistungsfähigkeit zu demonstrieren. So wurden nun auch immer häufiger bulimische Verhaltensweisen und die Einnahme von Abführmitteln als Reaktion auf unkontrolliertes Essen beobachtet, welche Schuld- und Schamgefühle auslöste.

> Es kann jedenfalls kein Zufall sein, dass die Symptomatologie aller Essstörungen zeitgleich mit der Genese des modernen Schlankheitskults um die Jahrhundertwende entstanden ist. Der erste Höhepunkt des Schlankheitswahns in den 1920er- und 1930er-Jahren deckte sich mit dem der Essstörungen. Allen Essstörungen lag jedenfalls eine massive Gewichtsphobie aufgrund der Schlankheitsmode zugrunde. Das homöostatische Gleichgewicht der Energiebilanz und damit des Körpergewichts wurde so vehement gestört, dass entweder die Gewichtskontrolle übertrieben wurde, wie bei der Magersucht oder Bulimie, oder die Esskontrolle völlig versagte und in ‚Fress-Gier' überging (Merta 2008, S. 207).

In den 1960er-Jahren sorgte die abgemagerte „Twiggy" dafür, dass der moderne Schlankheitskult von einem weiblichen Model geprägt wurde, welches mehr an ein vorpubertäres, anorektisches Mädchen erinnerte als an eine erwachsene, reife Frau.

## Essstörungen, Gesellschaft und Feminismus

Frauen könnten heute alles erreichen: Bildung, Beruf, Kinder, interessante Freizeitgestaltung und finanzielle Unabhängigkeit. Doch stellt sich neben dieser Fülle an Wahlmöglichkeiten selten ein Gefühl der Zufriedenheit und der kontinuierlichen Selbstachtung ein. Frauen sind immer wieder von Selbstzweifel geplagt, kümmern sich um alle anderen mehr als um sich selbst und orientieren sich stark an dem, was von ihnen erwartet wird. Auch körperlich gibt es strenge Vorschriften, wie frau zu sein hat. „Kümmert sich eine Frau nicht darum, geht sie das Risiko ein, Außenseiterin zu sein." (Orbach 1994, S. 17)

Da das Schlankheitsideal mittlerweile ungesunde, den Körper und die Seele schädigende, unzumutbare Dimensionen erreicht hat, ist die Frage berechtigt, warum Essstörungen so sehr verbreitet sind und warum frau sich das alles antut.

Frauen sind daran gewöhnt, ihren Körper nicht als den ihren und vor allem als mangelhaft zu empfinden. Wenn der Körper noch immer als das Kapital einer Frau gilt, dann ist diese gezwungen, ständig hart daran zu arbeiten.

Diese Betonung der äußeren Erscheinung als zentraler Aspekt im Leben einer Frau führt dazu, daß sie sich ständig ihrer selbst bewußt ist. Von ihr wird gefordert daß sie sich ein Selbstimage zulegt, das anderen gefällt und attraktiv erscheint – ein Image, durch das sofort vermittelt wird, was für eine Frau sie ist. Sie muß sich selbst beobachten und bewerten, indem sie jede Einzelheit an sich genau unter die Lupe nimmt, so, als würde sie sich von außen beurteilen. Sie unternimmt den Versuch, sich entsprechend dem Frauenbild herzurichten, das ihr auf Reklametafeln, in Zeitungen, Zeitschriften und im Fernsehen präsentiert wird (Orbach 1994, S. 16).

Tatsache ist, dass immer mehr junge Mädchen mit Unzufriedenheit und Selbsthass reagieren, wenn ihr Körper pubertiert und reif wird. Es gibt kaum noch Teenager, die kein „Du bist zu dick, zu dünn, zu unsportlich!" von Eltern, MitschülerInnen oder ÄrztInnen zu hören bekommen.

Wer dünn genug ist, setzt auf Nummer sicher und liegt richtig. Kein Wunder also, dass viele Volksschulmädchen bereits mit ersten Diäten experimentieren, denn ein abgemagerter Körper wird von vielen Mädchen und Frauen als schön und genau „richtig" empfunden. So wird Glück und Zufriedenheit nur mehr über Aussehen zu erreichen versucht und dies schon bei sehr kleinen Mädchen initiiert, wenn sie als kleine Prinzessinnen behandelt werden, statt gesunder Liebe eher Vergötterung erleben (Wardetzki 2008) und vor allem über ihr niedliches, puppenhaftes Erscheinen wahrgenommen werden. Wie soll, wie kann in diesem Fall ein gesundes Selbst aufgebaut werden?

Wichtig ist zu erwähnen, dass Mädchen und Jungen von Geburt an geschlechtsspezifisch und somit unterschiedlich von ihren Bezugspersonen wahrgenommen und erzogen werden, was sich unter vielen anderen Dingen natürlich auch auf die Entwicklung des Selbst und des sozialen Verhaltens auswirkt. So wird beispielsweise anders als bei Jungen in der Erziehung von Mädchen nach wie vor von klein an mehr Mithilfe, Sauberkeit, Ordnung und Selbständigkeit erwartet (Olbricht 1993).

Diese Unterschiedlichkeit in der Erziehung bestätigen mir die Mädchen und Frauen, mit denen ich arbeite, immer wieder, indem sie erzählen, dass sie als weitere weibliche Person im Hause entweder automatisch oder aufgefordert die Mutter in Haushalt und sozialen Aktivitäten mehr unterstützen als der Bruder. Während die heranwachsenden jungen Frauen sich verantwortlich für das Wohl der Familie fühlen, dürften die männlichen Jugendlichen mehr die eigenen Interessen fokussieren.

Im Hinblick auf eine sich später entwickelnde Essstörung spielt dieses „Sich-für-alles-verantwortlich-Fühlen" eine wesentliche Rolle. Aus diesem Gefühl der Zuständigkeit sind die Leistungsansprüche an sich selbst sehr hoch gesteckt.

Wardetzki schreibt in ihrem Buch *Weiblicher Narzissmus* über den hohen Leistungsanspruch, den Frauen an sich richten, und dass bei diesen, wenn sie nicht ständig ein brillantes Ergebnis in der Arbeit erreichen, ein Gefühl des Versagens entstehen kann. Nur bei großartigen Leistungen glauben Frauen, sie seien liebens- und achtenswert. Vor diesem Hintergrund, meint die Autorin weiter, wäre auch die Panik vieler Frauen zu verstehen, wenn die Waage ein geringes Plus anzeigen würde. Gemäß dem narzisstischen Selbstbild fühlen sich diese Betroffenen nur liebenswert, wenn sie schlank sind, denn Dicksein bedeutet, nicht attraktiv zu sein (Wardetzki 2008).

Wenn also Schlanksein als Leistung betrachtet wird, für die in der heutigen Zeit Bewunderung und Anerkennung zu bekommen ist, ist verständlich, warum Essstörungen so sehr verbreitet sind.

Zu dem Bestreben mager zu sein ist jedoch ein weiteres gekommen: Ein perfekter, jugendlicher Körper. Chirurgische Eingriffe, Kosmetik und Extremsport sollen hierbei „helfen".

## Der Erstkontakt

Wie ein Vulkan, der ausgebrochen ist, wollen alle Gefühle und Gedanken von den Klientinnen beim Erstgespräch zum Ausdruck gebracht werden. Endlich ist der erste Schritt getan sich professionelle Unterstützung zu holen, da soll es doch bitte schnell gehen! Leider ist es trotz unserer Bemühung nicht immer möglich, innerhalb weniger Tage einen Termin vergeben zu können, was oft zur ersten Frustration führt und auch als Zurückweisung empfunden werden kann.

Ich versuche daher schon beim ersten Kontakt – meist einem Telefonat, manchmal auch E-Mail – Information über Literatur, niedergelassene ÄrztInnen und Spitäler weiterzugeben. Vielen ist auch mit einem Selbsthilfebuch vorerst geholfen.

Beim persönlichen Erstgespräch sehe ich meine Aufgabe darin, herauszufinden, inwieweit eine Essstörung besteht, in welchem Ausmaß sich diese zeigt und was die Betroffene bereit ist dagegen zu unternehmen oder welche professionelle Hilfe bereits in Anspruch genommen wurde. Weiters ist es notwendig herauszufiltern, welche körperlichen und seelischen Einschränkungen das Symptom bereits ausgelöst hat. Ebenso wichtig erscheint es mir, über körperliche Folgen aufzuklären und einen Arztbesuch vorzuschlagen. Bei starker depressiver Begleitsymptomatik empfehle ich ebenso eine psychiatrische Abklärung.

Ernährungsberatung kann in manchen Fällen sofort hilfreich sein, meistens jedoch erst gegen Ende der Beratung oder Psychotherapie. Mir erscheint es wichtig, erst den Hilfeschrei des Problems zu verstehen, bevor neue Ernährungstipps eingehalten werden können. Solange Essverhalten und Gefühle miteinander so eng verbunden sind, ist es kaum möglich wieder Regeln und Speisepläne einzuhalten.

In dieser ersten gemeinsamen Zeit, welche zwei bis drei Gespräche dauern kann, zeigt sich, wie weiter vorgegangen wird.

Die empfohlene Konsultation bei MedizinerInnen und die Tatsache, dass Beratungsgespräche nicht in kurzer Zeit das „Problem mit dem Essen" wegzaubern können, erschrecken. Für viele Betroffene scheint es anfangs schwierig, einen Zusammenhang zwischen dem nicht so funktionierenden Essverhalten und der persönlichen Lebenssituation zu erkennen. Emotionale Befindlichkeit einerseits und Nahrungsaufnahme andererseits werden oft komplett getrennt voneinander betrachtet.

Da gerade Familien, in denen sich ein anorektisches oder bulimisches Symptom entwickelt, nach außen fehlerfrei und stark erscheinen wollen, ist die Tendenz, die Essstörung als eigenes völlig losgelöstes Verhalten zu betrachten, besonders groß. Dass starke Leistungsorientiertheit und Perfektionismus ein problematisches Essverhalten auslösen können, scheint anfangs für die betroffenen Mädchen oder Frauen nicht nur sehr weit hergeholt, sondern auch bedrohlich. Das eigene (und letztendlich gesellschaftlich weit verbreitete) Konzept von Sein und Schein, von Liebe und Anerkennung, von Werten und Aufgaben im Leben könnte dadurch in Frage gestellt werden.

Doch nun zurück zu den Klientinnen selbst. Manche Mädchen oder Frauen waren seit Jahren von einer starken Essstörung betroffen, andere reagierten erst seit einigen Wochen mit einem veränderten Essverhalten. Sowohl auf das Alter, als auch auf Herkunft und Ausbildung bezogen bemerkte ich eine große Vielfalt. In der Gefühlswahrnehmung der Klientinnen konnte ich jedoch etliche Gemeinsamkeiten feststellen: Bei allen war die Essstörung Ausdruck einer tiefen emotionalen Verunsicherung gegenüber der eigenen Person, der eigenen Gefühlswelt und der Bindungen zu anderen Menschen und Bezugspersonen. Je länger und intensiver die Symptome bestanden und ausgelebt wurden, desto tiefer saßen Verwirrung und Verletzung.

Die Klientinnen selbst erlebten sich in ihrer Krankheit jedoch freier, stärker und unabhängig. Attribute der heutigen Gesellschaft, die es zu erreichen gilt: niemanden zu brauchen, cool zu sein, keine Bedürfnisse wahrzunehmen. Wenig zu wiegen und von anderen als zu dünn betrachtet zu werden, gibt den meisten jungen Mädchen (und auch Frauen) ein Gefühl der Stärke und Erhabenheit. In anderen emotionalen Bereichen jedoch liegen eindeutig Gefühle der Ohnmacht und Abhängigkeit vor, welche entweder verdrängt oder als sehr irritierend erlebt werden.

Der Magersüchtigen gelingt dies, indem sie sich gefühllos hungert und ihr Leben ritualisiert, der von Bulimie Betroffenen, indem sie ihre Verzweiflung und Wut hinunterschlingt und kraftvoll wieder von sich gibt. Und es funktioniert zunächst tatsächlich: negative Emotionen werden perfekt verdrängt und in eine neue Gedankenwelt umgeleitet, in welcher Nahrungsaufnahme, Gewicht und Heimlichkeiten eine Rolle zu spielen beginnen, Emotionen wieder gelebt werden, aber mit einem neuen Inhalt und Schauplatz. Die Angst dieses Machtgefühl wieder zu verlieren ist groß, der Druck von außen, wieder zuzunehmen oder „normal" zu essen, ebenso. Der Kreislauf hat begonnen, das Selbstwertgefühl klammert sich an das Symptom (wenn es mir gelingt mein Gewicht zu reduzieren bin ich gut), die Sorge der anderen stellt somit eine Bedrohung für den eigenen Wert dar (wenn ich wieder normal esse, nehme ich zu, die anderen sind zufrieden und ich hasse mich). Die Gedanken drehen sich nun hauptsächlich um den Bereich Essen, Gewicht und die Verheimlichung, d. h. Bagatellisierung des zwanghaften Verhaltens.

So lässt sich auch erklären, warum erstens die Lösung des Problems im Bereich von Essen und Gewicht von den Mädchen selbst gesucht wird und zweitens das Unglück im Leben auch nur darüber gefühlt werden kann. So reagieren die meisten Betroffenen auf die Frage, wie es ihnen denn eigentlich geht: „In meinem Leben ist alles in Ordnung, nur mit meinem Gewicht und/oder Essverhalten bin ich nicht zufrieden. Ich möchte nichts verändern, alles so lassen, nur das Essen und mein Körper sollten nicht mehr mein Feind sein. Ich möchte schnell satt sein."

Dieses Anliegen der Klientinnen ergibt folgende Probleme: Da nur Gewicht und/oder Essverhalten als belastend erlebt werden, ist es schwierig die Ursachen hinter dem problematischen Essverhalten herauszufinden. Die Vorstellung, was sich im Leben denn verändern sollte, damit „alles" wieder als gut empfunden wird, kann anfangs anscheinend nur über Körper und Nahrung definiert werden.

So läge die Lösung aus der Sicht der Betroffenen meist darin, keinen Hunger mehr zu verspüren, mit Miniportionen satt und zufrieden zu sein und nicht mehr ans Essen denken zu müssen. So werden alle Wünsche an die Beratung nur über das Thema Essen abgehandelt.

Als Beraterin oder Psychotherapeutin komme ich hier in die „verzwickte" Situation, das Ziel der Klientin nicht teilen zu können, wenn dieses lautet: „Ich möchte mit Ihrer Hilfe nur mehr wenig Essen brauchen müssen, und das bitte sofort!"

Egal ob Angehörige oder Selbstbetroffene, meistens wird auf der Ebene des Essens und Aussehens nach Veränderung und Symptomverbesserung gesucht, jedoch erfolglos.

So ist es wichtig, einen Prozess des Umdenkens einzuleiten, in dem eine neue Zielformulierung erst möglich werden kann, nämlich eine frei von Essverhalten und Aussehen.

## Aufgabe der Beratung und/oder Psychotherapie

*Hunger macht Angst – Sattsein auch!*
Hungrig zu sein bedeutet bedürftig zu sein, etwas zu brauchen. Manchmal wissen wir nicht genau, was und wie viel wir benötigen, um glücklich und zufrieden zu sein. Oft reicht das, was da ist, nicht aus, es ist zu wenig oder falsch.

Junge Mädchen werden aber noch immer dazu erzogen, genügsam zu sein, nicht mehr und nicht zu viel zu wollen. Sind die Ansprüche dennoch zu groß, versucht das immer wieder auftauchende schlechte Gewissen die Mädchen einzubremsen. Dies geschieht bei der Nahrungsaufnahme, jedoch viel mehr noch im Umgang mit Gefühlen. Wenn das Leben nicht richtig satt macht, kann ein psychischer Hunger entstehen, der so groß wird, dass er sich tatsächlich als körperlicher Hunger meldet. Wie viel Essen auch vertilgt wird, die psychische Leere bleibt.

Als Psychotherapeutin ist es mein Wunsch, gemeinsam mit meinen Klientinnen zu erarbeiten, wie das Leben wieder als sättigend und nahrhaft erlebt werden kann. Insofern sehe ich in der Essstörung auch eine Chance, sich selbst besser kennen und verstehen zu lernen.

Herauszufinden, welche Ausdrucksmöglichkeiten es gibt, um seine Bedürfnisse zu zeigen, ist ein Weg in Richtung Veränderung. Oder noch ein Schritt zuvor: Erst zu erkennen, welche Wünsche und Gefühle hinter der Gier zu essen oder der Angst davor überhaupt stecken. Oft werden Sehnsüchte und Träume gar nicht mehr wahrgenommen. Das Essverhalten selbst und die Gedanken um Nahrung und Gewicht haben die Neugierde auf das Leben, Interessen und Freuden verdrängt. Aber auch Enttäuschungen, Wut und Unzufriedenheit werden nicht mehr gespürt. Hinter vielen Essstörungen stecken Rebellion und Widerstand.

Sehr pointiert schreibt Susie Orbach über esssüchtige Frauen, die über ihr Essverhalten und Dicksein ein Mittel gefunden haben, mit dem sie ihre Vermarktung und Abstempelung zur Idealfrau vermeiden können:

„Meine Fettschicht sagt ‚Leck mich am Arsch' zu allen, die von mir verlangen, die perfekte Mutter, Geliebte, Dienstmagd und Hure zu sein. Nehmt mich wie ich bin, nicht wie ich sein sollte. Wenn ihr wirklich an mir interessiert seid, dann kommt ihr durch die Schichten hindurch und könnt herausfinden, wer ich bin." So stellt Fettleibigkeit einen Ausdruck der Rebellion gegen die Machtlosigkeit der Frau dar, gegen Zwang zu einem bestimmten Aussehen und Verhalten, gegen die Beurteilung danach, ob sie ein perfektes Image von sich vorweisen kann (Orbach 1993, S. 17).

Die Heilung der Essstörung darf keine erneute Orientierung an bestehenden Frauenbildern und Erwartungen der Umwelt bedeuten. Frauen und Mädchen sollen in diesem Sinne nicht brav werden und wieder um Angepasstheit bemüht sein. Ein anorektisches Mädchen ist nicht einzig deshalb als gesund zu betrachten, weil sie wieder mehr zu essen beginnt und zunimmt.

Die Genesung ist komplex und vielfältig. Das Essverhalten und die Beziehung zum Körper sollten nicht länger der nicht erhörte Hilfeschrei abgespaltener Bedürfnisse sein. Der Prozess der Heilung kann manchmal ein langer, steiniger und schmerzhafter Weg sein, der oft von mehreren professionellen HelferInnen begleitet werden muss. Der körperliche Zustand der Klientinnen kann manchmal so instabil werden, dass Psychotherapie eine Zeitlang nicht möglich ist. Wenn zu viel an Gewicht verloren wird oder aufgrund zu häufigen Erbrechens der Herzmuskel unter Kaliummangel leidet, wird ein stationärer Aufenthalt unvermeidbar. Auch wünschen sich manche Betroffene eine Auszeit vom Alltag, in welchem sie sich überfordert fühlen.

Manche Frauen oder Mädchen kehren nach dem absolvierten Spitalsturnus wieder in alte Verhaltensweisen zurück, andere haben sich aufgrund dieser Behandlung eine wesentliche Verbesserung ihres Symptoms erarbeiten können und/oder kontaktieren danach andere professionelle Hilfe. Wie viele Personen jedoch trotz anhaltender Symptomatik keine Unterstützung in Anspruch nehmen, bleibt verborgen. Viele wollen ihre Krankheit alleine besiegen, alles alleine mit sich selbst ausmachen oder nach einer abgebrochenen Therapie nicht zugeben, dass doch noch nicht alles in Ordnung ist.

Ich habe eine junge Frau erlebt, die unsere Arbeit beendete, weil sie schwanger wurde. Sie erbrach während der Schwangerschaft und auch als das Baby schon auf der Welt war, wollte jedoch in ihrer neuen Mutterrolle nicht zugeben, dass die Bulimie nach wie vor ihr Ventil war sich auszudrücken. Ihre ganze Familie glaubte jahrelang, ihre Essstörung sei aufgrund ihrer Schwangerschaft und neuen Lebenssituation verschwunden. Erst als ihre Tochter zwei Jahre alt war, konnte sie sich wieder an mich wenden und all ihre Verzweiflung erzählen. Sie wünschte wieder mit Psychotherapie zu beginnen, jedoch heimlich. Wir benötigten drei Sitzungen, bis sie sich stark genug fühlte, ihrer Familie von der wieder begonnenen Behandlung zu berichten. Es dauerte weitere zwei Jahre, bis es der jungen Mutter deutlich besser ging.

Veränderung kann manchmal Jahre brauchen. Die meisten Frauen haben ihrem Körper gegenüber ein sehr ambivalentes Verhältnis entwickelt. Doch unser Körper ist in sich wunderbar und einzigartig, in der heutigen Zeit jedoch viel zu sehr fokussiert und in den Mittelpunkt aller Gedanken und Wünsche gerückt. Nur ein freundschaftlicher, liebevoller und verantwortlicher Umgang mit den eigenen Bedürfnissen und der eigenen Körperlichkeit kann aus der Krankheit führen und den Weg frei machen, ein erfülltes Leben zu gestalten. „Akzeptieren bedeutet, sich auf die Realität einzulassen, sie zu respektieren und zu sagen:

Das bin ich. Alles Hadern führt zu Unfrieden und Ablehnung" (Wardetzki 2008, S. 274).

## Freunde und Familie

Natürlich arbeitet die Psychotherapie der Essstörung gegen die Windmühlen der Gesellschaft. Selbst die besten Freundinnen meiner Klientinnen sind häufig sehr schlank und von den heutigen Idealen stark geprägt. Oft wird gemeinsam gehungert, Sport betrieben und Models nachgeeifert.

Auch in den meisten Herkunftsfamilien der Betroffenen gibt es entweder Ablehnung, was dicke Körper betrifft, oder Abwertung, wenn Leistung und Perfektionsdrang nicht an erster Stelle stehen. Viele Familienmitglieder haben selbst eine wenn auch versteckte Essstörung oder panische Angst vor dem Älterwerden und dem damit verbundenen Leistungsabbau. Die Gesundung des Mädchens oder der Frau kann sehr stark davon abhängig sein, wie weit ihr Wandel überhaupt willkommen und erlaubt ist.

Viele Eltern schicken ihre Töchter mit der verzweifelten Bitte in die Beratung, sie solle doch endlich wieder „normal" essen. Wenn es dazu jedoch erforderlich ist, nicht mehr beste Freundin der Mutter zu sein, mit dem Vater nicht mehr um die Wette zu joggen oder die Geschwister bei Streitereien nicht mehr zu beruhigen, kann die Therapie unter Umständen in Frage gestellt oder anfangs sogar als Bedrohung wahrgenommen werden. Da die Klientin ihre Bezugspersonen jedoch liebt und sich weiter wichtig und von ihnen geliebt fühlen möchte, kann es oft einige Zeit dauern, bis neue Wege gefunden werden, um miteinander positiv zu kommunizieren.

Arbeite ich mit jungen Mädchen, welche noch bei ihren Eltern leben und finanziell abhängig sind, scheint es mir unerlässlich auch die Eltern oder Geschwister kennen zu lernen. Nicht immer sind Familienangehörige dazu bereit Beratungsgespräche anzunehmen, jedoch wurde es oft als sehr erleichternd erlebt, wenn diese doch in Anspruch genommen wurden. Erst wenn ich das Vertrauen meiner Klientin gewonnen habe, beziehe ich andere Bezugspersonen mit ein. Es besteht oft eine große Verunsicherung der Eltern ihrer Tochter gegenüber. Die Essstörung hat eine dicke Mauer zwischen den Familienmitgliedern geschaffen, die unüberwindbar erscheint. Das Essverhalten wird von allen fokussiert und die Kommunikation dreht sich nur mehr ums

Essen. Wie schon mehrmals erwähnt, finden wir jedoch auf dieser Ebene keine Lösung. Meine Aufgabe sehe ich darin zwischen Tochter und ihren nahen Bezugspersonen wieder eine Kommunikationsbasis herzustellen, in welcher offen miteinander gesprochen werden kann. Die Bedürfnisse aller sollen positiv ausgedrückt werden können, damit das darüber gestülpte Symptom langsam in den Hintergrund treten kann. Oft bestehen jedoch familiäre Muster schon seit Generationen und nicht immer wollen alle daran arbeiten. Geduld ist hier sehr wichtig. Mit Druck kann niemand gesund werden und seine Gedanken neu definieren.

Auch von Seiten der professionellen Begleiter ist viel Geduld erforderlich. Oft begann ich an mir zu zweifeln, wenn das Essverhalten trotz intensiver Arbeit nicht „besser" wurde. Wenn ich jedoch innehielt und mit Achtsamkeit den therapeutischen Prozess reflektierte, konnte ich die vielen kleinen Veränderungen wahrnehmen. Diese waren nicht im Essverhalten zu beobachten, sondern im Umgang der Klientin mit ihren nahen Bezugspersonen, mit ihren Ängsten und genauen Vorstellungen, wie was zu sein hatte oder wenn einfach Neues ausprobiert wurde: Viele Frauen nahmen sich wieder mehr Zeit für sich selbst, anstatt von einer Verpflichtung zur anderen zu hetzen. Einige änderten ihren Fitnessplan, standen nicht mehr um sechs Uhr morgens auf und fühlten sich auch mit weniger Lauftraining wohl in ihrem Körper. Andere sagten es zum ersten Mal ihrem Partner, wenn sie keine Lust auf Sex hatten oder für die ganze Familie zu kochen. Es gab endlich gekauften Kuchen statt selbst gemachten und keine gebügelten Socken.

Manche Mädchen wollten nicht mehr gleichzeitig maturieren, den Führerschein machen und sich auch für das Studium danach anmelden. Und es gab auch solche, die zum ersten Mal ihre Freundinnen um Hilfe baten und nicht immer nur für andere stark sein mussten.

Manche Veränderungen waren still, unauffällig und gar nicht schwierig. Für andere musste viel gekämpft werden und es gab oft – trotz zahlreicher Gespräche mit Angehörigen – keine zufriedenstellende Lösung.

Für mich selbst ist es eine spannende Herausforderung, aus der Essstörung herausbegleiten zu dürfen. Ich lerne immer dazu und begreife jedes Mal aufs Neue wie ähnlich und doch individuell wir Menschen sind.

## Möglichkeiten und Herausforderungen

Im FEM Süd besteht die Chance, sehr niederschwellig Angebote für die jeweiligen Probleme setzen zu können. Besonders in der Arbeit mit jungen Mädchen ist dies wichtig, denn es fällt nicht immer leicht über die eigenen Ängste zu sprechen. Wir bieten Beratung sowohl über E-Mail als auch telefonisch an. Wenn das betroffene Mädchen es wünscht, kann auch die beste Freundin oder der Freund mit zur Beratung kommen. Alleine die Möglichkeit des flexiblen Settings zu haben, gibt wohl das Gefühl des „hier bin ich willkommen".

Um präventiv zu arbeiten, gehe ich auch in Schulen oder Jugendzentren und halte Workshops zum Thema. Essstörungen haben oft einen Nachahmungseffekt, daher liegt der Schwerpunkt hierbei vor allem auf
- Hinterfragen des Schönheitsideals und Aufklärung über Gefahr von Diäten
- Erwartungen ans Schlanksein (macht es glücklich?)
- Reflexion über Frauenbilder und Sprache („Bist du aber hübsch! Hast du abgenommen?")
- Selbstwertstärkung
- Information über körperliche und seelische Veränderungen aufgrund einer Essstörung
- Abbau der Hemmungen, professionelle Hilfe in Anspruch zu nehmen
- Information über Spitäler, Beratungsstellen etc.

Je nach Alter und Fragen versuche ich mein Angebot entsprechend individuell zu gestalten. Ein Workshop zum Thema kann vermitteln, dass frau mit solchen Problemen verstanden wird und es genügend Hilfe gibt, um diese wieder zu lösen.

Oft wandten sich Workshopteilnehmerinnen nach einigen Monaten an FEM Süd, um sich Unterstützung zu holen. Sie hatten aufgrund meiner Information endlich den Mut gefasst etwas gegen ihre Probleme zu unternehmen.

## Resümee

Ab welchem Stadium wir von einer Essstörung sprechen oder ob ein problematisches Essverhalten nur eine momentane Reaktion auf veränderte Lebensumstände ist, ist schwer zu definieren. Die Dauer und Häufigkeit des Symptoms, das soziale Verhalten der jeweiligen Person sowie die psychische und physische Verfassung geben Auskunft über den Schweregrad der Krankheit. Je früher professionelle Hilfe aufgesucht wird, desto größer ist die Chance keine chronische Essstörung zu entwickeln. Das Essverhalten mit seinen jeweiligen, persönlichen Hintergründen kann schneller verstanden und so können Probleme dort gelöst werden, wo sie auch entstanden sind.

Leider kommen viele Frauen erst nach vielen Jahren des Leidens und der Verzweiflung in die Beratung. Gerade jenen Mädchen oder Frauen, die eine Problematik mit dem Essen und der Einstellung zu ihrem Körper entwickeln, fällt es nicht leicht um Hilfe und Unterstützung zu bitten. Alle Sorgen mit sich selbst auszumachen und niemandem seine Ängste zu zeigen ist für diese Frauen besonders wichtig. So wird die Inanspruchnahme von Psychotherapie oft als das Eingestehen von Schwäche angesehen.

Selbst wenn der Weg, sich Unterstützung zu holen, bereits gegangen wurde, der Prozess der Beratung begonnen hat und sich sogar positiv entwickelt, kämpft ein Teil der Frau oder des Mädchens meist weiter darum, dies alles doch alleine schaffen zu müssen/zu können. Die Angst vor einer neuen Abhängigkeit, in diesem Fall von der Psychotherapie, ist sehr groß. Ich versuche diese Ängste in der gemeinsamen Arbeit zu thematisieren. Die Genesung soll weder auf Druck noch als Gefallen den anderen oder mir gegenüber geschehen.

Ein Leben frei ohne ständige Gedanken an Essen, Gewicht und Aussehen gestalten zu können, kann oft Jahre dauern. Unsere gesellschaftlichen Bilder über Frausein, Schlankheitswahn und Körperkult und deren ständige mediale Präsenz sind wenig hilfreich und müssen gemeinsam überwunden werden. Es ist wichtig nicht nur unseren Klientinnen, sondern auch uns selbst positive, stärkende Assoziationen über Weiblichkeit zu suchen und diese auch auszuleben.

## Literatur

Weeraperuma, S. (2004). *Das ABC von Glück und Weisheit*. München: Lotus.
Merta, S. (2008). *Schlank. Ein Körperkult der Moderne*. Stuttgart: Franz-Steiner.
Olbricht, I. (1993). *Was Frauen krank macht. Der Einfluß der Seele auf die Gesundheit der Frauen*. München: Kösel.
Orbach, S. (1994). *Anti Diät Buch. Über die Psychologie der Dickleibigkeit, die Ursachen von Esssucht*. München: Frauenoffensive.
Statistik Austria. (2001, 2007). Spitalsentlassungsstatistik.
Wardetzki, B. (2008). *Weiblicher Narzissmus. Der Hunger nach Anerkennung*. München: Kösel.

## Autorin

**Mag.[a] Nina Schnaubelt**
Diplomstudium der Pädagogik (Nebenfach: Geschichte, Kunstgeschichte), Ausbildung zur Systemischen Familientherapeutin und Weiterbildung zur Kinder- u. Jugendpsychotherapeutin; Mitaufbau und telefonischer Beratungsdienst bei der Hotline für Essstörungen des Wiener Programms für Frauengesundheit; seit 1999 Mitarbeiterin im Frauengesundheitszentrum FEM Süd. Schwerpunkt: Essstörungen; diverse Vortragstätigkeiten, Lehraufträge und Medienarbeit zum Thema. Mutter von drei Kindern.

## Mädchenräume – Freiräume!
### Zur Notwendigkeit geschlechtssensibler Mädchenarbeit
*Eva Trettler, Julia Spitzer*

### Geschlechtsspezifische Sozialisation

Das Geschlecht bietet uns eine wesentliche Orientierung für unser Sein. So lautet die allererste Frage, wenn wir erfahren, dass eine Frau ein Kind erwartet: Wird es ein Junge oder ein Mädchen? (Raffauf 2003) Mit der Antwort wird bereits das Verhalten gegenüber dem Kind bestimmt, denn es gibt zweifelsohne Dinge, die grundsätzlich für einen Buben oder ein Mädchen charakteristisch sind. Untersuchungen zeigen uns, dass mit weiblichen Babys ganz anders umgegangen wird als mit männlichen. Mädchen werden sanfter berührt und es wird öfter zu ihnen gesprochen. Jungen erhalten direktere Anregungen und werden zu größerer Unabhängigkeit ermuntert (Darvill & Powell 2000). Selbst bei der Einrichtung des Kinderzimmers und beim Spielmaterial lassen sich Unterschiede erkennen. Während ein Bubenzimmer ein Ort für „Abenteuer" mit Kletterwänden und Hochbetten sein darf, haben die Mädchen Kuschelecken und Puppenküchen. Buben bekommen nach wie vor Fahrzeuge aller Art, Mädchen stattdessen Spielzeug aus dem Haushaltsbereich, Puppen und musisches Spielmaterial (Kasten 2003). Diese Erfahrungen werden im Laufe des ganzen Lebens durch die Botschaften aus Medien, Werbung, Schule, Familie usw. verstärkt.

Traditionell männliches oder weibliches Verhalten wird noch immer positiv hervorgehoben. Männliche Sportstars und weibliche Supermodels – harte, aktive, erfolgreiche Männer und schöne, passive Frauen – gelten vielfach immer noch als Rollenvorbilder. Der Versuch, diese Stereotypen nachzuahmen, begrenzt jedoch die Entwicklungsmöglichkeiten des/der Einzelnen (Darvill & Powell 2000).

### Die unterschiedliche Behandlung von Kindern

Ist der neue Erdenbürger erst auf der Welt, wird aktiv auf das Kind eingewirkt, und zwar je nach Geschlecht verschieden. Ältere Untersuchungen konnten deutlich zeigen, dass Jungen und Mädchen von Geburt an zum Beispiel verschieden lange gestillt und mit ihnen unterschiedlich lange geredet wurde. Es wurde beobachtet, dass Mütter beim Spielen mit ihren Söhnen im ersten und zweiten Lebensjahr den Ball weiter wegrollen als bei ihren Töchtern. Kleine Mädchen wiederum mussten früher sauber sein als kleine Jungen. Sie wurden früher, strenger und rigider zu Reinlichkeit und Ordnung erzogen. Väter beschrieben Jungs als kräftig und Mädchen gleichen Gewichts als zart. Sie kümmerten sich mehr um die Söhne als um ihre Töchter, das heißt, sie sprachen mehr mit ihnen, schauten sie häufiger an und verbrachten mehr Zeit mit den „Thronfolgern" als mit den „Thronfolgerinnen" (Raffauf 2003). Neuere Untersuchungen zeigen jedoch, dass die unterschiedlichen Behandlungsweisen sich verwischen und kaum noch zu belegen sind. Auch wenn nun Eltern ihre Kinder nur geringfügig anders behandeln, so ergeben sich dennoch Anhaltspunkte dafür, dass Mädchen weniger zugetraut und zugemutet wird. Ihre Unabhängigkeitsbestrebungen werden eingeschränkt, aber dafür erfahren sie weniger Aufsicht und Kontrolle (Kasten 2003). „Es finden sich auch Hinweise dafür, dass im Verlauf der mittleren und späten Kindheit die vom Geschlechterrollenstereotyp geleiteten elterlichen Erwartungen bezogen auf das ‚richtige' Verhalten von Jungen und Mädchen zunehmend an Gewicht gewinnen." (Kasten 2003, S. 72)

## Mädchen und ihre Interessen

Die US-amerikanische Psychologin Esther R. Greenglass meint, dass das Spielzeug, welches dem Jungen angeboten wird, eine „Tendenz weg vom Haus" verstärkt, während Mädchen, wie bereits erwähnt, Spielmaterial bekommen, die die Aktivitäten im Haus bestärken (Kasten 2003). Scheu (1992) kann dies wie folgt ergänzen: Kleine Mädchen werden sehr schnell zum selbständigen Essen, Anziehen und zu Sauberkeit erzogen. Dies bedeutet Arbeitsentlastung für die Erziehungspersonen. Mädchen werden nicht bemuttert, sondern lernen sehr schnell eine Art von Selbstverantwortung und des Auf-sich-selbst-Achtens. Diese arbeitsentlastenden Fertigkeiten sind Vorläufer der Tätigkeiten, die Mädchen in der Mithilfe im Haushalt und bei der Geschwistererziehung praktizieren müssen. Dies bedeutet jedoch, dass einerseits Jungen aus diesem Bereich ausgeschlossen werden und nicht die Möglichkeit haben, solche Fertigkeiten zu lernen, andererseits aber auch den Mädchen viele Bereiche verwehrt bleiben (Scheu 1992). So haben Buben eher die Möglichkeit den Vater bei handwerklichen Tätigkeiten und technischen Arbeiten zu unterstützen, zudem werden sie mit Konstruktionsspielzeug beschäftigt, während Mädchen im Ballett, beim Basteln und Malen, Musizieren usw. gefördert werden (Kasten 2003).
Außerdem entwickeln Mädchen und Buben als Ergebnis des Aufwachsens in einer Familie, in der die Frau die klassische Mutterrolle einnimmt, ein unterschiedliches Selbstgefühl. Die Verkörperung der geforderten weiblichen Rolle hat das Mädchen laufend vor Augen, während sich der Bub an kulturelle Vorstellungsbilder von Männlichkeit halten muss. Das kann dazu führen,

dass die Buben die männliche Rolle idealisieren und phantasieren („Superman"). Die weibliche Rolle hingegen bleibt für die Mädchen sehr konkret (Nancy 1985, zitiert nach Schroffenegger, Schweighofer & Gnaiger 2000).

## Die „richtige" Frau

Mädchen werden für Verhalten belohnt, das die emotionalen, „weichen", mütterlichen, sozialen usw. Persönlichkeitsanteile anspricht. Mädchen bekommen auf vielen Kanälen die Botschaft vermittelt, dass sie sich auf ihre häusliche Rolle als Hausfrau und Mutter vorbereiten und sich weniger auf die Männerwelt draußen konzentrieren sollen. Das heißt, Frauen bekommen auch die gesellschaftlich weniger anerkannten Eigenschaften zugesprochen (Bissuti & Götz 2004). Mädchen stecken zurück, weil sie ihre „weibliche" Rolle gut gelernt haben. Sie stecken überall da zurück, wo sie in Konkurrenz zu den Jungen geraten. Für Mädchen gilt, sich selbst über die männlichen Ansprüche zu definieren und für Jungen und Männer attraktiv zu sein. So wird selbst das Lernverhalten der Mädchen in der Pubertät durch den Drang bestimmt, den Erwartungen der Jungen zu entsprechen. Das bedeutet auch, dass Mädchen ihre eigene Leistungsfähigkeit und Stärke nicht zeigen, um nicht als „Intelligenzbestie" oder „Emanze" zu gelten (Bundesministerium für Bildung, Wissenschaft und Kultur 2003).

## Etappen der geschlechtsspezifischen Sozialisation

Schon im Kleinkindalter nehmen Kinder eine grundlegende Kategorisierung vor: „Ich bin ein Mädchen" bzw. „Ich bin ein Bub". Sobald Kinder sich sprachlich verständlich machen können, sind sie dazu in der Lage, sich richtig als Mädchen und Bub einzuordnen, und sind darum bemüht, dies auch bei anderen Personen richtig zu benennen. Kinder erkennen aber nicht nur die „äußeren" Merkmale von Frau und Mann, sondern sie lernen gleichzeitig ihre soziale Rolle als Mädchen oder Bub. Sie übernehmen und zeigen zunehmend Verhaltensweisen, die sie als „passend" für ihr Geschlecht erachten (Bissuti & Götz 2004).

Eine Untersuchung konnte diese Tendenz bestätigen. Kindergartenkinder wurden nach dem typischen Verhalten von Jungen und Mädchen befragt. Die Kinder wurden u. a. gefragt, ob ein Mädchen oder ein Bub braver oder stärker ist, eher fleißig hilft, schneller Roller fahren kann usw. Je älter die Kinder waren, desto deutlicher waren die Antworten in Richtung klischeehafter Rollenvorstellungen. Dreijährige Mädchen sagten etwa zu 50%, dass Mädchen schneller Roller fahren können und stärker sind. Bei den Fünfjährigen vertreten nur noch 20% die Meinung, dass Mädchen schneller Roller fahren und nur noch 7% sagen, dass Mädchen stärker sind (Kasten 2003).

Zwischen dem achten und zwölften Lebensjahr setzt sich ein flexibler Umgang mit Geschlecht und Geschlechterdifferenz durch. Das Kind erkennt, dass Gefühle, Eigenschaften, Verhaltensweisen und Aufgaben prinzipiell von beiden Geschlechtern gezeigt und ausgeübt werden können.

In der Mädchenforschung wird die Pubertät hingegen als einschneidende Phase der Verunsicherung beschrieben, in der Mädchen auf dem Weg zum Erwachsenwerden einen schmerzhaften Anpassungsprozess durchlaufen, in dem sie vielfach die Verbindung zu ihrem Selbst verlieren und sich vorab korrigieren, um den geäußerten oder auch nur vermuteten Erwartungen des sozialen Umfelds zu entsprechen. Dies wird etwa anhand ihrer Berufswünsche deutlich, die beispielsweise von der Ärztin auf die Krankenschwester reduziert werden. Für Burschen ist dieses Alter dadurch gekennzeichnet, dass der Druck wächst, sich nur ja nicht unmännlich zu benehmen. Daraus resultiert oft eine Dynamik, die das bekannte „Macho"-Verhalten hervorbringt (Bissuti & Götz 2004).

## Geschlechtssensible Jugendarbeit

Trotz fortschreitender Emanzipation und zunehmender Thematisierung einschränkender Geschlechterrollen lernen auch im 21. Jahrhundert Jugendliche immer noch, wie sie ihrer Rolle als „Frau" oder „Mann" zu entsprechen haben. Sie eignen sich von klein auf geschlechtsspezifische Rollenstereotypen an (Unterholzer 2004).

Geschlechtssensible Pädagogik ist ein Prozess, in dem Selbstverständliches in Frage gestellt wird und Handlungsmöglichkeiten erweitert werden (Bissuti & Götz 2004). Geschlechtssensible Pädagogik weiß, dass das Geschlecht Einfluss auf persönliche Entwicklung und Lerngeschichte nimmt. Es wird sensibel auf das Geschlecht reagiert und betrachtet, wie es dazu kommen kann, dass die Lernfelder von Mädchen und Burschen eingeschränkt sind und gehemmt werden. Geschlechtssensible Pädagogik ist eine kritische Wertvorstellung und ein bewusster Akt, die Verantwortung für Chancengleichheit wahrzunehmen, und möchte den Handlungsspielraum von Mädchen und Buben erweitern (Unterholzer 2004).

In der geschlechtssensiblen Pädagogik geht es darum, die Unterschiede zwischen Mädchen und Buben zu berücksichtigen und sie als aktive Gestalter ihrer eigenen Entwicklung ernst zu nehmen und zu fördern (Bissuti & Götz 2004). Das bedeutet Mädchen zu stärken und Buben zu fördern (Unterholzer 2004). Mädchen und Buben müssen befähigt werden, ihre Entwicklung zu bewältigen, sich in der heute herrschenden Vielfalt von Weiblichkeits- und

Männlichkeitsbildern zurechtzufinden und neue Möglichkeiten zu entdecken. Das bedeutet weiters, die Jugendlichen darin zu unterstützen, sie selbst zu sein und damit selbstbestimmt ihr Leben zu gestalten und zu bewältigen. Nicht zuletzt ist geschlechtssensible Pädagogik immer auch politische Arbeit mit dem Ziel, gesellschaftliche Rahmenbedingungen so zu verändern, dass die Handlungsspielräume für Mädchen und Buben erweitert, Benachteiligung von Mädchen bekämpft und vor allem auch soziale Probleme abgebaut bzw. verhindert werden. Die geschlechtssensible Pädagogik will Erfahrungs- und Beziehungsangebote machen, die die geschlechtsspezifisch eingeengten Fähigkeiten, Verhaltensweisen und Interessen von Buben und Mädchen erweitern (Bissuti & Götz 2004).

Konkretisiert geht die Jugendarbeit von folgenden Prämissen aus:
- Durch die Sozialisation angeeignete Geschlechterrollen („gender") (re)produzieren Geschlechterverhältnisse, die Frauen von politisch und ökonomisch abgesicherter Macht fernhalten und die Ausbildung emotioneller sowie sozialer Fertigkeit bei Männern einschränken oder verhindern.
- Die männlichen Geschlechterrollen fördern Gewalttätigkeiten gegen andere Männer, gegen Frauen und Kinder (98% der TäterInnen bei Gewalthandlungen in der Familie sind männlich).
- Diese Geschlechterverhältnisse sind nicht naturgegeben und daher veränderbar.
- Sie wirken sich politisch und ökonomisch ungerecht und leidvoll-glücksfeindlich aus und sollen daher verändert werden.

Jugendarbeit hat die Aufgabe, zu einer Veränderung der Geschlechterrollen und damit zur Erweiterung von Denk-, Fühl- und Handlungsmöglichkeiten bei Mädchen und Burschen beizutragen (Schroffenegger et al. 2000).

## Mädchenarbeit

Diverse Mädchenbilder der 90er-Jahre zeigen, dass die Frauenbewegung geglückt ist. Selbstbewusst auftretende Frauen wie die „Spice-Girls", frech, stark und „hippe" Klamotten tragend, lassen uns glauben, dass sich die Gleichberechtigung nun wirklich durchgesetzt hat. Aber: Mädchen entscheiden sich nach wie vor zu über 60% für frauenspezifische Berufe (Verkäuferin, Friseurin und Sekretärin), Mädchen stellen mehr als 50% der StudienanfängerInnen der Geisteswissenschaften dar, und „Familie und Kinder" sind nach wie vor das Ziel von jungen Frauen. Zwar wollen sie die gute Ausbildung umsetzen, wissen aber nicht so recht, wie sie diese Ziele vereinbaren sollen (Schroffenegger et al. 2000).

„Die bewusste Auseinandersetzung mit den Kategorien Gleichheit, Gleichberechtigung, Herrschaft und Hierarchie ist auch zu Beginn des 21. Jahrhunderts unumgänglich. Der allerorts feststellbare ‚Mythos der Gleichberechtigung' verschleiert nämlich allzu leicht nach wie vor bestehende Ungleichheitsverhältnisse. Mädchen und Frauen haben formal, aber nicht real die gleichen Rechte und Chancen. Die Strukturen und Mechanismen der Benachteiligung sind jedoch subtil, schwer zu erkennen und zu benennen." (Bundesministerium für Bildung, Wissenschaft und Kultur 2003, S. 32)

Mit der Mädchenarbeit, die nun im Folgenden weiter erläutert wird, versucht die Frauenbewegung dem Patriarchat gegenzusteuern (Schroffenegger et al. 2000).

## Definition von feministischer Mädchenarbeit

„Feministische Mädchenarbeit setzt sich für das Recht auf eine autonome, selbstbestimmte Identität von Mädchen und jungen Frauen ein. Mädchenarbeit hat präventiven Charakter. Die Unterstützung der Mädchen und jungen Frauen in ihrer Autonomie, ihrem Selbstvertrauen und ihrem Widerstand wirkt sich langfristig präventiv gegen (sexuelle) Gewalt und Ausbeutung aus." (Marth 1999)

Die folgende Definition von Carola Wildt aus einem Thesenpapier von 1977 ist einer der Hauptbezugspunkte, auf die die meisten Konzepte der feministischen Mädchenarbeit der 80er- und 90er-Jahre aufbauen:

„Eine feministische Arbeit mit Mädchen ist in jedem Fall parteilich und an ihren Interessen und dem Wunsch nach einer eigenen Identität orientiert. Feministisch steht hier also erst einmal nur für parteilich, denn es gibt nicht die feministische Theorie, die uns sagt, wie Mädchenarbeit auszusehen hat." (Marth, 1999)

Parteiliche Mädchenarbeit fokussiert den Blick auf das Mädchen selbst. Das war nicht immer so, denn die Konzepte der vergangenen Jahre legten den Schwerpunkt auf gesellschaftspolitische Fragen sowie auf die Kritik an patriarchaler Kultur und daraus resultierende Nachteile für Frauen und Mädchen. Statt Defiziten werden heute die Ressourcen der Mädchen in den Mittelpunkt gestellt (Bültmann 2004).

## Mädchenräume

Eine Notwendigkeit für feministische Mädchenarbeit sind mädcheneigene Räume (geschlechtshomogene Gruppen). In geschlechtergemischten Räumen erfahren Mädchen laufend Beschränkungen und Begrenzungen in ihrer Bewegungs- und Handlungsfreiheit. Mädcheneigene Räume ermöglichen es ihnen, eigene Erfahrungen in weiblicher Selbständigkeit zu machen, die

Räume mit eigenen Bedeutungen auszufüllen. Wie Mädchen sich in einem Raum bewegen, ihn nutzen können, beeinflusst ihr Selbstwertgefühl sowie das Bewusstsein über ihre Fähigkeiten. Das Zusammensein mit anderen Mädchen ermöglicht es ihnen, sich als Frau zu sehen und sich über eigene Verhaltensweisen, Interessen und Fähigkeiten zu definieren (Marth 1999).

Die Abwesenheit von Burschen in solchen Gruppen/Räumen kann für Mädchen eine Chance sein, neue Potenziale zu entdecken und zu erfahren. In einer reinen Mädchengruppe können die Mädchen persönliche Stärken, aber auch Streit, Konkurrenz und Machtstreben ausleben – Verhaltensweisen, die sonst eher den Jungen zustehen. Mädchen erhalten in dieser Atmosphäre die Chance, eigene Wertmaßstäbe und Normen zu entwickeln (Bundesministerium für Bildung, Wissenschaft und Kultur 2003). Eine „reflexive Koedukation", d. h. eine zeitlich begrenzte Integration von Jungen, kann jedoch für Mädcheneinrichtungen und -räume eine große Herausforderung sein; wird die Integration von Jungen pädagogisch begleitet, kann sie wichtige Lernschritte im Hinblick auf die Beziehungsgestaltung und Auseinandersetzung mit dem anderen Geschlecht bedeuten. Diese Öffnung für Buben ist aber nicht unumstritten (Bültmann 2004).

Die Trennung der Geschlechter kann am nachhaltigsten von dem Zwang befreien, so zu sein, wie ein Mädchen, ein Bub, eine Frau oder ein Mann zu sein hat. Mädchen und Burschen haben die Möglichkeit ihre jeweils eigenen Interessen und Themen zu entwickeln, aber auch für sie Ungewohntes ohne „Besserwisserei" der jeweils anderen auszuprobieren (Bundesministerium für Bildung, Wissenschaft und Kultur 2003).

Geschlechtshomogene Gruppen allein sind aber noch kein „Programm", keine Garanten für geschlechterdemokratische Veränderungsprozesse – sonst wären ja die herkömmlichen und traditionellen Fußballklubs, Männerstammtische usw. angewandte geschlechtssensible didaktische Settings. Was es braucht, ist die Haltung der PädagogInnen, diese Organisationsform als Unterstützung für neue Erfahrungs- und Lernprozesse zu nützen, um zu einer Erweiterung von geschlechtsspezifischen Beschränkungen beizutragen (Bundesministerium für Bildung, Wissenschaft und Kultur 2003).

Geschlechtshomogene Gruppen (die von PädagogInnen, PsychologInnen, SozialarbeiterInnen usw. geleitet werden) sind auf den verschiedensten Ebenen (Jugendtreffs, Freizeitangebote etc.) und in den unterschiedlichen Einrichtungen (u. a. Gesundheitszentren, Vereinen, Schulen, Beratungsstellen) zu finden.

## Ziele der Mädchenarbeit

Nach Bissuti und Götz (2004) sowie Rhyner und Zumwald (2002) sind folgende Ziele von Mädchenarbeit zu nennen:
- Mädchen werden in ihrem Selbstwertgefühl bestärkt.
- Mädchenspezifische Interessen und Tätigkeiten werden aufgewertet.
- Für Mädchen sollen untypische Kompetenzen im handwerklichen, im technischen aber auch im sportlichen Bereich erschlossen werden bzw. ein mädchengerechter Zugang zu den naturwissenschaftlich-technischen Wissensgebieten soll geboten werden.
- Mädchen wird mehr Zeit gegeben, neue Aktionsräume sollen eröffnet werden – durch die Einrichtung eigener Mädchenräume, das Festlegen autonomer Mädchentage und das Institutionalisieren von Mädchengruppen, aber auch durch die Eroberung von männlich besetzten Orten wie Fußballplatz („Käfig"), „Tischfußball", Billard, Turnsaal etc.
- Eine mädchengerechte Berufs- und Lebensplanung soll geboten werden – unter Einbeziehung der konkreten Lebensrealität von Mädchen.
- Weibliche Bezugspersonen sind Vorbilder für die gegenseitige Unterstützung von Mädchen.
- Die Bildung starker, selbstbewusster Mädchengruppen wird forciert, um aktives Verhalten auch im öffentlichen Raum zu unterstützen.
- Individuelle Verschiedenartigkeit der Mädchen mit unterschiedlichen Lebenszusammenhängen kann kennen gelernt werden.
- Mädchen sollen in ihrer Eigenständigkeit unterstützt werden.
- Leistungen werden wahrgenommen und Motivation und Leistung der Mädchen können gesteigert werden.
- Die Identitätsbildung als Mädchen und Frau wird unterstützt.
- Es besteht die Möglichkeit vielfältigere Verhaltensweisen zu erproben

Mädchen werden in den Gruppen ermutigt, laut zu werden, sich zu melden und öffentlich aufzutreten. Sie sollen lernen, sich gegen sexistische Zumutungen und Übergriffe zu wehren. Für Mädchen soll deutlich gemacht werden, wie sie sich gegenseitig als Frauen unterstützen können. Sie sollen zu offener Kompetitivität angehalten werden. Mädchen können lernen, politische und ökonomische Macht einzufordern und in Anspruch zu nehmen (Schroffenegger et al. 2000).

## Reflexion von Jugendarbeit/Jugendeinrichtung

Einrichtungen, die mit Jugendlichen arbeiten, müssen sich einer ständigen Selbstreflexion bezüglich der Qualität ihrer Arbeit und ihrer Einstellung über das typisch „Männliche" bzw. typisch „Weibliche" unterziehen. Die Einrichtung selbst, die MitarbeiterInnen, das Programm und die Zielgruppe, also die Jugendlichen, sollen in diese Reflexion und Diskussion miteinbezogen werden.

Über die Einrichtung selbst muss sowohl im engsten als auch im weitesten Sinn nachgedacht werden. Welchen Ruf hat die Einrichtung in der Öffentlichkeit? Was heißt das für eine geschlechtsbewusste Arbeit? Würden Fachkräfte ihrer Tochter/ihrem Sohn empfehlen die Einrichtung zu besuchen? Wie könnte die Atmosphäre, das Klima in der Einrichtung beschrieben werden? Auch der Gedanke über das Aussehen der Einrichtung muss erlaubt sein (eher karg bis sachbezogen oder eher liebevoll und gemütlich?).

Auch das Bewusstsein und die Werte aller MitarbeiterInnen müssen diskutiert werden. Wie viele männliche/weibliche MitarbeiterInnen arbeiten in welcher Funktion in der Einrichtung? (Bissuti & Götz 2004) Im Frauengesundheitszentrum FEM Süd etwa sind nur Frauen und im Männergesundheitszentrum MEN nur Männer beschäftigt. So ist eine geschlechtssensible Arbeit sowohl mit Kindern, Jugendlichen als auch mit Erwachsenen zu jeder Zeit gewährleistet.

Wie denken die einzelnen MitarbeiterInnen über geschlechtssensible Jugendarbeit? Welches Klima besteht zwischen den MitarbeiterInnen und den Jungen und Mädchen? (Bissuti & Götz 2004) Selbstbewusstsein und Selbstbezug müssen bei den MitarbeiterInnen vorhanden sein, damit sie bereit sind, sich permanent neu zu erfahren und das eigene Verhalten zu reflektieren. Die Einsicht, dass Identitätsbildung kein jugendliches Problem ist, sondern ein lebenslanger Prozess, der nie aufhört, muss bei den MitarbeiterInnen vorhanden sein (Schroffenegger et al. 2000).

Das Programm der Einrichtung soll bei der Reflexion geschlechtssensibler Arbeit nicht außer Acht gelassen werden. Welche einzelnen Programmpunkte werden vorzugsweise von Jungen, welche von Mädchen wahrgenommen? Welche Anstrengungen werden unternommen, um Mädchen/Jungen für Angebote zu motivieren, die nicht oder nicht nur traditionelle Verhaltensweisen verstärken?

Und zu guter Letzt darf natürlich nicht auf die Jugendlichen vergessen werden. Wie viele Jungen, wie viele Mädchen besuchen die Veranstaltungen? Welche Altersgruppen kommen als Ansprechpersonen in Frage und warum? Kommen die Jugendlichen vorwiegend in Cliquen oder allein? Ist der Freundeskreis gemischt oder geschlechtshomogen? (Bissuti & Götz 2004)

Für das Frauengesundheitszentrum FEM Süd liegen dafür folgende Zahlen vor: Allein im Jahr 2008 konnten 834 Mädchen Workshops zu den Themen Sexualität, Gewaltprävention und Essstörungen im FEM Süd besuchen (Institut für Frauen- und Männergesundheit, 2008).

Die Jugendlichen kamen mit ihrer Schulklasse und waren zwischen 13 und 16 Jahre alt. Das Frauengesundheitszentrum FEM Süd bietet seit Jahren Mädchen einen Raum, in dem sie sich frei bewegen können und von Psychologinnen, Therapeutinnen und Pädagoginnen begleitet werden. Die Mädchen kommen zu Workshops wie auch zur Einzelberatung.

Sowohl in den Workshops als auch in den Beratungen wird besonders darauf geachtet ein Gesprächsklima herzustellen, in dem die Mädchen das Gefühl haben über alles reden zu können. Sie sollen die Möglichkeit haben, alle Frage stellen zu dürfen und Themen zu besprechen, die man nicht im Fernsehen, von FreundInnen oder von den Eltern hört. Das FEM Süd bietet damit den Mädchen Alternativen zu herkömmlichen Informationsquellen und/oder Gespräche mit anderen. Das Ziel liegt darin, den Jugendlichen ein emotionales Gleichgewicht zu ermöglichen. Die jungen Frauen sollen eine Chance bekommen, ihre Grenzen, Wünsche und Bedürfnisse kennen zu lernen und einen selbstbewussten Umgang mit schwierigen Themen zu entwickeln, sodass sie lernen eigene Entscheidungen zu treffen, auf ihre Grenzen achten können und durch ihre Kompetenz auch Verantwortung übernehmen können. Die Workshops und Beratungen sollen alters- und situationsangemessene Informationen und Kompetenzen vermitteln, wie z. B. lustvoller Umgang mit Körperlichkeit, Erotik und Sexualität, (partnerschaftliches) Einfühlungsvermögen, Wissen über Kontrazeption, Auseinandersetzung mit Geschlechterrollen, Selbstbehauptung, „Nein-Sagen".

Indem Räume nur für Mädchen geschaffen werden, haben sie die Möglichkeit, besser ihre eigenen Bedürfnisse kennen zu lernen, und sie können diese in einem geschützten Rahmen ausprobieren und lernen. In den Workshops des Frauen- und Männergesundheitszentrums FEM Süd und MEN wird dieser Gedanke aufgegriffen und die Ideen der geschlechtssensiblen Jugendarbeit werden mit den Mädchen und Burschen in einer verständlichen, altersgerechten Form aufgearbeitet. Mit diesem Ansatz gibt das Gesundheitszentrum nicht nur emanzipierte Gedanken weiter, sondern dient den Jugendlichen in ganz konkreter Weise als Vorbild. Die Jugendlichen können die Anregungen der MitarbeiterInnen mitnehmen und in ihrem Leben umsetzen; sie können sich die vorgestellte Alternativen ansehen und erlangen so die Kompetenz, für sich selbst zu entscheiden.

Die konkrete Erziehung der Geschlechter wird sich nur dann ändern, wenn sich auch die Realität der Geschlechter („gender") zu ändern beginnt. Und dies beginnt bei den Erwachsenen. Die eigenen Verhaltensweisen und Einstellungen müssen kritisch überprüft werden, vor allem bei den ErzieherInnen muss das geschlechtsspezifische Verhalten in Frage gestellt werden. Wenn man selbst beginnt die Verhältnisse, in denen man lebt, zu verändern, wird man auch fähig sein, anders zu erziehen (Scheu 1992). Für die eigene Person ergeben sich die Fragen: „Wie lebe ich als Frau?", „Wie lebe ich als Mann?" Widerstände, Abwehrhaltungen und Verunsicherungen müssen ernst genommen werden (Bundesministerium für Bildung, Wissenschaft und Kultur 2003).

Konkret heißt das aber auch, dass keine pädagogischen Konzepte, die von den heutigen gesellschaftlichen Verhältnissen losgelöst sind, entwickelt werden können, wenn nicht die konkreten gesellschaftlichen Verhältnisse, d. h. die geschlechts- und klassenspezifischen Herrschaftsverhältnisse berücksichtigt bzw. auch verändert werden (Scheu 1992).

## Exkurs: Kultursensible Mädchenarbeit

In Österreich leben derzeit rund 1,427 Millionen Menschen mit Migrationshintergrund (das sind 17,3% der Gesamtbevölkerung), wobei rund 1,075 Millionen der so genannten ersten Generation angehören, da sie selbst im Ausland geboren wurden und später nach Österreich zuzogen (Österreichischer Integrationsfonds 2009). Die verbleibenden 352.000 Personen sind in Österreich geborene Nachkommen von Eltern ausländischer Herkunft und werden somit als „zweite MigrantInnen-Generation" bezeichnet. Der Großteil der Bevölkerung mit Migrationshintergrund befindet sich außerdem im jungen Erwachsenenalter, wobei sich die Altersstruktur in diesem Zusammenhang relativ heterogen darstellt. So scheinen Personen aus Mitgliedsstaaten der EU mit einem Durchschnittsalter von 45,5 Jahren deutlich älter zu sein als Migranten und Migrantinnen türkischer und afrikanischer Abstammung (Durchschnittsalter 34,0 bzw. 33,4 Jahre).

In der Jugendarbeit stellt der hohe Anteil an SchülerInnen mit Migrationshintergrund eine besondere Herausforderung dar. Speziell in mittleren und Hauptschulen sind innerhalb ein und derselben Klasse oftmals eine Reihe an verschiedenen Nationalitäten, Religionen sowie Muttersprachen zu finden, was die Zusammenarbeit der Schüler untereinander nicht immer einfach gestaltet.

Die Bedeutung der Variable Geschlecht ergibt sich in diesem Zusammenhang vor allem aus kulturell bedingten Unterschieden in der Geschlechterrollensozialisation. So sind die meisten kollektivistischen Kulturen durch eine klare Geschlechtertrennung gekennzeichnet, bei der Frauen und Mädchen tendenziell mehr Aufgaben im Haushalt erfüllen und sich um Familie und Kinder kümmern. Männer in traditionellen Kulturen arbeiten wiederum oftmals außerhalb des Haushaltes, versorgen ihre Familie und achten auf „Stolz" und „Ehre" ihrer Familie (Kagitcibasi 1997, zitiert nach Szigetvari 2003). Da Geschlechterrollensozialisation bereits im frühen Kindesalter beginnt, die Trennung der Geschlechter in kollektivistischen Kulturen im Jugend- und Erwachsenenalter eine besondere Bedeutung hat und in den meisten Aufnahmeländern speziell die Frauenrolle anders definiert ist, wird zumeist angenommen, dass Mädchen und Burschen andere Akkulturationsmuster aufweisen. Zugleich existieren in individualistischen „modernen" westlichen Kulturen wiederum spezifische Geschlechtsstereotypien (vgl. Santrock 1998, zitiert nach Szigetvari 2003), welche die Entwicklung von Migrantenjugendlichen ebenfalls maßgeblich beeinflussen können. Rollenkonfusion, Aggressivität, geringes Selbstvertrauen, affektive Störungen, höhere Ängstlichkeit, Verhaltensauffälligkeiten sowie Schwierigkeiten bei der Identitätsfindung stellen hier nur einige von vielen möglichen Auswirkungen solcher kultureller Konflikte auf Jugendliche mit Migrationshintergrund dar.

Durch den sozialen und kulturellen Wandel, der durch die Migration entsteht, treten außerdem oftmals starke Spannungen innerhalb der betroffenen Familien auf, unter denen besonders die Mädchen zu leiden haben (Saed-Yonan 2008). Zum einen müssen sie die unterschiedlichen Wertemuster und Anforderungen seitens der Familie und der Außenwelt in Einklang bringen, zum anderen werden sie in der Erziehung gegenüber ihren Brüdern oftmals benachteiligt.

In der Mädchenarbeit spielt die Stärkung des Selbstbewusstseins gerade bei Migrantinnen daher eine besonders wichtige Rolle, ebenso wie die Unterstützung ihrer Eigenständigkeit. In einer heterogenen Gruppe von Mädchen mit und ohne Migrationshintergrund empfiehlt es sich, mit dem nötigen Empathievermögen sowie einer großen Portion Sensibilität auf die individuelle Verschiedenheit der Mädchen aus unterschiedlichen Kulturen einzugehen. Diskussionen und Rollenspiele können dabei helfen, eine gemeinsame Basis zu finden, sowie Vorurteile, stereotype Bilder, Missverständnisse und Unklarheiten aufzudecken und zu klären. Ebenso erscheint es wichtig, Mädchen in ihrem Zusammenhalt zu stärken, wobei dies auch über religiöse oder kulturelle Gruppen hinausgehend erreicht werden sollte, um eine interkulturelle Basis, Kommunikation und Kooperation zwischen gleichaltrigen Mädchen, egal welcher Herkunft, möglich zu machen und Konkurrenzstreben, Neid und Missgunst zu schwächen.

Generell ist zu diesem Thema allerdings anzumerken, dass es sich hierbei um ein bisher eher unerforschtes Gebiet handelt und weitere empirische Untersuchungen wünschenswert erscheinen, um neue Interventions- sowie Präventionskonzepte im Bereich der Mädchenarbeit im Zusammenhang mit Migration entwickeln zu können.

**Literatur**

Bissuti, R. & Götz, A (2004). Geschlechtssensible Pädagogik. Grundkurs 2004 am 18.09.2004, Institut für Freizeitpädagogik, Albertg. 35/II, 1080 Wien.

Bundesministerium für Bildung, Wissenschaft und Kultur (2003). *Unterrichtsprinzip „Erziehung zur Gleichstellung von Frauen und Männern." Informationen und Anregungen ab der 5. Schulstufe.* Wien: BMBWK.

Bültmann, G. (2004). Sexualpädagogische Mädchenarbeit. In Bundeszentrale für gesundheitliche Aufklärung (Hrsg.), *Forschung und Praxis der Sexualaufklärung und Familienplanung* (3., bearb. Aufl.). Köln: BZGA.

Darvill, W. & Powell, K. (2000). *Wie kläre ich mein Kind auf? Tipps und Gesprächshilfen.* (2. Aufl.). München: Heyne.

Institut für Frauen- und Männergesundheit (2008). *Tätigkeitsbericht 2008.* Wien: Institut für Frauen- und Männergesundheit.

Kasten, H. (2003). *Weiblich – Männlich. Geschlechterrollen durchschauen* (2. Aufl.). München: Reinhardt.

Marth, G. (1999): Empfehlungen für Maßnahmen zur Förderung der Mädchenarbeit in der Offenen Jugendarbeit Vorarlberg [www-Dokument]. Verfügbar unter: http://www.koje.at/cms/files/userdocs/maedchenarbeit.doc#_Toc455799115 [Datum des Zugriffs: 11.07.2009].

Österreichischer Integrationsfonds (Hrsg.). (2009). *Migration & Integration. Zahlen. Daten. Fakten.* Wien: Bundesministerium für Inneres.

Raffauf, E. (2003). *Was ist Liebe? Sexualerziehung in der Familie.* Weinheim/Basel/Berlin: Beltz.

Rhyner, T. & Zumwald, B. (Hrsg.). (2002). *Coole Mädchen – starke Jungs. Ratgeber für die geschlechtsspezifische Pädagogik.* Bern: Haupt.

Rosenbichler, U. & Vollmann, M. (1991). Als die Mädchen zu den Buben kamen und was wir daraus lernten. In E. Birmily et al. (Hrsg.), *Die Schule ist männlich? Zur Situation von Schülerinnen und Lehrerinnen* (S. 19–25). Wien: Verlag für Gesellschaftskritik.

Saed-Yonan, A. (2008). Mädchen aus orientalischen Migrantenfamilien – Zwischen Kulturkonflikt und psychischer Krankheit. In B. Eckey, K. Jacob & H. Michelsen, F. Krueger & A. Haid-Loh (Hrsg.), *Jugend bewegt Beratung. Adoleszenz als Herausforderung und Chance für die Erziehungsberatung* (S. 227–235). Weinheim: Juventa.

Scheu, U. (1992). *Wir werden nicht als Mädchen geboren – wir werden dazu gemacht. Zur frühkindlichen Erziehung in unserer Gesellschaft.* Frankfurt am Main: Fischer.

Schnack, D. & Neutzling, R. (2004). *Kleine Helden in Not. Jungen auf der Suche nach Männlichkeit.* (7. Aufl.). Reinbeck bei Hamburg: Rowohlt.

Schroffenegger, G., Schweighofer, A. & Gnaiger, A. (2000): *Bubenarbeit in Österreich I. Hintergründe – Bestandsaufnahme. Einstieg in die Praxis. Plattform gegen die Gewalt in der Familie.* In Bundesministerium für soziale Sicherheit und Generation (Hrsg.). Wien: BMSG

Szigetvari, E. (2003). *Befinden und soziale Unterstützung bei Migranten- und Nicht-Migrantenjugendlichen.* Unveröffentlichte Diplomarbeit. Universität Wien.

Unterholzer, C. (2004): *Chancengleichheit ist (k)ein Kinderspiel. Geschlechtssensible Pädagogik in Wien,* In MA 57 (Hrsg.). Frauen Stadt Wien: MA 57.

## Autorinnen

**Mag.[a] Eva Trettler**
nach Absolvierung des Studiums für Psychologie in Wien Ausbildung zur Klinischen und Gesundheitspsychologin. Seit 2003 im Frauengesundheitszentrum FEM Süd tätig, mit den Schwerpunkten Mädchenarbeit, Sexualaufklärung, Gewaltprävention, Schwangerschaftsberatungen, Adipositas, psychologische Behandlung und Beratung im Einzel- und Gruppensetting.

**Julia Spitzer**
derzeit Studium der Psychologie an der Universität Wien. Seit 2006 im Frauengesundheitszentrum FEM Süd mit den Schwerpunkten Mädchenarbeit, (interkulturelle) Sexualaufklärung und psychosoziale Aspekte von Ernährung und Übergewicht tätig.

## „Für Mädchen und Frauen, die viel drauf haben"
### Neue Ansätze der Adipositasprävention und -behandlung
*Christa Bauer, Kathleen Löschke-Yaldiz, Sonja Rader*

### Einleitung

Übergewicht und Adipositas steigen in Europa in alarmierendem Tempo an. So ist bereits die Hälfte aller Erwachsenen und ein Fünftel der Kinder in Europa übergewichtig. Von dieser Gruppe ist bereits ein Drittel adipös – mit rasch steigender Tendenz. Durch Übergewicht bedingte Krankheiten sind jährlich für mehr als eine Million Todesfälle in Europa verantwortlich (WHO 2006).

Zu den mit Adipositas verbundenen Begleiterkrankungen gehören chronische Erkrankungen wie Diabetes mellitus (Typ 2), Herz-Kreislauf-Erkrankungen, Gelenk- und Rückenbeschwerden sowie bestimmte Krebsarten.

Auch die Weltgesundheitsorganisation (WHO) erkennt die „Adipositasepidemie" als eine der schwersten Herausforderungen für die Gesundheitspolitik in der Europäischen Region an.

Trotz Aufklärungs- und Informationskampagnen scheinen sowohl das Wissen um Symptomatik und Risikofaktoren von Adipositas als auch die Ausschöpfung des Potenzials präventiver Maßnahmen unbefriedigend. Außerdem finden herkömmliche Strategien zur Gesundheitsförderung und Prävention kaum Zugang zu sozial benachteiligten Zielgruppen mit hohem Risikopotenzial (niedrige Bildungs- und Einkommensschichten, MigrantInnen, Alleinerzieherinnen, Arbeitslose ...).

### Definition der Adipositas

Übergewicht an sich ist zunächst nicht als Krankheit anzusehen. Wenn es jedoch ein bestimmtes Maß überschreitet, wird es als Adipositas bezeichnet und als Krankheit eingestuft (Robert Koch-Institut 2005). Krankheitswertig wird Übergewicht ab einem bestimmten Ausmaß insofern, als dass es dann, je nach Fettverteilung, ein deutlich erhöhtes Risiko für Folgeerkrankungen nach sich zieht.

Die Weltgesundheitsorganisation WHO verwendet eine internationale Klassifikation für Übergewicht und Adipositas. Geschlechtsunabhängig gilt für Übergewicht ein Body Mass Index (BMI) ab 25, für Adipositas ein BMI ab 30. Bei Kindern und Jugendlichen gelten keine festen Klassifikationsgrenzen, sondern alters- und geschlechtsspezifische Referenzwerte in Form von Perzentilwerten, die von der Arbeitsgemeinschaft Adipositas im Kindes- und Jugendalter (AGA 2006) erstellt wurden.

## Zahlen für Österreich

Je nach verfügbarer epidemiologischer Datenquelle ergibt sich eine Bandbreite im Hinblick auf die Prävalenz von Übergewicht und Adipositas in Österreich. So werden 20–64% der Männer sowie 20–40% der Frauen als übergewichtig eingestuft sowie 3–23% der Männer und 2–24% der Frauen als adipös (Rathmanner, Meidlinger; Baritsch, Lawrence, Dorner & Kunze 2006). Trotz des Mangels an systematischen, repräsentativen Erhebungen ist als Richtwert anzusehen, dass etwa die Hälfte der Männer und ein Drittel der Frauen in Österreich übergewichtig sind, wobei Frauen in der Relation häufiger adipös sind. Diese Tendenz ist, wie in den meisten Industriestaaten, im Ansteigen begriffen.

Übereinstimmend wird konstatiert, dass die höchste Prävalenz in der Altersgruppe um 60 Jahre erreicht wird sowie ein deutliches Ost-West-Gefälle vorliegt, wobei EinwohnerInnen der östlichen Bundesländer häufiger adipös sind.

Vor allem bei Frauen ist weiters ein sozioökonomisches Gefälle erkennbar. Einkommensschwächere, weniger gebildete Frauen und Frauen in niedrigen beruflichen Positionen weisen eine besonders hohe Prävalenz auf. Bei Frauen mit Pflichtschulabschluss ohne Lehre zeigt sich die insgesamt höchste Adipositasprävalenz (13,9%). Im Hinblick auf die Teilnahme am Erwerbsleben sind es vor allem Pensionistinnen sowie ausschließlich im Haushalt tätige Frauen, die an Übergewicht und Adipositas leiden, gefolgt von Arbeiterinnen.

Unter österreichischen Kindern und Jugendlichen sind 10–29% der Burschen und 6–42% der Mädchen übergewichtig und 5–11% der Burschen sowie 3–4% der Mädchen adipös. Hier ist ebenfalls ein sozialer Gradient von großer Bedeutung, eine besonders hohe Prävalenz von Übergewicht und Adipositas findet man bei Wiener Lehrlingen, insbesondere den weiblichen (Rathmanner et al., 2006).

## Entstehung der Adipositas

An der Entstehung der Adipositas sind eine Vielzahl von Faktoren beteiligt: Vergleichsweise selten sind Grunderkrankungen (z. B. Morbus Cushing oder eine Schilddrüsenunterfunktion) oder die Einnahme von Medikamenten (z. B. Antidepressiva oder Hormone) die Ursache. Der Anteil der Vererbung bei der Adipositasentstehung wird auf 30–70% geschätzt.

Übereinstimmend sind die wichtigsten Einflussfaktoren Bewegungsmangel und zu viel, falsche bzw. ungesunde Ernährung. Weiters spielen psychische und psychiatrische Faktoren, erfolglose Diätversuche, Raucherentwöhnung, Alkoholkonsum sowie soziokulturelle Faktoren (z. B. Werte und Glaubenssätze) eine Rolle in der Entstehung der Adipositas.

## Folgeerkrankungen

Adipositas ist mit zahlreichen Begleiterkrankungen verbunden. Besonders häufig sind dabei Diabetes mellitus (Typ 2), metabolisches Syndrom, kardiovaskuläre Erkrankungen, verschiedene Krebserkrankungen (z. B. Brust- und Darmkarzinome), orthopädische und respiratorische Beschwerden sowie gynäkologische Probleme.

Insgesamt erhöht Adipositas die Mortalität und verkürzt die Lebenserwartung beträchtlich, vor allem bei jüngeren Menschen (Institut für Ernährungswissenschaften der Universität Wien 2009).

## Adipositas und psychische Erkrankungen

Laut der internationalen Klassifikation für Krankheiten ICD-10 (Dilling, Mombour & Schmidt 1999) gilt eine Untergruppe von Adipositas als Übergewicht mit psychischen Störungen (Reaktion auf belastende Ereignisse oder Ursache für eine psychische Störung).

Studien über Zusammenhänge zwischen psychischen Komorbiditäten, Persönlichkeitsmerkmalen und Ess- bzw. Gewichtsproblemen stimmen dahingehend überein, dass von Adipositas Betroffene keine einheitlichen Persönlichkeitszüge aufweisen.

Das oft in der Literatur genannte „sich einen Panzer essen", das auch überzufällig häufig mit sexuellem Missbrauch in Zusammenhang gebracht wird, hatte bei einer Untersuchung an 800 adipösen Personen (vor allem Frauen) keinen relevanten Stellenwert (Ardelt-Gattinger, Lechner & Weger 2000).

Ungefähr 25–30% der Menschen mit einem BMI größer als 40 weisen laut Ardelt-Gattinger et al. (2000) psychische Störungen auf, was etwas über der normalen Prävalenzrate liegt. Es wird allerdings davon ausgegangen, dass Depressionen und Ängste meist nicht Ursache, sondern Folgen der Erkrankung sind.

Im Bereich des Essverhaltens ist das Problem vieler Übergewichtiger eine zu hohe kognitive Kontrolle. Dieses sogenannte „restraint eating" kann einerseits zur Entstehung von Essstörungen beitragen, andererseits die Entstehung von Übergewicht begünstigen. Weiters sind verschiedene Suchtsymptome charakteristisch für von Adipositas Betroffene, wie der unbeherrschbare Drang zu essen, das sogenannte Craving, aber auch das Ersatz-(Frust-)Essen.

Die Erfahrungen aus der Praxis zeigen ebenso wie Studien, dass es fließende Übergänge zwischen Essstörungen und Adipositas gibt: z. B. haben ca. 50% der Adipösen zumindest einige Male versucht, Erbrechen herbeizuführen, 7% der Adipösen sind Bulimikerinnen, ca. 30% weisen Merkmale der Binge Eating Disorder auf (Wadden & Stunkard 1993).

## Psychosoziale Folgeerscheinungen von Adipositas

Die gesundheitsbezogene Lebensqualität von Personen, die an Adipositas leiden, ist im Vergleich zu normalgewichtigen meist deutlich eingeschränkt. Die Betroffenen berichten über Gesundheitsprobleme, Schmerzen, geringere Vitalität und Mobilität. Dazu kommen Schwierigkeiten im sozialen Leben, wie psychosozialer Leidensdruck, geringes Selbstwertgefühl, sexuelle Störungen oder Stigmatisierung am Arbeitsplatz bzw. in der Schule.

## Stand der Adipositasprogramme in Österreich

Im Hinblick auf die Behandlung von Adipositas fällt vor allem die rapid steigende Zahl an magenchirurgischen Eingriffen auf. Im Zeitraum von 1998 bis 2004 sind stationäre Aufenthalte zum Einsetzen eines Magenbandes (Gastric banding) auf das Doppelte (!) gestiegen – von 713 Eingriffen auf 1.445 (Statistik Austria 2009). Danach lässt sich ein leichter Rückgang verzeichnen, da andere magenchirurgische Behandlungsmöglichkeiten hinzukamen. Über 80% dieser Operationen lassen Frauen vornehmen, obwohl Risiken und Folgen dieser Eingriffe zunehmend der Öffentlichkeit bekannt werden. Ein ähnliches Bild scheint die Nachfrage nach Medikation zur Gewichtsreduktion zu zeichnen.

Im Bereich „konservativer" Maßnahmen ist die Angebotssituation eher dürftig. In jüngster Zeit zeichnet sich ab, dass auf dem Gesundheitsmarkt verstärkt kommerzielle Programme für Übergewichtige und Adipöse propagiert werden. Empfehlenswerte Angebote sind in erster Linie Programme wie „Schlank ohne Diät" oder „Weight Watchers". Diese bei Übergewicht bewährten Methoden greifen allerdings zu kurz, wenn es um Adipositas geht, weil auf die psychischen Entstehungsursachen kaum eingegangen wird bzw. weil Bewegungsanteile in diesen Programmen fehlen. In Salzburg wird von der Obesity Academy bereits ein differenziertes, interdisziplinäres Adipositasprogramm in Kooperation mit der Salzburger Gebietskrankenkasse angeboten – für Wien fehlt ein solches Angebot noch. Vereinzelte Adipositasprojekte werden in den Bundesländern mit Unterstützung durch den Fonds Gesundes Österreich angeboten.

In Wien gibt es in erster Linie Angebote für Kinder und Jugendliche, jedoch konnten keine umfassenden Angebote für Erwachsene recherchiert werden. Gleichzeitig beobachtet FEM Süd eine steigende Nachfrage nach Unterstützung zur Gewichtsreduktion von Frauen, insbesondere von jenen mit Migrationshintergrund, ebenso wie von Mädchen bzw. von Müttern auf der Suche nach Hilfe für ihre übergewichtigen Töchter.

## Das Projekt „Nach Herzenslust – leichter leben!"

Da der Bereich Essstörungen und die Auseinandersetzung mit Körperwahrnehmung, sozialem Druck und Lebensstil schon immer eine zentrale Rolle in der feministischen Frauenarbeit gespielt hat, fanden Angebote in diesem Bereich seit Beginn des Frauengesundheitszentrums FEM Süd einen festen Platz im Kursprogramm. Mit dem Anstieg der Prävalenz von Übergewicht und Adipositas und den damit einhergehenden Begleiterscheinungen und Folgeerkrankungen wurde auch die Notwendigkeit für Programme – speziell für bisher wenig erreichte Zielgruppen – deutlich. Seit 2004 gibt es daher spezielle Angebote für Frauen, die von Übergewicht und Adipositas betroffen sind.

Beim Projekt „Nach Herzenslust – leichter leben" handelt es sich um ein interdisziplinäres und interkulturelles Interventionsprojekt für erwachsene Frauen, die an stärkerem Übergewicht/Adipositas leiden sowie Mädchen mit Übergewicht/Adipositas zwischen 14 und 17 Jahren. Das Projekt wird aus Mitteln des Wiener Programms für Frauengesundheit/ Wiener GesundheitsförderungsGmbH, dem Fonds Gesundes Österreich und der MA 38 – Wiener Lebensmitteluntersuchungsanstalt der Stadt Wien gefördert.

Eine Fokussierung erfolgt im Hinblick auf sozial benachteiligte Frauen und Mädchen aufgrund der hier beträchtlich erhöhten Prävalenz von Adipositas bei gleichzeitig geringer Anzahl von adäquaten Angeboten.

Die Niederschwelligkeit des Programms wird durch Termine, die sowohl für Berufstätige wie auch für im Haushalt tätige Frauen wahrnehmbar sind, geringe Kosten für die Programmteilnahme sowie Kinderbetreuungsmöglichkeiten gewährleistet.

Um auch Migrantinnen zu erreichen, werden die Maßnahmen nicht nur in Deutsch, sondern auch in türkischer und bosnisch/kroatisch/serbischer Sprache angeboten.

Laut WHO ist Adipositas eine chronische Krankheit, die eine langfristige Betreuung erfordert. Deshalb wurde in Anlehnung an die Qualitätskriterien für Adipositasprogramme (Deutsche bzw. Österreichische Adipositas-Gesellschaft) ein 9-monatiges maßgeschneidertes „Gruppen-Programm" entwickelt, welches die Bereiche Ernährung, Bewegung und psychologische Aspekte des Lebensstils sowie der Lebensstiländerung umfasst.

Ziel für die Teilnehmerinnen ist eine langfristige Gewichtsreduktion und -stabilisierung, aber vor allem auch eine Steigerung des allgemeinen Wohlbefindens sowie eine Verbesserung gesundheitlicher Aspekte wie z. B. kardiovaskulärer Erkrankungen. Dabei steht nicht das Streben nach Normalgewicht im Vordergrund, sondern ein realistischer Gewichtsverlust, der den individuellen Voraussetzungen angepasst ist.

Laut den Qualitätskriterien für ambulante Adipositasprogramme sollte ein Jahr nach Beginn bei mindestens 50% der TeilnehmerInnen eine Gewichtsabnahme von wenigstens 5%, bei mindestens 20% der TeilnehmerInnen eine Gewichtsabnahme von wenigstens 10% vorliegen (Hauner et al. 2000). Aber nicht nur eine Gewichtsabnahme, sondern auch eine Gewichtsstabilisierung ist bereits erfolgreich, da das Gewicht ohne Maßnahmen, kontinuierlich ansteigt (Rössner 1992, zitiert nach Pudel 2003). Auch aus medizinischer Sicht führt eine moderate Gewichtsabnahme von 5–10% des bisherigen Körpergewichts zu einer Reduktion der Mortalitätsrate bei Diabetes (minus 44%), Krebs (minus 37%) sowie Herz-Kreislauf-Erkrankungen (minus 9%) (Williamson, Pamuke, Thun, Flanders, Byers & Heath 1995).

## Projektumsetzung

Im Projektzeitraum Jänner 2008 bis Dezember 2009 werden drei Durchgänge mit insgesamt 12 Gruppen (mit durchschnittlich 15 Teilnehmerinnen pro Gruppe) durchgeführt, die jeweils neun Monate dauern. Die Gruppen werden in verschiedenen Sprachen (Deutsch, Türkisch, Bosnisch/Kroatisch/Serbisch) durchgeführt. Für Mädchen gibt es eigene Gruppenprogramme.

Die Gruppentreffen finden in den ersten fünf Monaten einmal wöchentlich statt, um eine kontinuierliche Betreuung und Begleitung bei der Änderung des Ernährungs- und Bewegungsverhaltens zu gewährleisten. An diese Intensivphase schließt eine viermonatige Nachbetreuungsphase an, die der weiteren Verhaltensmodifikation, aber auch der Stabilisierung bereits erreichter Veränderungen dient.

Das Programm besteht aus einer 1,5-stündigen Einheit, in der psychologische Interventionen, Ernährungsinformation sowie medizinische Inhalte von den jeweiligen ExpertInnen thematisiert werden, wobei der Fokus vor allem auf den psychologischen Faktoren einer Lebensstiländerung liegt. Dabei wird auf die Bedürfnisse der Teilnehmerinnen eingegangen und die Inhalte daran angepasst. So wurden z. B. GynäkologInnen, StoffwechselexpertInnen und StylistInnen eingeladen, Schnuppereinheiten wie Bauchtanz oder Latin Dance angeboten.

Anschließend findet eine 1-stündige Bewegungseinheit statt, in der sowohl Kraft als auch Ausdauer trainiert werden. Im Bedarfsfall ist zusätzlich Einzelberatung (individuelles Coaching) möglich.

## Psychologische Intervention

Für eine dauerhafte Veränderung des Ernährungs- und Bewegungsverhaltens kommt der psychologischen Unterstützung eine wichtige Rolle zu. Erfahrungsgemäß sind Lebensstiländerungen nur sehr schwer zu erzielen, weshalb die Aufrechterhaltung der Motivation der Teilnehmerinnen von großer Bedeutung ist. Hier spielt vor allem die Gruppe bzw. die gegenseitige Stärkung untereinander eine wichtige Rolle.

In der psychologisch geleiteten Gruppe sollen vor allem die Ursachen des übermäßigen Essens identifiziert und Veränderungen in Richtung eines gesünderen Lebensstiles erarbeitet werden. Dabei wird das individuelle Essverhalten bzw. die Essgewohnheiten (Was esse ich? Wann esse ich? Wie viel esse ich? Wie esse ich? In welchen Situationen esse ich?) hinterfragt sowie Möglichkeiten der Veränderung gesucht und in einem nächsten Schritt umgesetzt.

Berücksichtigt werden auch die Suchtanteile von Adipositas: Kontrollverlust, Unfähigkeit das übermäßige Essen trotz Wissen um das selbstschädigende Verhalten einzuschränken, die ständige gedankliche Beschäftigung mit dem (Nicht)Essen, heimliches Naschen, Essen, um Gefühle zu manipulieren u.v.m. Die fließenden Übergänge zwischen Essstörungen und Adipositas werden dabei ebenfalls beachtet.

Besonders wichtig ist das ressourcenorientierte Arbeiten, das das gesamte soziale Netz der einzelnen Teilnehmerinnen berücksichtigt sowie vorhandene Fähigkeiten und Fertigkeiten fördert. Dadurch wird auch das Selbstwertgefühl gestärkt. Auch die Verbesserung von Stressmanagement-Fähigkeiten und sozialen Kompetenzen wird besonders berücksichtigt. Dabei geht es unter anderem darum, selbstbestimmt zu essen, d. h. sich z. B. bei Einladungen oder Festen nichts aufdrängen zu lassen, sondern Speisen auch ablehnen zu können.

Eine sinnvolle Rückfallprophylaxe zur Identifizierung kritischer Situationen sowie entsprechende Bewältigungsmöglichkeiten runden das Angebot ab.

## Ernährung

Den Teilnehmerinnen werden Grundlagen einer gesunden ausgewogenen Mischkost vermittelt, die auf der Ernährungspyramide der deutschen Gesellschaft für Ernährung (DGE) basiert. Dabei wird besonders auf den versteckten Fett- und Zuckergehalt von Lebensmitteln eingegangen (z. B. Zuckergehalt von Limonaden oder Fruchtsäften) und es werden empfehlenswerte kalorienärmere Varianten (z. B. fettarme Käsesorten) besprochen.

Ein weiterer Fokus liegt in der anschaulichen Vermittlung der richtigen Portionsgrößen sowie der Wichtigkeit von regelmäßigen Mahlzeiten. Die Teilnehmerinnen werden darüber hinaus auch dazu angehalten, ein Ernährungsprotokoll zu führen, um jeweils die individuellen Probleme zu identifizieren und gemeinsam mit den ExpertInnen Möglichkeiten der Veränderung zu entwickeln und umzusetzen.

Um das erworbene Wissen auch praktisch zu vertiefen, finden ein einmaliges Einkaufstraining sowie ein Kochworkshop statt, bei dem die Teilnehmerinnen bekannte Rezepte fettarm abwandeln sowie neue Gerichte kennen lernen. Der Schwerpunkt liegt auf kostengünstigem, kalorienarmem und gesundem Kochen, das einfach und schnell zuzubereiten ist und gut schmeckt.

## Bewegung

Nach Empfehlungen des österreichischen Adipositasberichtes (Rathmanner et al. 2006) wurden Bewegungsarten ausgewählt, die gelenksschonend sind, wie beispielsweise Pilates, Yoga, Körperwahrnehmung oder Nordic Walking. Diese werden unter Anleitung von qualifizierten mehrsprachigen Trainerinnen durchgeführt. Alltagsbewegung wie z. B. Treppensteigen bzw. Aktivitäten mit der Familie oder FreundInnen werden mit einbezogen. Zusätzlich ist eine Informationseinheit „Bewegung" vorgesehen, in der den Teilnehmerinnen theoretische Grundlagen von Bewegung erläutert werden.

Ziel des Bewegungsprogramms ist es, eine Basisrate an Bewegung zu garantieren und die Motivation zu mehr Bewegung (zwei- bis dreimal pro Woche) bzw. die Freude an Bewegung zu fördern. Gerade für Bewegungsungeübte ist es bedeutsam, Motivation aufzubauen und zu halten, was durch die Gruppe wesentlich leichter wird.

## Mädchengruppe

Junge Mädchen mit Übergewicht oder Adipositas benötigen eine spezielle Art des Angebots, das ihr Alter mit der dazugehörigen Lebenssituation berücksichtigt. Aus diesem Grund wurde für die Zielgruppe der 14- bis 17-jährigen Mädchen ein spezifisches Angebot entwickelt und umgesetzt. Auch hier bilden die drei Eckpfeiler Ernährung, Bewegung sowie psychologische Aspekte der Lebensstiländerung die Grundlage des Kursprogrammes.

Da die meisten Jugendlichen noch zu Hause leben, ist es wichtig, den Kontakt zur Hauptbezugsperson herzustellen. Viele Fragen, auch an die Eltern gerichtet, sind zu beantworten, um eine dauerhafte Veränderung des Ess-, Bewegungs- und Stressbewältigungsverhaltens zu erreichen:

Wer kocht was zu Hause? Wie gehen andere Familienmitglieder mit dem Thema Essen und Bewegung um? Welchen psychischen Belastungen ist die Familie, aber auch das Mädchen selbst ausgesetzt? Gibt es versteckte Aufträge, die das Mädchen zu erfüllen hat und sich dadurch unter Druck fühlt?

Das Programm startet mit einem Informationsabend, zu dem die Teilnehmerinnen gemeinsam mit ihren Eltern eingeladen sind. Dabei wird das Projekt vorgestellt und allfällige Fragen und Unsicherheiten besprochen. Da in den meisten Fällen die Mutter für die Familie kocht, finden auch alle Einheiten zu Ernährungsthemen gemeinsam mit den Müttern statt. Die psychologisch geleiteten Einheiten sowie die Bewegungseinheiten bleiben ausschließlich den Mädchen vorbehalten. Die Eltern haben jedoch die Möglichkeit, bei Bedarf eine psychologische Einzelberatung in Anspruch zu nehmen. Gleiches gilt für die Mädchen, sollte es notwendig sein, individuelle Schwierigkeiten im Einzelsetting zu besprechen.

Inhaltlich werden ähnliche Themen bearbeitet wie in den Erwachsenengruppen, wobei es aber bestimmte Themen gibt, die für Jugendliche naturgemäß bedeutsamer sind, wie z. B. Schönheitsideale oder Essen im Fast-Food-Restaurant. Hier sollte spielerischer und kreativer vorgegangen werden, um die Mädchen in ihrer Aufmerksamkeit zu erreichen. Deshalb kommen häufiger Spiele, Rollenspiele, Aufstellungen oder das Gestalten von Collagen zum Einsatz. Auch das Bewegungsangebot ist spezifisch auf Mädchen zugeschnitten, indem es Elemente wie Ballspiele, Koordinationsspiele oder Tänze wie Hip Hop enthält.

## Begleitmaßnahmen

Auf der Verhältnisebene wird mittels einer informativen Homepage breit angelegte Bewusstseins- und Sensibilisierungsarbeit geleistet. Durch interaktive Angebote (z. B. Forum, Online-Kochbuch) soll dabei außerdem das Selbsthilfepotential von Frauen gestärkt werden.

Als zusätzliche Maßnahme auf der Verhältnisebene ist die Schulung von MultiplikatorInnen, die in ihrem Arbeitsbereich mit Migrantinnen bzw. sozial benachteiligten Frauen und Mädchen zu tun haben, die von Adipositas betroffen sind, durch ExpertInnen vorgesehen.

## Bisherige Erfahrungen und Ergebnisse

Um den Erfolg der Projektmaßnahmen überprüfbar zu machen, wird eine Ergebnisevaluation durchgeführt. Dabei wird der standardisierte Fragebogen „Ad-Eva: Interdisziplinäres Testsystem zur Diagnostik und Evaluation bei Adipositas", herausgegeben von Elisabeth Ardelt-Gattinger und Markus Meindl, eingesetzt. Dieser Fragebogen wird zu jeweils drei unterschiedlichen Zeitpunkten vorgegeben: beim Screeninggespräch (vor der Intervention), nach Abschluss der fünfmonatigen Intensivphase sowie drei Monate nach Beendigung des Programms. Zusätzlich werden qualitative Interviews mit den Teilnehmerinnen geführt. Dem Artikel liegen Daten von insgesamt 161 Frauen und 33 Mädchen zugrunde.

## Zielerreichung der Erwachsenengruppen

Wissenschaftliche Studienergebnisse besagen, dass die Abbruchrate bei der Adipositasbehandlung sehr hoch sein kann und mit der Dauer der Intervention steigt (Cooper, Fairburn & Hawker 2008). Um die Motivation aufrecht zu erhalten, ist es daher notwendig, kleine realistische Ziele zu setzen, die auch erreicht werden können. Das betrifft z. B. eine realistische Einschätzung der möglichen Gewichtsabnahme mit höchstens einem halben kg pro Woche (Pudel 2003). Typischerweise besteht der Wunsch in kurzer Zeit viel abzunehmen, was durch die Versprechungen der Diätindustrie noch verstärkt wird. Wird das nicht erreicht, so sinkt häufig auch die Motivation. In diesem Zusammenhang kann nicht oft genug betont werden, dass es nicht darum geht, über einen bestimmten eingeschränkten Zeitraum mehr Bewegung zu machen oder das Essverhalten zu verändern, sondern dieses modifizierte Verhalten langfristig bzw. lebenslang beizubehalten.

Während am Anfang des Programms eher Ernährungsthemen im Vordergrund stehen, öffnen sich die Teilnehmerinnen mit zunehmendem Vertrauen zu den anderen Gruppenteilnehmerinnen sowie den Gruppenleiterinnen, sodass auch tiefer liegende persönliche Probleme und Schwierigkeiten bearbeitet werden können.

Für die meisten Teilnehmerinnen spielt die Gruppe eine wichtige Rolle. Sie ermöglicht den Austausch mit Gleichgesinnten, motiviert in schwierigen Phasen und bietet über einen längeren Zeitraum regelmäßige Unterstützung.

Dass die Gruppe einen hohen Stellenwert besitzt, zeigt sich unter anderem auch darin, dass sich nach Beendigung des ersten Durchgangs eine Selbsthilfegruppe formierte, die sich weiterhin regelmäßig in den Räumen des FEM Süd trifft.

Für die Anmeldung zum Programm gab es unterschiedliche Gründe: am häufigsten wurden gesundheitliche Beschwerden, Unzufriedenheit mit dem Körper bzw. der Figur, der Wunsch nach mehr Wohlbefinden und vergebliche Diätversuche als Teilnahmegrund genannt.

Das Durchschnittsgewicht der Teilnehmerinnen sank innerhalb von 12 Monaten um durchschnittlich 5,3 kg. Das entspricht in etwa einer Gewichtsreduktion von 5% und einer Veränderung des Durchschnitts-BMI von 38,7 auf 36,4.

Außerdem konnte eine Verbesserung der gesundheitlichen Beschwerden festgestellt werden. Zu den größten Veränderungen zählt dabei die Reduktion von Herz-Kreislauf-Erkrankungen, die Verringerung des Bluthochdrucks sowie von psychischen Problemen. Ein wichtiges Ergebnis war auch, dass sich das Körperbild der Teilnehmerinnen positiv verändert hat und die Kursteilnehmerinnen beginnen, ihren Körper zu akzeptieren und anzunehmen.

Bei den fremdsprachigen (vor allem türkischsprachigen) Kursgruppen erwies es sich als besonders wichtig, Besonderheiten wie Fastenzeit bzw. Ramadan, die Rolle der Frau als Hausfrau und Mutter in traditionellen Kulturen, ihre Tätigkeiten in Haushalt und Familie, die Bedeutung des Essens und von kulturell bedingten gesellschaftlichen Bräuchen und Sitten etc. einzubeziehen und in der Programmgestaltung zu berücksichtigen.

## Zielerreichung der Mädchengruppe

Als Gründe für die Teilnahme wurden von einer Mehrheit der Mädchen Unzufriedenheit mit dem Körper bzw. der Figur genannt, dicht gefolgt vom Wunsch nach mehr Wohlbefinden und dem Wunsch etwas für sich selbst zu tun. Gesundheitliche Gründe wurden hingegen nur selten oder gar nicht angegeben.

Im Gegensatz zu den Erwachsenen spielt hier also der Wunsch nach „gutem Aussehen" eine stärkere Rolle. Das ist insofern verständlich, als gerade bei jungen Mädchen, deren Identität sich noch in Entwicklung befindet, das Selbstwertgefühl stark von äußerlichen Körpermerkmalen bestimmt wird. Um diesem Faktor Rechnung zu tragen, wird im Verlauf des Programms besonders auf Themen wie Schönheitsideal, Körperschema, Wunschgewicht und Selbstwert eingegangen. Auch Essstörungen wie Magersucht und Bulimie werden thematisiert. Ebenfalls von zentraler Bedeutung ist das Thema Ausgrenzung. Viele Betroffene machen immer wieder die Erfahrung, wegen ihres Körpergewichts einsam und isoliert zu sein. Hier ist es meist sehr entlastend für die Mädchen, mit anderen darüber zu sprechen, die ähnliche Erfahrungen gemacht haben. Mittels Rollenspielen können im geschützten Rahmen der Gruppe neue Formen des Umgangs damit entwickelt und ausprobiert werden.

Die Teilnehmerinnen vernetzten sich sehr schnell selbständig untereinander und es entwickelte sich ein engmaschiges Gruppengefüge, dass sich auch dahingehend zeigte, dass die Mädchen sich bei Fernbleiben durch andere Teilnehmerinnen entschuldigen ließen und sich auch in ihrer Freizeit trafen.

Das Durchschnittsgewicht der Gruppe sank im Projektzeitraum um 4,2 kg. Veränderungen traten auch hinsichtlich des Ess- und Bewegungsverhaltens auf. Dabei kam es zu einer Steigerung der Freude an Bewegung, was sich auch in einem Anstieg der Häufigkeit von regelmäßigen sportlichen Aktivitäten widerspiegelte. Die Mädchen gaben ebenfalls an, gesünder zu essen und sich mehr Zeit für das Essen zu nehmen, sie fühlten sich besser und konnten körperlich wieder mehr unternehmen.

## Ausblick

Aufgrund der vorliegenden Ergebnisse und Rückmeldungen der Teilnehmerinnen kann konstatiert werden, dass eine moderate Gewichtsabnahme stattgefunden hat und auch gehalten werden konnte, was für die Nachhaltigkeit der Intervention spricht. Zudem ist die Häufigkeit bzw. Schwere der körperlichen Begleiterkrankungen zurückgegangen und die Teilnehmerinnen berichteten eine Verbesserung des allgemeinen Wohlbefindens sowie eine Veränderung des Bewegungs-und Ernährungsverhaltens.

Besonders hervorgehoben wurde immer wieder die Wichtigkeit der Gruppe bzw. das Zusammensein mit anderen Frauen. Der Gruppenzusammenhalt, die gegenseitige Stärkung und nicht zuletzt der in den Gruppeneinheiten stets berücksichtigte Wohlfühl- und Spaßfaktor wurden von den Teilnehmerinnen positiv erwähnt.

Eine Änderung des Lebensstils im Sinne von mehr Bewegung und gesunder Ernährung ist ein langwieriger Prozess. Es gilt oft langjährige Verhaltensmuster und Gewohnheiten zu erkennen, zu verändern und neue adäquatere Verhaltensweisen aufzubauen. Dabei kommt der psychologischen Begleitung und Unterstützung ein wichtiger Stellenwert zu. Eine erfolgreiche Adipositasprävention bzw. -therapie kann nur unter Einbeziehung aller drei Komponenten – Psyche, Ernährung, Bewegung – funktionieren und muss in einen langfristigen zeitlichen Kontext eingebettet werden, um nachhaltig wirksam zu sein.

## Literatur

AGA Arbeitsgemeinschaft für Adipositas im Kindes- und Jugendalter (2006). *Leitlinien* [www-Dokument]. Verfügbar unter: http://www.a-g-a.de/Leitlinie.pdf [Datum des Zugriffs: 23.07. 2009]

Ardelt-Gattinger, E., Lechner, H. & Weger, P. (2000). BMI 40 – The point of no Return? Psychologische Unterscheidungsmerkmale zwischen den Gewichtsklassen. In E. Hell & K. Miller (Hrsg.), *Adipositas* (S. 195–218). Landesberg: Ecomed-Vlg.

Ardelt-Gattinger, E & Meindl, M. (Hrsg.). *Ad-Eva. Interdisziplinäres Testsystem zur Diagnostik und Evaluation bei Adipositas und anderen durch Ess- und Bewegungsverhalten* beeinflussbaren Krankheiten wie Diabetes, metabolisches Syndrom, Herzkreislauferkrankungen, Erkrankungen oder Störungen des Bewegungsapparats etc. Huber: Bern.

Cooper, Z., Fairburn, C.G. & Hawker, D.M. (2008). *Kognitive Verhaltenstherapie bei Adipositas.* Stuttgart: Schattauer.

Dilling, H., Mombour, W. & Schmidt, M.H. (Hrsg.). (1999). *Internationale Klassifikation psychischer Störungen. ICD-10 Kapitel V (F) Klinisch-diagnostische Leitlinien.* Bern; Göttingen; Toronto; Seattle: Huber.

Hauner et al. (2000). Qualitätskriterien für ambulante Adipositasprogramme. Eine gemeinsame Initiative der Deutschen Adipositas-Gesellschaft, Deutschen Akademie für Ernährungsmedizin, Deutschen Gesellschaft für Ernährung, Deutschen Gesellschaft für Ernährungsmedizin. *Adipositas, 10* (19), 5–8.

Institut für Ernährungswissenschaften der Universität Wien (Hrsg.). (2009). *Österreichischer Ernährungsbericht 2008.*

Pudel, V. (2003). *Adipositas.* Göttingen: Hogrefe.

Rathmanner, T., Meidlinger, B., Baritsch, C., Lawrence, K., Dorner, T. & Kunze, M. (2006). *Erster österreichischer Adipositasbericht 2006.* [www-Dokument]. Verfügbar unter: http://www.adipositas-austria.org/pdf/3031_AMZ_Adipositas_3108_final.pdf [Datum des Zugriffs: 20.7.2009]

Robert-Koch-Institut (Hrsg.). (2005). *Übergewicht und Gesundheit, Heft 16.* Autoren: Benecke, A. & Vogel, H. Berlin: Robert-Koch-Institut.

Statistik Austria. Ausgewählte medizinische Leistungen an stationär versorgten Erkrankungsfällen (ICD-9/ICD-10). Medizinische Leistung Gastric banding offen/laparoskopisch. Erstellungsdatum: 16.9.2009.

Wadden, T.A. & Stunkard, A.J. (1993). Psychosocial consequences of obesity and dieting. In T.A. Wadden & A.J. Stunkard (Hrsg.), *Obesity: Theory and Therapy.* 163–177). New York: Raven Press.

WHO Weltgesundheitsorganisation/Regionalbüro für Europa (2006). *Europäische Ministerkonferenz der WHO zur Bekämpfung der Adipositas. Europäische Charta zur Bekämpfung der Adipositas.* Istanbul/Türkei. [www-Dokument]. Verfügbar unter: http://www.euro.who.int/Document/E89567g.pdf [Datum des Zugriffs: 23.07.2009]

Williamson, D.F., Pamuke, E., Thun, M., Flanders, D., Byers, T. & Heath, C. (1995). Prospective study of intentional weight loss and mortality in never-smoking overweight US white women aged 40–64 years. *American journal of epidemiology, vol. 141, no12,* pp. 1128–1141 (31 ref.).

## Autorinnen

**Mag.[a] Christa Bauer**
Studium der Psychologie an der Universität Wien, Ausbildung zum Ernährungscoach an der Vitalakademie Wien; seit 2008 im FEM Süd. Arbeitsschwerpunkt: Adipositas.

**Mag.[a] Kathleen Löschke-Yaldiz**
Studium der Psychologie an den Universitäten Dresden und Wien, postgraduelle Ausbildung zur Klinischen und Gesundheitspsychologin. Während des Studiums Mitarbeiterin am Ludwig Boltzmann Institut für Frauengesundheitsforschung, anschließend wissenschaftliche Mitarbeit. Seit 1999 im FEM Süd, stellvertretende Leitung. Arbeitsschwerpunkte: Gesundheitsförderung für Migrantinnen und sozial benachteiligte Frauen.

**Mag.[a] Sonja Rader**
Studium der Psychologie, postgraduelle Ausbildung zur Klinischen und Gesundheitspsychologin. Mitarbeiterin des FEM Süd seit 2001, mit den Schwerpunkten gehörlose Frauen, Gruppentraining Kommunikation und Selbstwert, Adipositas, psychologische Behandlung und Beratung im Einzel- und Gruppensetting.

# Was Frauen (be)hindert
## Lebenssituation und Empowerment von Frauen mit Behinderungen
*Sonja Rader, Cassandra Cicero*

## Einleitung

> Eine Frau mit einer Behinderung hat Fähigkeiten und Defizite, Stärken und Schwächen wie jede andere auch. Ihre Behinderung ist eine Eigenschaft von vielen und Bestandteil ihrer Persönlichkeit.

Dieser Artikel wie auch die in ihm zitierte Literatur stellt Frauen und Mädchen mit Behinderungen und chronischen Krankheiten in den Mittelpunkt. Dieser Ansatz ist relativ neu, denn bisher wurde Forschung im Großen und Ganzen über die geschlechtsneutrale Gruppe der „Behinderten" betrieben anstatt über Männer und Frauen, die behindert sind.

Schon das erste bahnbrechende Werk zu diesem Thema, „*Geschlecht: behindert – Besonderes Merkmal: Frau*" (Ewinkel & Hermes 2002), welches erstmals in den 1980er-Jahren erschien und heute schon die dritte Auflage vorweisen kann, zeigte auf, dass die Gruppe der Frauen mit Beeinträchtigungen quasi untergehen in der Masse „der Behinderten". Sie werden zunächst als Behinderte und erst später, wenn überhaupt, als Frau wahrgenommen.

Wie später noch gezeigt wird, „beschönigen" außerdem nicht geschlechtergetrennte Zahlen und Statistiken über Menschen mit Behinderung die tatsächliche Lage von Frauen mit Behinderungen, v. a. in den Bereichen Arbeit und Einkommen.

Prinzipiell soll es bei allem um die gleichberechtigte Teilnahme von Mädchen und Frauen mit Beeinträchtigungen und Behinderungen an allen Lebensbereichen gehen. Und hier gilt grundsätzlich: Frauen mit Behinderung sind so unterschiedlich wie andere Frauen auch. Deswegen gibt es auch nicht die „eine" Art der Unterstützung und Beratung für alle.

## Zur Lebenssituation von Frauen und Mädchen mit Behinderung

### Alltag

Die Interviewpartnerinnen in verschiedenen österreichischen Untersuchungen und Studien beschrieben sich trotz der unterschiedlichsten Behinderungen in ähnlicher Weise als durch ihre Behinderung benachteiligt. Besonders die Bereiche Mobilität, Anerkennung und soziale Integration, Kommunikation und Teilhabe am gesellschaftlichen Leben wurden hier betont. Die häufig beschriebene Ignoranz und Rücksichtslosigkeit anderer Menschen in der Umwelt weist darauf hin, dass Integration bislang anscheinend nicht als eine alle betreffende gesellschaftspolitische Aufgabe gesehen wird (vgl. Breiter 2005; Witt-Löw & Breiter 2005).

In einer besonderen Situation befinden sich Frauen, deren Behinderung nicht offensichtlich ist. Sie haben zwar eine Beeinträchtigung, müssen aber in einer Umwelt agieren, die diese Beeinträchtigung nicht wahrnimmt oder sogar in Frage stellt. Gleichzeitig erleben sie dennoch die entsprechenden Benachteiligungen durch Barrieren der Umwelt (vgl. Breiter 2005; Witt-Löw & Breiter 2005)

Der Alltag sehr vieler Frauen mit Behinderung ist auf die Wohnung konzentriert: durch Armut, Beeinträchtigungen und die meist vollständige Zuständigkeit für den Haushalt verbringen die Frauen den Großteil des Tages zu Hause. Vielen fehlen ausreichende soziale Kontakte.

Zusammenfassend zeigen Studien vor allem folgende geschlechtsspezifische Differenzen zu Männern mit Behinderung, die zumeist von den betroffenen Frauen als Benachteiligung erlebt werden:
- Männer haben größere Berufschancen auch mit Behinderung.
- Männer mit Beeinträchtigungen finden grundsätzlich bessere Bedingungen in der Gesellschaft vor.
- Frauen sind zusätzlich für die Reproduktion zuständig, erledigen den Haushalt und übernehmen die Kinderbetreuung. Frauen mit Behinderungen erleben also trotz ihrer Beeinträchtigung dieselbe Doppelbelastung wie Frauen ohne Behinderungen.
- Männer haben ein größeres Durchsetzungsvermögen und bekommen mehr Hilfe und Unterstützung. Frauen fehlt oft das Selbstbewusstsein, diese Dinge für sich einzufordern.
- Frauen mit Behinderungen sind mit Schönheitsnormen konfrontiert, denen sie nicht entsprechen (können).
- Frauen setzen sich anders – ruhiger, weniger verdrängend – mit ihrer Behinderung auseinander (vgl. Breiter 2005; Witt-Löw & Breiter 2005).

## Bildung/Beruf

Viele Studien, z. B. VITA und PERSPEKTIVA im österreichischen Raum, zeigen, wie Behinderungen, insbesondere Sinnesschädigungen, die Schullaufbahn beeinflussen und erschweren. Eine Integration in das Regelschulsystem erfordert großen persönlichen Einsatz der Schülerinnen wie auch der Eltern (vgl. Breiter 2005; Witt-Löw & Breiter 2005)

Auch bei einer aktuellen Erhebung des Bildungsstandes von Menschen mit Behinderung ist die Benachteiligung durch die Behinderung klar erkennbar: Von der Gesamtbevölkerung haben 23% maximal Pflichtschulabschluss,

51% haben eine Lehre oder mittlere Schule und 27% Matura oder einen Universitätsabschluss aufzuweisen. Bei Menschen mit einer Behinderung haben 51% maximal Pflichtschulabschluss, 40% Lehre und 9% einen Hochschulabschluss. Männer mit Behinderung weisen hier im Durchschnitt eine höhere Bildung als Frauen auf, einzig bei der Kategorie „Matura oder Universitätsabschluss" liegen beide Geschlechter etwa gleich (BMSK 2008).

Sieht man sich die Berufsverläufe von Frauen mit Behinderungen an, dann fallen folgende geschlechtsspezifische Faktoren auf:
- Die Berufsausbildungen bewegen sich im frauentypischen Spektrum (z. B. Büroausbildung, Schneiderin ...).
- Viele Frauen arbeiten nicht in den Berufen, in denen sie ausgebildet wurden.
- Viele Frauen erleben einen Dequalifizierungsprozess aufgrund von Kindern und Verstärkung der Symptome ihrer Krankheit.
- Die Berufsverläufe sind selten karriereorientiert, sondern meist eine Aneinanderreihung von wenig Qualifikation erfordernden Tätigkeiten (vgl. Breiter 2005; Witt-Löw & Breiter 2005).

**Finanzielle Lage**

Der Großteil der Frauen mit Behinderung lebt in Armut. Betroffene Frauen haben das niedrigste Einkommen von allen (siehe auch unten). Partnerschaften können zwar eine gewisse finanzielle Sicherheit bedeuten, vergrößern aber die Abhängigkeit der Frauen vom Partner, da viele durch eine Lebensgemeinschaft und die Anrechnung des Partnereinkommens eigenständige Ansprüche (z. B. Sozialhilfe, Notstandshilfe) verlieren (vgl. Breiter 2005; Witt-Löw & Breiter 2005).

Armut bedeutet andauernden Stress und führt zu vielen negativen Auswirkungen, u. a. führt die starke Belastung höchstwahrscheinlich zu einer Verstärkung bestehender Beeinträchtigungen oder zusätzlichen psychischen Erkrankungen.

**Gewalt**

Ein besonders sensibles und besonders tabuisiertes Thema ist das der Gewalt bei Frauen mit Beeinträchtigungen. Viele Frauen mit Behinderungen und chronischen Krankheiten erleben Gewalt, sowohl körperliche wie auch sexuelle. Abhängigkeit von der Hilfe anderer und schwierige Lebenssituationen, auch finanzieller Natur, erschweren es ihnen, sich davon zu befreien. In der Studie *Luzia* zur Lebenssituation von arbeitsmarktfernen Frauen mit Behinderung in Wien (LUZIA, 2006) gab fast die Hälfte der befragten Frauen an, Gewalt erlebt zu haben.

Die seelischen und körperlichen Beeinträchtigungen vieler Frauen stehen auch in Zusammenhang mit ihren Gewalterfahrungen. Die Erfahrung der Gewalt hinterlässt bei betroffenen Frauen Gefühle von Angst, Hilflosigkeit und Abwertung. Diese Gefühle werden wiedererweckt, wenn die Frauen durch Institutionen und Behörden oftmals unmündig behandelt werden (Hermes & Faber 2001).

Als „strukturelle Gewalt" empfanden die interviewten Frauen auch den sogenannten „Behörden-Dschungel". Fast alle befragten Frauen beschrieben ihre Erfahrungen mit Einrichtungen wie Krankenkasse, Sozialamt, AMS etc. ähnlich: Gleich einer Odyssee pilgern sie mit ihren Anliegen von einer Institution zur nächsten, wiederholen ihre Anliegen und ihre Geschichte und fühlen sich als Bittstellerinnen behandelt. Es erfordert viel Kraft und Durchhaltevermögen von ihnen, sich die benötigte und zustehende Unterstützung zu beschaffen (vgl. Breiter 2005; Witt-Löw & Breiter 2005).

**Sexualität, Partnerschaft, Mutterschaft**

Behinderte Menschen werden oft als Geschlechtsneutren gesehen. Schon behinderte Mädchen lernen, dass ihr Körper nicht schön und begehrenswert, sondern defekt ist. Eine bedeutsame Rolle spielt hier das medieninduzierte derzeitige Schönheitsideal: Wenn man in Zeitungen und Fernsehen nur Models mit den Maßen einer Barbiepuppe zu sehen bekommt, fühlt man sich unvollkommen und nicht hübsch. Für Frauen mit Behinderungen fällt der Vergleich oft noch deprimierender aus.

Häufig wird jungen Mädchen und Frauen vermittelt, dass ihre (Körper-)Behinderung „vertuscht" werden soll, dass sie „so normal wie möglich" aussehen sollen, auch wenn sie dadurch ihre Bewegungsfreiheit und Spontaneität verlieren. Viele Frauen berichten von für sie unnützen Prothesen, die sie im Gegenteil noch „behinderten", und die einzig dem Zweck dienten, das Aussehen dem der anderen anzupassen (Ewinkel & Hermes 2002).

Behinderte Männer entsprechen gewiss auch meist nicht dem Bild eines Adonis, aber bei Frauen wird von der Umwelt nach wie vor viel mehr Wert auf Schönheit und Aussehen gelegt als bei Männern. So sind doppelt so viele Männer wie Frauen mit Behinderung verheiratet (Arnade 1995). Das liegt u. a. an den immer noch herrschenden Rollenbildern: Eine Frau, die einen Mann mit Behinderung heiratet, wird als besonders liebend und fürsorglich wahrgenommen und dem Mann werden infolgedessen besonders gute Qualitäten und Eigenschaften zugeschrieben, er wird durch sie aufgewertet. Hingegen werden Männer, die eine behinderte Frau als Partnerin haben, eher abgewertet, nach dem Motto: „Konnte der denn nichts Besseres kriegen?". Die Meinung, dass es für Frauen mit Behinderung keine Partnerschaft und Sexualität geben soll, ist immer noch verbreitet.

Auch das Thema Mutterschaft von Frauen mit Behinderungen berührt Tabubereiche. Frauen mit Beeinträchtigungen müssen sich für den Wunsch nach Kindern oftmals gegenüber der Umwelt, privat wie auch institutionell, rechtfertigen. Von behinderten Frauen wird geradezu erwartet, dass sie ein Kind abtreiben lassen, wenn sie schwanger geworden sind. Auch dem Sterilisationswunsch einer behinderten Frau wird häufig ohne Umstände entsprochen (Arnade 1995).

In der Schwangerschaft stoßen Frauen mit Behinderungen häufig auf ÄrztInnen, die ihnen gegenüber trotz ihrer medizinischen Fachausbildung große Vorurteile haben und ablehnend auf ihren Kinderwunsch reagieren (Hermes 2004).

Durch die Erwartungen, die heutzutage an die Mutterrolle gestellt wird, geraten Mütter mit Behinderung unter großen Druck. Sehr häufig haben behinderte Mütter Angst, in irgendeiner Art und Weise negativ aufzufallen. Oft verzichten sie lieber auf mögliche Unterstützungen, z. B. finanzieller Art, damit niemand sich in ihre Erziehung einmischt und sie bevormundet (Hermes 2004). Auch hier gibt es wieder große Geschlechterdifferenzen: Einem Vater mit Behinderung werden kaum solche Bedenken entgegengebracht, er wird im Gegenteil als besonders stark, mutig und sensibel eingeschätzt.

Nur wenn Mütter mit Behinderungen selbstbewusst auf ihre Lebenssituation aufmerksam machen, Unterstützung da fordern, wo sie sie brauchen, und aufzeigen, wenn Barrieren sie im Alltag mit ihren Kindern behindern, dann wird sich diese Situation langsam, aber sicher verändern.

**Frauen mit Behinderung und Arbeitsmarkt**

Betrachtet man die arbeitsmarktpolitischen Zahlen und Daten von Frauen und Männern mit Behinderungen, so wird deutlich, dass das Geschlecht hier neben der Behinderung zu einer doppelten Diskriminierung führt:
- Frauen mit Behinderung sind noch weniger auf dem Arbeitsmarkt integriert als Männer mit Behinderung: 37% der Männer sind erwerbstätig, aber nur 31% der Frauen, wobei Frauen außerdem wesentlich häufiger in Teilzeit arbeiten.
- Frauen mit Behinderung sind seltener arbeitslos gemeldet als Männer mit Behinderung: 16% gegenüber 10%, doch nicht weil sie eher einen Arbeitsplatz haben, sondern weil Frauen mit Behinderungen weit häufiger „arbeitsmarktfern" sind, z. B. in der Familie oder im Haushalt beschäftigt und nicht als arbeitsuchend gemeldet sind: Frauen: 17%, Männer: 4%.
- Frauen mit Behinderung beziehen die geringsten Leistungen an Arbeitslosengeld und Notstandshilfe überhaupt. Hier ist das Geschlecht noch einflussreicher als das Vorliegen einer Behinderung (vgl. BMSK 2008).

Aus diesen Benachteiligungen am Arbeitsmarkt ergibt sich auch die Armutsgefährdung: 23% der Frauen mit Behinderung sind armutsgefährdet (Männer mit Behinderung: 16%). Gerade in diesem Bereich ist eine geschlechterdifferenzierte Erhebung von Daten wichtig, denn sonst beschönigen die Zahlen für „Menschen mit Behinderungen" die Situation von „Frauen mit Behinderungen".

Aber nicht nur der finanzielle Aspekt ist hier von Bedeutung. Ein Zustand der Arbeitslosigkeit wird als sehr belastend erlebt. Betroffene Frauen betonen immer wieder, wie wichtig ihnen eine berufliche Tätigkeit ist bzw. wäre. So sind erwerbstätige Frauen mit Behinderung deutlich zufriedener mit ihrer Lebenssituation als nicht ins Erwerbsleben eingebundene Frauen (vgl. Breiter 2005; Witt-Löw & Breiter 2005).

Bezahlte Arbeit ist daher wichtig und sollte immer auch ein Ziel von Unterstützungsangeboten sein.

**Potenzierte Diskriminierung: Frau, Behinderung, Migrationshintergrund**

In Wien leben aktuell 499.504 Menschen, die nicht in Österreich geboren wurden (Statistik Austria, Volkszählung 2008), das sind etwa 35,6% der Wohnbevölkerung. Den weitaus größten Teil stellen dabei Frauen und Männer dar, die aus den Ländern des ehemaligen Jugoslawien zugewandert sind, hier vor allem aus Serbien und Montenegro, Bosnien, Kroatien und Mazedonien (ca. 153.067 Menschen). Zahlenmäßig an zweiter Stelle stehen MigrantInnen aus der Türkei mit ca. 64.091 Personen.

Übereinstimmend wurde die Erfahrung gemacht, dass Anlaufstellen für Migrantinnen eine geringe Inanspruchnahme von Frauen mit Migrationshintergrund und „festgestellter" Behinderung verzeichnen. Dies aber oft auch aus Unkenntnis darüber, dass bestimmte chronische Erkrankungen und Beeinträchtigungen (von Asthma über Diabetes und Epilepsie bis hin zu Depression und Angststörungen) als Behinderung gelten können. Wesentlich häufiger sind berufsbedingte Erkrankungen bei Migrantinnen aus dem ehemaligen Jugoslawien, die zu Invalidität führen.

Im Hinblick auf türkischsprachige Migrantinnen mit Beeinträchtigung führt besonders die Konzentration auf die Rolle „Hausfrau und Mutter" dazu, dass diesen der Zugang zum Arbeitsmarkt und damit auch der Zugang zu Kontakten außerhalb der Community häufig verwehrt ist.

Vor allem Frauen, die eine mangelnde Berufsausbildung und geringe Deutschkenntnisse haben, können mit den derzeitigen Methoden der Arbeitsassistenz nicht zufriedenstellend betreut werden. Hier nehmen die ExpertInnen einen Betreuungsbedarf wahr, der sich zu den herkömmlichen Arbeitsmethoden insofern unterscheiden müsste als es bei dieser Zielgruppe einen systemischen, ganzheitlichen Zugang braucht, um Arbeitsmotivation aufbauen zu können.

### Beratung von Frauen mit Behinderung

Frauen und Mädchen mit einer Behinderung haben eine andere Lebenssituation als Jungen und Männer mit Behinderung und sind aufgrund ihres Frau-Seins anderen Ausgrenzungsprozessen und Diskriminierungen ausgesetzt. Aufgrund dessen ist eine geschlechtsdifferenzierte Herangehensweise an eine Beratung und Begleitung von betroffenen Frauen notwendig.

Um in Beratungen eine ganzheitliche Sichtweise zu gewährleisten, sollte sie unter dem Aspekt der Parteilichkeit stattfinden. Die betroffenen Frauen sollen die Möglichkeit haben, sich als Frau wahrzunehmen und wertzuschätzen.

Beraterinnen in Einrichtungen für Frauen mit Behinderungen sollten in einem ständigen Prozess der Selbsterfahrung ihre eigenen Einschränkungen sowie ihr Frau-Sein reflektieren. Eine persönliche Auseinandersetzung mit eigenen Erfahrungen, Grenzen und Möglichkeiten sowie den gesellschaftspolitischen Hintergründen sind von Bedeutung.

Die Themen, die in der Beratungssituation von Frauen und Mädchen mit Behinderungen auftauchen können, sind so vielfältig wie die Frauen und Mädchen selbst. Als Beispiele seien genannt: weibliche Identität, Sexualität, Partnerschaft, berufliche Ausbildung, Arbeit, Gewalt, Mutterschaft u.v.m. (Hermes & Faber 2001).

Das übergeordnete Ziel einer jeden Beratung sollte Akzeptanz und Selbstwertstärkung sein. Die Beratung soll den betroffenen Frauen und Mädchen vermitteln, dass sie das Recht auf Selbstbestimmung haben, das Recht, sich gegen Bevormundung zu wehren und statt dieser Information und Beratung einzufordern.

## Das Projekt „Gruppentraining Sozialer Kompetenzen für gehörlose und schwerhörige Frauen"

### Zur Lebenssituation von Schwerhörigen und Gehörlosen

Da Kommunikation ausschlaggebend für die soziale Integration ist, stoßen Gehörlose immer wieder an ihre Grenzen im Alltag mit der lautsprachlich orientierten Welt. Im Kontakt mit hörenden Mitmenschen sind Gehörlose auf das Lippenlesen (oder Absehen) angewiesen. Die Schwierigkeit dessen wird offensichtlich, wenn man sich bewusst macht, dass maximal 33% der Worte unter besten Bedingungen (wie guter Lichteinfall, kein Dialekt, kein Abwenden des Gegenübers u.v.m.) abgelesen werden können (vgl. Breiter 2005; Kupke & Bungard 1995).

Schriftliche Kommunikation ist daher im Umgang mit Hörenden, aber auch mit Gehörlosen (auf Distanz) ein wesentlicher Bestandteil der Verständigung, jedoch häufig nur bedingt erfolgreich. Durch die schulische Bildungslaufbahn vieler Gehörloser, die weitgehend ohne Gebärdensprache auszukommen versucht – die Gebärdensprache wurde erst am 6. Juli 2005 in Österreich gesetzlich anerkannt – beenden die SchülerInnen ihre Ausbildung im Allgemeinen mit einem bedeutend geringeren Wortschatz als hörende AbsolventInnen. Das linguistische Training hat fraglos für den Kontakt mit Hörenden einen nicht zu gering einzuschätzenden Stellenwert, doch ist der Erwerb der Lautsprache über kinästhetische Empfindungen, optische Wahrnehmung und technische Hilfsmittel nur mit viel Energie und Konzentration quasi als „Fremdsprache" erlernbar. Trotz der unterschiedlichen Grammatik der Gebärdensprache, was vielen das Lesen von geschriebenen Texten oder den Ausdruck in diesem Medium erschwert, kann ein möglichst früher Erwerb eines eigenen, natürlichen und sinnbesetzten Sprachsystems (Gebärdensprache) im Sinne einer Muttersprache den Zugang zu einer zweiten Sprache erleichtern (vgl. Breiter 2005; Fengler 1995; Kupke & Bungard 1995; Ruoß 1994).

Wo gehörlose Kinder die Möglichkeit haben, bilingual (mit Gebärdensprache und oralen Eindrücken) aufzuwachsen, entsteht ein deutlich besseres Sprachgefühl. Durch gezielte Frühförderung, ressourcenstärkenden Umgang und die Möglichkeit der Identifikation mit Vorbildern kann zusätzlich zu einem erleichterten Zugang zur (Laut-)Sprache einer negativen Selbstdefinition vorgebeugt werden (vgl. Breiter 2005; Fengler 1995). Durch die Selbstbestimmtheit, je nach Situation den gewünschten Kommunikationskanal zu wählen, kommt es zu einer deutlichen Stärkung der Identität und Persönlichkeitsentwicklung (vgl. Häfele 2001).

**Gesundheitsförderung durch Projektarbeit**

In den Jahren 2003 bis 2005 wurden im Rahmen des Kursprogramms im Frauengesundheitszentrum FEM Süd in Kooperation mit dem Verein *Vita* Vortragsreihen für gehörlose Frauen angeboten. Fachvorträge im Bereich allgemeine Gesundheitsvorsorge (z. B. Gynäkologie, Wechseljahre, Pubertät und Erziehung, Selbstbewusstsein, Haltungsschule und Übergewicht) wurden in Gebärdensprache abgehalten.

Da es für gehörlose Frauen in Österreich noch viel zu wenige psychosoziale Angebote im Bereich psychologische Beratung oder Psychotherapie gibt, entstand die Idee, das Soziale Kompetenztraining von Pfingsten und Hinsch (1991) an die Bedürfnisse gehörloser und schwerhöriger Frauen anzupassen.

Das Projekt „Gruppentraining Sozialer Kompetenzen für gehörlose und schwerhörige Frauen" konnte dank der Unterstützung des Wiener Programms für Frauengesundheit umgesetzt werden. Im ersten Durchgang des Projekts wurde partizipativ mit den Frauen (nach Absprache ihrer besonderen Anliegen) das klassische Training an die Bedürfnisse dieser Zielgruppe adaptiert, evaluiert und überarbeitet. In einem zweiten Durchgang wurde das erstellte Manual überprüft.

**Zielgruppenspezifisches Arbeiten**

Ziel des klassischen Trainings ist die Steigerung des Selbstwerts, der Selbstsicherheit, des Durchsetzungsvermögens und der Kontaktfähigkeit. Pfingsten und Hinsch (1991) gehen dabei ressourcenorientiert von einem Konzept der Kompetenzen als erlernbare Verhaltensfertigkeiten aus, aufbauend auf vorhandenen konstruktiven Verhaltensanteilen.

Berücksichtigt man nun die Situation und speziellen Bedürfnisse der Zielgruppe gehörloser und schwerhöriger Frauen, wird nicht nur die Notwendigkeit einer gehörlosen- bzw. schwerhörigengerechten edukativen Aufbereitung der zu vermittelnden Inhalte klar, sondern auch die erforderliche Ausweitung auf weitere Basiselemente im Training.

**Vokabeltraining**

Da, wie eingangs erwähnt, viele Gehörlose durch unzureichende Förderung einen wenig umfangreichen Wortschatz besitzen (Breiter 2005), steht das Vokabeltraining als zentrales Element des adaptierten Trainings im Zentrum.

Die Gebärdensprache ist nicht, wie weitläufig angenommen, eine Einheitssprache (VÖGS 2008). Bereits die österreichische Gebärdensprache unterscheidet sich von der deutschen Gebärdensprache und gliedert sich weiters nach bundeslandspezifischen Dialekten und Jugendjargons (Holzinger 2008). So fördert nun das regelmäßige Vokabeltraining erleichterte Kommunikation in der Gruppe sowie ein besseres Verständnis der Lautsprache.

Im Bereich der Medizin sind kommunikative Missverständnisse nicht nur als eine Stressquelle, sondern als ernstzunehmende Gefahrenquelle einzustufen. Über Lippenlesen des Arztes/der Ärztin können nur Schlüsselwörter aufgenommen werden. Wichtige Details über die Diagnose und Behandlung können daher leicht verloren gehen (Krausneker 1995).

Im Berufsleben kommt es zu einer täglichen Konfrontation mit der verminderten Lautsprachenkompetenz. Werden arbeitsrelevante, leistungsbestimmende Informationen noch weitergegeben, so sind langwierige Fachdiskussionen schon seltener und informelle Mitteilungen über Vorkommnisse im Betrieb oder privater Natur werden aus Ungeduld häufig vermieden (vgl. Kupke & Bungard 1995; Weber 1995). Soziale Ausgrenzung und der Rückzug von Gehörlosen werden dadurch forciert.

Auch im Bereich Gewaltprävention spielt nicht nur die Stärkung des Selbstwerts, sondern auch die scheinbar banale Auseinandersetzung mit dem Wortschatz eine große Rolle. Die Anzahl an Gewalterfahrungen und Diskriminierungen sind, wie bereits erwähnt, bei behinderten Personen ungleich höher als bei der sonstigen Bevölkerung (Breiter 2005). Da der sprachliche Ausdruck von Gefühlen oft eingeschränkt ist, führen Missverständnisse und Meinungsverschiedenheiten häufiger zu einem impulsiven bis gewalttätigen Ausagieren (Dommaschik-Rump 1995).

**Entspannungstraining**

Schon im klassischen Sozialen Kompetenztraining nach Pfingsten und Hinsch (1991) ist Entspannungstraining ein fester Bestandteil, jedoch muss auch dies für diese Zielgruppe auf anderer Ebene ansetzen.

Wie bei allen ArbeiterInnen in körperlich schwer belastenden Berufen – einem Bereich, in dem Gehörlose häufig als schlecht ausgebildete, niedrig bezahlte Arbeitskräfte vertreten sind – treten körperliche Folgeerkrankungen wie Verspannungen, Augenschäden, psychosomatische Beschwerden etc. häufig auf (vgl. Breiter 2005; Krausneker 1995).

Aufgrund der nicht zur Verfügung stehenden auditiven Reize fallen viele klassische Entspannungsmethoden aus. Die Voraussetzung für viele Entspannungsmethoden, ein Vertrauensaufbau beim gelegentlichen Schließen der Augen, kann nur langsam erworben werden. Der kreative Einsatz von alternativen, die Sinne stimulierenden Hilfsmitteln (wie Wärmelampen, Gerüche, Klangschalen u.ä.) erweitert die klassischen Entspannungsmethoden wie die Progressive Muskelentspannung nach Jacobson und das Autogene Training.

**Selbstwertstärkung und Informationsvermittlung**

Bewusstseinsbildung und Empowerment auf Basis von identitätsstärkenden Übungen und ressourcenorientiertem Arbeiten mit besonderer Berücksichtigung des Gender-Aspekts sollen dem Mangel an Vorbildern und Rollenmodellen entgegenwirken (vgl. Breiter 2005). Viele Gehörlose werden, ungeachtet individueller Fähigkeiten, in handwerkliche Berufe gedrängt, die jedoch gleichzeitig durch computergesteuerte Fertigungen oder Abwandern der Produktionen in Billiglohnländer von Arbeitsplatzverlust bedroht sind (Dommaschik-Rump 1995).

Zusätzlich zu einer besseren Aufklärung über Berufschancen erscheint ein Bewerbungs- und Arbeitstraining als sinnvoll. Als erschwerender Faktor neben den ohnehin problematischen Berufsbedingungen ist der Wiedereinstieg für gehörlose Frauen nach der Karenz zu nennen.

Selbst abgesehen von der ökonomischen Dringlichkeit der Auseinandersetzung mit der Arbeitssituation für gehörlose und schwerhörige Frauen ist die Möglichkeit zur Ausübung eines Berufs ein ausschlaggebender Faktor für das Ausmaß der Zufriedenheit und des Selbstvertrauens (Weber 1995). Der berufliche Erfolg ist jedoch für diese Zielgruppe ein umso wichtigeres Kennzeichen der gelungenen Integration in die Gesellschaft. Hier kann im Idealfall Gleichberechtigung und Zugehörigkeit erfahren und die Sicherung der Unabhängigkeit erreicht werden (Kupke & Bungard 1995).

Da jedoch die Arbeit für Gehörlose in einer hörenden Welt auch als potenzieller Stressauslöser einzustufen ist, sind laufende Schulungen und begleitende Maßnahmen wünschenswert. Gehörlose müssen, um Vorurteile abzubauen, häufig mehr leisten als ihre hörenden MitarbeiterInnen, die Leistungen selbst sind jedoch durch die situativen Rahmenbedingungen nur unter erhöhtem Zeitaufwand zu erbringen (Weber 1995).

**Erfahrungen aus dem Projekt**

Frauen mit Behinderungen benötigen aufgrund des Drucks der sozialen Benachteiligung und Mehrfachbelastung dringend Anlaufstellen, die auf individueller Ebene sowie auf institutioneller Ebene tätig sind. Dies würde ein weites Kurs- und Beratungsangebot erfordern. Schulungen und Aufklärung von MultiplikatorInnen, Vernetzung, eine breitere Wissensvermittlung für Betroffene und das Umfeld sowie die Erstellung von behindertengerechten Informationsmaterialien wären vonnöten.

Die Angebote für Betroffene müssen kostengünstig, niederschwellig und maßgeschneidert sein. Die partizipative Einbindung fördert nicht nur die Selbstbestimmtheit, sondern auch das Commitment der Frauen. Mittels selbstwertstärkender, ressourcenorientierter Arbeit können Frauen unterstützt werden, bisher als unerreichbar angesehene oder nicht angedachte Ziele und Ideen zu verwirklichen sowie in herausfordernden Situationen zu reagieren und für ihre Rechte einzutreten.

Um Vorurteilen und Unwissenheit in der Öffentlichkeit, am Arbeitsmarkt und selbst im sozialen Bereich entgegenzuwirken, erfordert es Vernetzungsarbeit, umfassende Aufklärung und Reformen sowie ständige Rückmeldungen zwischen Betroffenen und operativer Ebene.

Im Unterschied zur Projektarbeit, mit begrenztem Zeitrahmen und abgegrenzter Zielgruppe, wurde mit Gründung der Beratungsstelle „Frauenassistenz", mit einem multiprofessionellen, für den Bereich Behinderung geschulten Team, umfassende Unterstützung für Frauen mit Behinderungen möglich. Dieses Projekt wird im folgenden Abschnitt dargestellt.

## Das FEM-Süd-Projekt Frauenassistenz

Im Auftrag des Bundessozialamts wurde eine niederschwellige Beratungsstelle für Frauen mit Behinderung mit und ohne Migrationshintergrund eingerichtet. Seit Jänner 2009 ist ein Team von Beraterinnen mit psychosozialer Grundausbildung sowie frauenspezifischer und Fremdsprachenkompetenz in einem barrierefreien Setting für die Zielgruppe tätig.

Die Frauenassistenz unterstützt, berät und begleitet arbeitsmarktferne bzw. arbeitslose Frauen mit Behinderung und/oder chronischer Krankheit auf dem Weg in den Arbeitsmarkt. Der Schwerpunkt liegt bei jüngeren Frauen im Aller von 15 bis ca. 35 Jahren, Migrantinnen und/oder Schulabgängerinnen. Ganzheitliche Unterstützung und Beratung erfolgt in deutscher, türkischer, bosnisch-kroatisch-serbischer und englischer Sprache. Die Frauenassistenz sieht eine Hauptaufgabe darin, Frauen der Zielgruppe für Maßnahmen zur Selbstwertstärkung und des Empowerments zu erreichen, um so den Zugang zum Arbeitsmarkt zu erleichtern.

Die Frauenassistenz ist somit Anlaufstelle für Frauen, die
- eine chronische Erkrankung oder Behinderung haben – egal, ob diese körperlich oder psychisch ist (auch ohne offizielle Einstufung),
- noch nie gearbeitet haben oder derzeit keine Arbeit haben und arbeiten möchten,
- sich über ihre Rechte und Möglichkeiten als Frau mit chronischer Krankheit oder Behinderung im täglichen Leben und in der Arbeitswelt informieren möchten,
- eine Expertinnenmeinung einholen möchten,
- sich mit anderen Frauen in der gleichen Lage austauschen wollen.

Die Begleitung erfolgt zielgruppenspezifisch und umfasst neben herkömmlichen Anforderungen an die Arbeitsassistenz mehrsprachige bzw. muttersprachliche psychosoziale Beratung. Weiters gilt es, die Frauen zu motivieren, einerseits Bewusstseinsarbeit zu leisten und sie andererseits mit Rücksicht auf den persönlichen Hintergrund bei Bedarf vor Arbeitseintritt u. a. intensiv durch Aufbau und Stärkung von Selbstwert (ganzheitlich, nicht pathologisierend) zu betreuen. Auch soziale Faktoren, die eine Hürde darstellen können, wie Kinderbetreuung und andere familiäre Verpflichtungen, werden berücksichtigt und in die Beratung mit einbezogen.

Das Angebot der Frauenassistenz ist frauenspezifisch, niederschwellig, ganzheitlich und mehrsprachig. Es umfasst:
- Treffpunkt, Kontaktstelle, Informationsquelle, Frauencafé
- Telefon- und E-Mail-Beratung
- Ganzheitliche Beratung und Coaching
- Kompetenz-Coaching, Potenzialanalyse
- Aktivierungsmaßnahmen (z. B. Tagesstruktur entwickeln)
- Gruppenangebote, u. a. Peer-Counseling und Selbsthilfegruppen, Umfeldberatung

Das ganzheitliche Gesundheitsverständnis der Frauengesundheitszentren (FEM, FEM Süd) ist auch in der Frauenassistenz Grundlage aller Aktivitäten. Behinderung in Kombination mit sozialer Benachteiligung und verschiedenen Komponenten wie Armut, Gewalterfahrungen, schlechter Ausbildung, psychischen Erkrankungen u. ä. beeinflussen und verstärken sich gegenseitig und machen ganzheitliche Interventionen unumgänglich.

Ein wichtiger Teil der Arbeit der Frauenassistenz ist auch die Vernetzung mit zielgruppenrelevanten Einrichtungen (z. B. Behinderteneinrichtungen und BildungsträgerInnen), die Bekanntmachung des Angebots durch aufsuchendes Arbeiten und eine gegenseitige Zuweisung von und zu Kooperationspartnern (Beratungsstellen für Frauen, Beratungsstellen für Menschen mit Behinderung, AMS ...).

Ein zusätzliches Aufgabenfeld sieht die Frauenassistenz in der Informationsvermittlung und Öffentlichkeitsarbeit: Es soll der Informationsstand sowohl der Zielgruppe als auch der Öffentlichkeit im Hinblick auf die Lebenssituation für Frauen mit Beeinträchtigungen sowie auf Unterstützungsmöglichkeiten erhöht werden.

**Themenschwerpunkte der Beratung und des Kursangebotes:**

Rund um den Arbeitsmarkt:
- Bildungs- und Berufsberatung, wenn die Frauen noch nicht sicher sind, welche Arbeitsbereiche ihnen liegen (Clearing)
- Beratung und Unterstützung durch Psychologinnen, Sozialarbeiterinnen und kaufmännische Fachkräfte vor, während und nach dem Einstieg in den Arbeitsmarkt
- Unterstützung bei der Suche nach Weiterbildungsmöglichkeiten
- Hilfe bei der Arbeitssuche, Kontaktaufnahme zu Firmen
- Unterstützung bei Bewerbungen und Vorstellungsgesprächen
- Aufklärung der ArbeitgeberInnen über Fördermöglichkeiten etc.

Rund um die Frauengesundheit (soziale, psychische und gesundheitliche Anliegen):
- Informationen zu Förderungen, Ansprüchen
- Hilfe und Unterstützung bei amtlichen Fragen und Behördengängen
- Fragen rund um Wohnungsprobleme, Kinderbetreuung, finanzielle Probleme
- Beratung zu gesundheitlichen Anliegen (Ernährung, Entspannung ...)
- Erkennen persönlicher Stärken und Fähigkeiten
- Steigerung der Motivation und des Selbstbewusstseins
- Unterstützung bei Problemen mit Partnerschaft und/oder Sexualität
- Fragen zu Erziehung und Mutterrolle bei künftiger Berufstätigkeit

- Hilfestellung bei Lebenskrisen
- Umgang mit Stress
- Psychologische Behandlung bei Depression, Angsterkrankungen etc.
- Bewältigung von traumatischen Erlebnissen

Folgende Kursangebote sollen den Frauen bei der Arbeitssuche und der Verbesserung ihrer Lebenssituation helfen:
- EDV-Kurse
- Deutsch als Fremdsprache (DaF)
- Bewerbungstraining
- Entspannungstraining (Autogenes Training/Muskelentspannung nach Jacobson)
- Stressmanagement
- Frauentreff/Offene Gruppe

Der Start der Frauenassistenz verlief vielversprechend: Seit Jänner 2009 wurden rund 110 Erstgespräche mit Frauen aus 12 verschiedenen Herkunftsländern geführt. Besonders die muttersprachliche Beratung in Türkisch und Bosnisch-Kroatisch-Serbisch wurde zahlreich in Anspruch genommen. Auch die Kurse werden von den Frauen genutzt. Neun Frauen konnten bereits eine Arbeitsstelle finden.

**Literatur**

Arnade, S. (1995). *Weder Küsse noch Karriere – Zur Situation behinderter Frauen*. [www-Dokument]. Verfügbar unter: http://www.behinderte.de/frau/dd95/dd95-1.htm [Datum des Zugriffs: 10. 3. 2009].

Breiter, M. (2005). *Muttersprache Gebärdensprache – VITA-Studie zur Lebens- und Berufssituation gehörloser Frauen in Wien*. Wien/Mülheim a.d. Ruhr: Guthmann-Peterson.

Bundesministerium für Soziales und Konsumentenschutz (BMSK) in Zusammenarbeit mit allen Bundesministerien (2008). *Bericht der Bundesregierung über die Lage von Menschen mit Behinderungen in Österreich 2008*.

Ewinkel, C. & Hermes, G. (Hrsg.). (2002). *Geschlecht: Behindert, Besonderes Merkmal: Frau. Ein Buch von behinderten Frauen*. Neu-Ulm: AG SPAK Publikationen.

Dommaschik-Rump, C. (1995). In W. Bungard (Hrsg.), *Gehörlose Menschen in der Arbeitswelt*. Weinheim: Beltz Psychologie Verlags Union.

Fengler, J. (1995). In W. Bungard (Hrsg.), *Gehörlose Menschen in der Arbeitswelt*. Weinheim: Beltz Psychologie Verlags Union.

LUZIA – *Studie zur Lebenssituation arbeitsmarktferner Frauen mit Behinderung in Wien* (2006). [www-Dokument]. Verfügbar unter: http://www.forschungsnetzwerk.at/downloadpub/Studie_LUZIA.pdf [Datum des Zugriffs: 10. 3. 2009].

Häfele, S. (2001). *Identität und Selbstwert von Gehörlosen*. Unveröffentlichte Diplomarbeit. Universität Wien.

Hermes, G. (2004). *Mutterschaft behinderter Frauen – ein Bruch mit der gesellschaftlichen Rollenzuschreibung.* [www-Dokument]. Verfügbar unter: http://www.geburtskanal.de/index.html?mainFrame=http://www.geburtskanal.de/Wissen/M/MutterschaftBehinderterFrauen.php&topFrame=http://www.geburtskanal.de/header.htm l [Datum des Zugriffs: 8. 3. 2009].

Hermes, G. & Faber, B. (Hrsg.) (2001). *Mit Stock, Tick und Prothese. Das Grundlagenbuch zur Beratung behinderter Frauen.* Kassel: Bifos.

Holzinger, D. (2008). *Variationen in der österreichischen Gebärdensprache.* [www-Dokument]. Verfügbar unter: http://www.mudra.org/content/html/gb_lesetexte_holzinger.html [Datum des Zugriffs: 2.3.2009].

Krausneker, V. & Fellinger, T. (1995). *Medizinisches Handbuch österreichischer Gebärdensprache.* Wien: Österreichischer Gehörlosenbund.

Kupke, S. & Bungard, W. (1995). In W. Bungard (Hrsg.), *Gehörlose Menschen in der Arbeitswelt.* Weinheim: Beltz Psychologie Verlags Union.

Pfingsten, U. & Hinsch, R. (1991). *Gruppentraining sozialer Kompetenzen.* Weinheim: Psychologie Verlags Union.

Ruoß, M. (1994). *Kommunikation Gehörloser.* Bern: Huber.

Statistik Austria. [www-Dokument]. Verfügbar unter: http://www.statistik.at/web_de/statistiken/bevoelkerung/bevoelkerungsstruktur/bevoelkerung_nach_staatsangehoerigkeit_geburtsland/index.html [Datum des Zugriffs: 1. 3. 2009].

Weber, H. (1995). In W. Bungard (Hrsg.), *Gehörlose Menschen in der Arbeitswelt.* Weinheim: Beltz Psychologie Verlags Union.

Witt-Löw, K. & Breiter, M. (2005). „... *nicht Mitleid, sondern faire Chancen". Perspektiva – Studie zur Lebens- und Berufssituation blinder und hochgradig sehbehinderter Frauen in Wien.* Wien und Mühlheim an der Ruhr: Verlag Guthmann-Peterson.

VÖGS – Verein Österreichischer Gehörloser Studierender (2008). *Gebärdensprache – zwischen Faszination und Barriere.* [www-Dokument]. Verfügbar unter: http://www.behindertenarbeit.at/TCgi/bha/TCgi.cgi?target=home&p_kat=6&P_TY=NY_&ID_News=802 [Datum des Zugriffs: 2.3.2009].

## Autorinnen

### Mag.ª Cassandra Cicero

Studium der Psychologie an der Universität Wien, Propädeutikum bei Pro Mente Wien. Seit mehreren Jahren Leitung von Selbsthilfegruppen für Menschen mit psychischen Krankheiten. Mitarbeiterin der FEM Süd Frauenassistenz seit 2008. Arbeitsschwerpunkte: Psychische Krankheiten, Frauen mit Behinderung.

### Mag.ª Sonja Rader

Studium der Psychologie, postgraduelle Ausbildung zur Klinischen und Gesundheitspsychologin. Mitarbeiterin des FEM Süd seit 2001, mit den Schwerpunkten gehörlose Frauen, Gruppentraining Kommunikation und Selbstwert, Adipositas, psychologische Behandlung und Beratung im Einzel- und Gruppensetting.

# „Böse Hexen – weise Frauen?"
## Empowerment für Frauen in der zweiten Lebenshälfte
*Margarete Kunz*

## Einleitung

Im Jahre 2002 nahm ich an einer Tagung im Kardinal-König-Haus in Wien zum Thema „alte Frauen" teil. In Erinnerung ist mir besonders ein Plakat, auf dem stand „Ich bin eine alte Frau." Wir wurden eingeladen, dieses Plakat zu unterschreiben. Ich war am Anfang meiner 60er, fühlte mich so gar nicht alt – und zögerte. Dann unterschrieb ich mit dem festen Vorsatz, mich den Herausforderungen des Älterwerdens mit all meinem Optimismus, meinem Mut und meinem Einfallsreichtum zu stellen und diese Haltung auch weiterzugeben. Ich glaube, dass diese Entscheidung auch von der Frauenpower mitbestimmt wurde, die sich während der zweitägigen Tagung aufgebaut hatte.

Diese Einstellung habe ich mir bis heute bewahrt. Als ich jedoch für diese Arbeit die allgemeine Lebenssituation älter werdender Frauen wieder genauer unter die Lupe nahm, geriet sie für einige Zeit stark ins Wanken. Hilflosigkeit machte sich in mir breit. Diese wurde von einer unbändigen Wut über die gegebene Situation abgelöst. Dann fühlte ich mich wieder als Opfer ohne Hoffnung auf Besserung. Das Wechselbad meiner Gefühle machte mir klar, wie schnell negative Klischees und die geballte Fülle der nachstehend beschriebenen Beeinträchtigungen bei älteren Frauen eine depressiv gestimmte bis verbitterte Lebenshaltung auslösen können, vor allem dann, wenn sie damit auf sich alleine gestellt sind und bleiben.

Umso dankbarer bin ich, dass sich die Frauengesundheitszentren FEM Süd und FEM nicht nur der Prävention von körperlichen Beeinträchtigungen durch das Älterwerden widmen (Osteoporose, Herzerkrankungen u. a. m.) und Einzelberatungen anbieten, sondern auch einen Raum aufmachen, in dem Frauen sich gemeinsam mit ihrem Älterwerden auseinandersetzen können.

Über das Älterwerden von Frauen im Allgemeinen und über meine Arbeit mit Frauengruppen im Besonderen werde ich im Folgenden berichten:
- Wenn alles beginnt: die Wechseljahre, das Klimakterium
- Einige soziologische Erkenntnisse zum Älterwerden von Frauen
- Bericht über die Gruppenarbeit „Treffpunkt für Junggebliebene – Gemeinsam statt einsam"
- Weiterführende Workshops zur Stärkung des Selbstbewusstseins und zum konstruktiven Umgang mit Kränkungen
- Resümee

Ich beginne bewusst mit der Beschreibung der **Wechseljahre,** da sich viele Frauen in dieser Lebensphase intensiv mit dem Älterwerden auseinandersetzen.

Als Klimakterium oder Wechseljahre bezeichnet man den Übergang von der biologisch fruchtbaren zur biologisch unfruchtbaren Phase im Leben einer Frau. Diese Phase kann zehn Jahre und mehr dauern. Sie wird in eine prä- und eine postmenopausale Phase eingeteilt. Typische körperliche Beschwerden können Hitzewallungen, Schweißausbrüche, Schwindelzustände, Atemnot, Herzklopfen, Blutdruckanstieg, Kopfschmerzen und auch Schlafstörungen sein. Zu den psychischen Begleiterscheinungen zählen Nervosität, Spannungszustände, Reizbarkeit, Antriebshemmung, Angstzustände, depressive Verstimmungen und Konzentrationsmangel. Allgemein kann gesagt werden, dass etwa ein Drittel der Frauen erhebliche Beschwerden hat, ein Drittel gelegentliche Beschwerden und ein Drittel durch den Wechsel kaum beeinträchtigt ist.

„Am Klimakterium wird besonders deutlich, dass der Mensch eine bio-psycho-soziale Einheit ist". (Kast 2000, S. 91) Veränderungen können sich gleichzeitig oder fast gleichzeitig im Körper, in der Seele und im sozialen Umfeld abspielen. Die Verunsicherung durch das körperliche Wechseljahrgeschehen wird von Frauen häufig so artikuliert: „Ich kenne mich nicht mehr, ich kann mich nicht mehr so auf mich verlassen, wie ich es früher konnte." (Kast 2000, S. 94) Auf der psychischen Ebene wird eine Auseinandersetzung mit dem Alter erlebt.

Kinder können sich gerade in der Ablösungsphase von der Mutter befinden. Dies bedeutet häufig, dass Frauen sich auf eine neue Weise dem Partner zuwenden und es notwendig wird, die Partnerschaft neu zu bestimmen. Während manche Frauen froh sind, die Sexualität hinter sich zu haben, leben andere Frauen sie bewusster und freudvoller, benötigen mit zunehmendem Alter jedoch mehr Zärtlichkeit des Partners sowohl auf der körperlichen als auch auf der seelischen Ebene. Frauen, die alleine leben, können in dieser Zeit ihr Single-Dasein neu in Frage stellen. Auch das Verhältnis zu den alternden Eltern verändert sich. Diese brauchen nun mehr Zuwendung, Versorgung und eventuell auch Pflege. Frauen, die bisher den Beruf der Hausfrau ausgeübt haben, möchten vielleicht jetzt einen anderen Beruf ergreifen. Es ist auch die Zeit, in der viele Frauen zum ersten Mal Großmütter werden. Eine Rolle, die der eigenen Persönlichkeit entsprechend definiert werden muss.

Onken (1992) weist darauf hin, dass das Erleben in den Wechseljahren auch sehr davon abhängt, ob Frauen sich auf die attraktive Biologie reduzieren lassen oder ob sie darauf bestehen, vollwertige Persönlichkeiten zu sein, die auch über Seelenkraft, freie Willensgestaltung, Bewusstsein und Geist verfügen.

Die Themen der Wechseljahre können sehr verschieden sein. Sie bedürfen in jedem Fall einer längeren Auseinandersetzung mit sich selbst. Was wird in

das Reich der Illusion verwiesen, was kann vielleicht erst jetzt gelebt werden? Neue Aufgaben und Ziele werden gesucht und gefunden.
Bei der Klärung solcher Fragen finden Frauen noch wenig Vorbilder und Unterstützung. Seit 1990 gibt es zunehmend mehr klärende und ermutigende Literatur zu diesem Thema, die als persönliche Orientierungshilfe für einen ganzheitlichen Zugang zu den Wechseljahren dienen kann. Vereinzelt gibt es Wechseljahr-Frauengruppen. Im FEM wird medizinische und psychologische Wechseljahrberatung angeboten.

Im Folgenden befasse ich mich mit einigen **soziologischen Aspekten** des Älterwerdens. Nach den heutigen Erkenntnissen der Altersforschung bilden das Kompetenz- und das Defizitmodell des Alters zwei Gegenpole:

Das Kompetenzmodell hat eine positive Sicht auf das Älterwerden. Die Perspektiven für eine lange Phase des Ruhestandes, die relativ gesund verbracht werden kann, werden hervorgehoben. Dazu beitragen können Veränderungen des Lebensstils (gesündere Ernährung und mehr Bewegung) sowie eine verbesserte medizinische Versorgung. Hellmich (2008) weist darauf hin, dass die Chancen für ein „gutes Leben im Alter" innerhalb der Gesellschaft jedoch vor allem auch von den jeweiligen ökonomischen und sozialen Gegebenheiten der einzelnen Menschen abhängen.

Dem gegenüber steht das Defizitmodell. „Hier wird ein öffentlicher Diskurs dargestellt, in dem Altsein vorwiegend durch negative Vorstellungen bestimmt ist. Aktuell stehen dabei die demographischen Veränderungen unter Schlagworten wie ‚Alterslast' oder ‚Überalterung' der Gesellschaft im Vordergrund. Auf der Ebene der Individuen werden nach wie vor altersbedingte Abbauerscheinungen betont." (Hellmich 2008, S. 29/30)

Hellmich (2008) beschäftigt sich in diesem Zusammenhang auch mit Altersfeindlichkeit (englisch: Ageism), die über das Defizitmodell hinausgeht. Die Vermeidung der Worte „Alter" und „alt", das Ausweichen auf Bezeichnungen wie „älter", „SeniorInnen", „bejahrt" oder „betagt", „dritte Lebensphase", „Ruhestand" u. a. m. können als Altersfeindlichkeit gesehen werden. Kramer (2003, zitiert nach Hellmich 2008) beschreibt Ageism als Fixierung der Perspektive gegenüber den „Alten", die „in dreifacher Maskierung erscheint", nämlich

- als Schwierigkeit, die Perspektive der Betroffenen wahrzunehmen,
- als die geschichtlich gewachsene, nur schwach kaschierte, aber immer noch tabuisierte Aversion oder sogar Aggression gegen alte Menschen und
- als unrealistische Wahrnehmung der Lebenswelt alter Menschen.

Hellmich (2008) betont auch die Tendenz der Feminisierung des Alters. Damit ist vor allem der hohe Frauenanteil in der Gruppe alter Menschen gemeint, der sich den Prognosen nach zwar reduzieren wird, da auch Männer älter werden, aber immer relativ hoch bleiben wird. Hochaltrigkeit und Singularisierung sind typische Gefährdungsbereiche des Alters, die hauptsächlich Frauen treffen.

Auch im Alter besteht eine **Chancenungleichheit** zwischen Männern und Frauen. Diese zeigt sich in folgenden Bereichen und wird von Kurz (2005) sehr anschaulich beschrieben.

Bezogen auf die ökonomische Situation zeigen sich viele Versorgungslücken für Frauen, insbesondere geschiedene Frauen bzw. Vollhausfrauen. Der Anteil der Frauen, die mit einer Mindestpension aufgrund von Berufsunterbrechungen und geringem Ausbildungsniveau auskommen müssen, ist bei den heute 60-Jährigen und Älteren sehr hoch. Auch die mangelnde Mobilität ist ein Hinweis auf die fehlende Chancengleichheit. Viele alte Frauen sind weder im Besitz eines Führerscheins, noch haben sie ein Auto. Die Benützung öffentlicher Verkehrsmittel erfordert einen viel größeren Zeitaufwand. Individuelle Barrieren bilden gesundheitliche Einschränkungen und plötzliche Krankheiten. Ein Anlass zum Rückzug können auch mangelndes Selbstwertgefühl und Unkenntnis der eigenen Fähigkeiten und Stärken sein.

Auf Frauen, die sich der Pensionierung nähern, warten meist schon vielfältige Hilfsaufgaben, wie beispielsweise die Beaufsichtigung der Enkelkinder. Da bleiben wenige Freiräume, in denen Frauen endlich das tun können, was Spaß macht und sie ohne Verpflichtungen und Zeitdruck leben können.

In etablierten Seniorenorganisationen wirkt das Überengagement von männlichen Funktionären mitunter lähmend auf Frauen. Es zeigt sich immer wieder, dass die Mehrheit der Mitglieder Frauen sind, die Themenführerschaft jedoch von Männern ausgeht. Dies zu verändern ist äußerst schwierig, da die heute ältere Frauengeneration in ihrer Kindheit und Jugend eine Sozialisierung des Dienens und Helfens im Hintergrund erlebte. Es fehlt an Vorbildern und gesellschaftlicher Unterstützung von älteren Frauen, die sich mutig und sichtbar für die Themen älterer Frauen einsetzen. Frauen, die älter als 50 sind und politische Funktionen inne haben, sind eher nicht bereit, sich mit den Fragen des Älterwerdens auseinanderzusetzen. Es sei denn, es gehört zu ihrem Aufgabengebiet.

Der herrschende „Jugendwahn" verhindert einerseits eine Auseinandersetzung mit der Jugend und blockiert andererseits das Aktivierungspotential älterer Frauen. Dem „Jugendwahn" stehen klischeehafte Altenbilder gegenüber. Diese sind entweder Positivstereotypen oder würdigen alte Frauen herab.

Hellmich (2008) beschreibt vier grundlegende Bilder, die in den verschiedensten Varianten in der Werbung und in Karikaturen Verwendung finden: die „Großmutter", die „alte Jungfer", die „Hexe" und die „weise Alte".

Die scheinbar zeitlose Figur der **„Großmutter"** entstand erst im 19. Jahrhundert im Zusammenhang mit dem Entstehen der typischen bürgerlichen Familie. In ihrem Bild vereinigen sich die Anforderungen, die eine Gesellschaft an alte Frauen stellt. Sie steht für häusliche Geborgenheit und die Erfüllung emotionaler Bedürfnisse. Ihr Äußeres wirkt freundlich, sie hat liebevolle Augen, ist meist etwas rundlich, hat Löckchen oder einen Haarknoten.

Diesem Konzept entsprechen die modernen Großmütter immer weniger. Viele Frauen sind noch berufstätig oder beanspruchen wenigstens jetzt im Alter etwas Freiraum für ihre eigenen Interessen. Trotzdem gibt es viel Solidarität und Hilfeleistung von ihnen für die jungen Familien und viel liebevolle Zuwendung zu den Enkelkindern. Deren Betreuung kann auch stabilisierend und sinnstiftend wirken.

Die **„alte Jungfer"** verweist auf die Ächtung der Unverheirateten, der heutige Jugendliche wahrscheinlich verständnislos gegenüberstehen. Heute ist ein „Single" gesellschaftlich akzeptiert. „Allerdings: Im Selbst- und Fremdbild von heute alte/rnde/n Frauen, die niemals geheiratet und Kinder in die Welt gesetzt haben, hält sich nach wie vor die Diskriminierung als Frauen, die ihren Lebenszweck nicht erfüllt haben." (Hellmich 2008, S. 46)

Die **„böse Alte"** oder die **„Hexe"** personifiziert nicht nur die Mängel und Schwächen des Alters sondern auch „das Böse" an sich. Körperliche Kennzeichen dieses „Bösen" sind unter anderem die gebeugte Haltung, ein zahnloser Mund, ein schiefer, wackelnder Kopf und knöcherne, krallenartige Hände. Die Hexe galt auch als „bedrohlich". Was hier als böse gedeutet und vielfach verabscheut wird, sind jedoch häufig die Folgen und Zeichen eines harten und entbehrungsreichen Lebens. Trotzdem gibt es noch immer verächtliche Äußerungen gegenüber alten Frauen, in denen sich solche abwertenden Vorstellungen erhalten.

Die Hexe im Märchen kann ins Unglück stürzen, aber auch eine hilfreiche Figur sein, die Aufgaben stellt oder durch Aufgaben führt. Sie gleicht dann eher der **„alten Weisen"**. Deren Existenz wird zwar im Allgemeinen angenommen, doch kaum schlüssig beschrieben. Und Frauen selbst bezeichnen sich kaum als weise.

Den vielfältigen Lebensrealitäten von Frauen werden diese Bilder nicht gerecht. Hellmich (2008) betont, dass die realen Frauen durch diese Bilder aus dem öffentlichen Bewusstsein verschwinden, dadurch an Bedeutung einbüßen und Diskriminierungen ausgesetzt sind. Wenn es auch Frauen gibt, die die materiellen und immateriellen Möglichkeiten haben, diesem Ausschlussverfahren entgegenzuwirken, so ist doch immer noch eine große Anzahl von Frauen davon betroffen.

Mir stellt sich in diesem Zusammenhang die Frage: Gibt es in diesen tradierten Bildern nicht auch Inhalte, die Frauen stärken können? Für mich geht vor allem von der „Hexe" und ihrer Polarität der „weisen Alten" eine große Kraft aus. Sie fasziniert mich aufgrund ihres Facettenreichtums. Mulack (2006) weist darauf hin, dass Mythen, religiöse Texte und Märchen uns noch etwas von dem Weltbild, den Wertvorstellungen und dem Können dieser Frauen vermitteln.

Mich hat diese Feststellung angeregt, aus den Hinweisen in den zahlreichen Märchen und Geschichten, die ich kenne, ein eigenes Bild der sogenannten „Hexen" zu entwickeln. Es handelte sich bei vielen dieser Frauen um mutige, Leben fördernde, kluge, wissende, kräuterkundige und hellsichtige Frauen. Einige waren wahrscheinlich auch Priesterinnen. Sie konnten Krankheiten heilen, waren Hebammen und verstanden vermutlich auch etwas von Seelenheilkunde. Sie werden des Öfteren als resolut und barsch beschrieben. Sie forderten Respekt von denen, die um ihre Hilfe baten. Wenn sie auch furchterregend wirken konnten, so waren sie doch häufig mitfühlend und hilfsbereit. Sie wurden auch von Königen um Rat und Hilfe gebeten. Die Hexe von EnDor, die König Saul in seiner Todesangst aufsucht, ist ein Beispiel dafür. Über sie wird in der Bibel erzählt (1. Samuel 28, 3–25). Und Mulack (2005) stellt fest, dass der große Arzt Paracelsus bereits im 15. Jahrhundert bereit war zuzugeben, dass er sein gesamtes medizinisches Wissen den weisen Frauen seiner Zeit verdankt. Weitere Beispiele über die „Kraft weiblicher Urinstinkte" finden sich bei Estés (1993).

Diese unsere Ahninnen waren eigenständige, starke Frauen mit großer Macht. Es bedurfte schon der massiven Gewaltanwendung durch die Inquisition, um sie und ihr Wissen zu vernichten. Wie Estés glaube auch ich, dass jene Kraft immer noch in heutigen Frauen lebt. Ich habe größte Achtung, wenn ich höre und erlebe, mit welchen schwierigen Lebensumständen Frauen immer wieder fertig werden, wie einfühlsam sie oft reagieren und wie weise sie Rat wissen. Mut und Tapferkeit ist in vielen Frauen, große Herzensgüte und innere Stärke. Für die meisten dieser Frauen gilt eine solche Haltung als selbstverständlich. Es kommt ihnen und auch ihrer Umwelt gar nicht in den Sinn, dass es bewundernswert und respekteinflößend ist, was ältere Frauen an Anpassungsleistungen und Krisenmanagement vollbringen.

Ich glaube, dass die Identifikation mit den beiden Seiten der „Hexe" – der erkenntnisreichen, liebevollen und der resoluten Respekt gebietenden – für alle Frauen hilfreich sein könnte, sich ihres Wertes bewusst zu sein und ihre Rechte stärker zu vertreten.

Alle bisher beschriebenen Sichtweisen und Phänomene stellen für mich die Basis meiner praktischen Arbeit als Leiterin von Frauengruppen dar.

Seit April 1996 biete ich den **"Treffpunkt für Junggebliebene – Gemeinsam statt einsam"** an.

Im Zusammenhang mit dem vorher Gesagtem drängt sich mir die Frage auf: Ist dieser Titel altersfeindlich? Nach dem, was Hellmich (2008) zur Altersfeindlichkeit festgestellt hat, müsste man meinen: ja. Und doch glaube ich, dass ein gewisses Maß an Jugendlichkeit zur Lebensbewältigung im Alter hilfreich sein kann, und zwar vor allem bezogen auf unsere Seele und unseren Geist.

Schon vor 2000 Jahren beschrieb Marc Aurel eindrucksvoll, dass man nicht alt wird, wenn man eine gewissen Anzahl Jahre gelebt hat, sondern dann, wenn man seine Ideale aufgibt oder wenn man sich von Vorurteilen, Zweifeln, Befürchtungen und Hoffnungslosigkeit niederdrücken lässt. Er weist darauf hin, dass Menschen jung bleiben, solange sie aufnahmebereit und empfänglich für das Schöne, Gute und Große, für die Botschaften der Natur, der Mitmenschen und des Unfasslichen bleiben. Dass sie aber altern, wenn Pessimismus und Zynismus von ihnen Besitz ergreifen.

Ich möchte die Worte Marc Aurels nicht als programmatische Forderung, sondern als Anregung verstanden wissen. Denn es wird immer Frauen geben, die mit diesen Worten gar nichts anzufangen wissen, sei es aus ihrer psychischen Befindlichkeit heraus, sei es, weil ihnen das Leben Lasten auferlegt hat, die die Fähigkeit und Möglichkeit zum Lebensgenuss erstickten. Das gilt es zu respektieren.

Im folgenden Abschnitt werde ich nun den Bogen zu meiner Arbeit mit den Frauengruppen spannen.

**Das grundlegende Gruppenziel** besteht darin, einen Raum zu eröffnen, der es Frauen ermöglicht, sich in einer wertschätzenden Atmosphäre zusammen mit Gleichbetroffenen mit den verschiedensten Themen des Älterwerdens auseinanderzusetzen. Diese werden in einem der folgenden Punkte noch genauer beschrieben.

Die Teilnehmerinnenzahl stieg stetig an. Aus den vier Frauen, mit denen ich begonnen habe, sind drei Gruppen geworden. Zwei im FEM mit je 1 1/2 Stunden Gesprächszeit und einer maximalen Teilnehmerinnenzahl von je 10 Frauen und eine im FEM-Süd mit 2 Stunden Gesprächszeit und maximal 12 Teilnehmerinnen. Die Gruppen finden wöchentlich statt, und zwar von Oktober bis Ende Jänner und von März bis ca. Mitte Juni.

Die nähere **Beschreibung der Gruppenteilnehmerinnen** ergibt folgendes Bild: Je ein Viertel der Frauen ist zwischen 50 und 60 Jahren bzw. über 70 Jahre alt. Die restliche Hälfte der Frauen ist zwischen 60 und 70 Jahren alt. Vereinzelt kommen auch Frauen, die jünger sind, die beiden ältesten Teilnehmerinnen waren über 80 Jahre alt. Viele Frauen leben alleine, sind verwitwet oder geschieden, vereinzelt auch unverheiratet. Es gibt auch verheiratete Frauen in den Gruppen.

Die Frauen sind heute größtenteils Pensionistinnen. Die Bandbreite der früheren Berufe ist groß: Frauen aus akademischen Berufen (Diplomingenieurin, Journalistin, Juristin, Pharmazeutin, Psychologin) sind ebenso vertreten wie Heimhilfen, Hausfrauen, kaufmännische Sachbearbeiterinnen, Lehrerinnen oder Schneiderinnen. Auch Frauen, die selbständig einen Betrieb geführt haben, nehmen teil. Die meisten Frauen kommen aus Wien, einige aus Niederösterreich, auch einige Frauen mit internationaler Herkunft waren/sind in den Gruppen (eine Finnin, eine Kanadierin, eine Deutsche, eine Iranerin, eine Russin). Einige der Frauen sind von somatischen Krankheiten und Beschwerden betroffen: Krebsoperationen, Migräne, Osteoporose, Rheumaerkrankungen mit starken Schmerzzuständen, Dystonie, Hüft- und Knieoperationen, langwierigen und belastenden Durchfallerkrankungen.

Sie kommen auch mit psychischen Beeinträchtigungen: Trauer über den Verlust von nahestehenden Menschen, starken Belastungen durch die Pflege von Angehörigen, depressiven Verstimmungen, CFS (chronisches Erschöpfungssyndrom), Essstörungsproblemen, Alkoholkrankheit (bewältigt), Panikattacken.

Die Verweildauer der einzelnen Teilnehmerinnen in den Gruppen ist unterschiedlich. Manche bleiben einige Semester, manche über mehrere Jahre. Manche gehen und kommen nach einigen Jahren wieder zurück. Der Beitritt ist – nach einem Vorgespräch – jederzeit möglich, solange die Maximalanzahl der Teilnehmerinnen nicht erreicht ist. Rund 200 Frauen haben bisher an den Gruppen teilgenommen.

Bei der **Wahl der Themen** werden die Gruppenteilnehmerinnen aktiv eingebunden. Ebenso werden die Gruppenregeln in gemeinsamer Kooperation erstellt. Neben der themenspezifischen Arbeit findet zu Beginn jedes Treffens auch ein kurzer Austausch zur persönlichen Befindlichkeit statt. Zur Vertiefung und Reflexion stelle ich schriftliche Unterlagen zur Verfügung. Eine Schlussrunde dient zur Abrundung des Themas und stabilisiert.

Am Anfang habe ich eine Liste mit einigen Themen vorgegeben. Nach und nach kamen immer mehr Themen von den Frauen selbst bzw. ergaben sie sich für mich aus dem Erleben, den Wünschen und Bedürfnissen der Frauen.

Heute ist die Liste, aus der die Themen gewählt werden, in fünf Untergruppen geteilt. Doch kommen immer noch neue Themen von den Teilnehmerinnen.

- *Das eigene Wohlbefinden fördern*
  Beispiele: „Wie bringe ich mehr Freude in mein Leben", „Der sanfte Umgang mit sich selbst in Zeiten des Kummers", „Mit allen Sinnen wahrnehmen bereichert das Leben"

- *Selbsterkenntnis – Selbstbehauptung – Lebensfreude*
  Beispiele: „Umgang mit dem inneren Kritiker", „Selbstsicher auftreten", „Meine kreativen Seiten leben"
- *Gute Beziehungen gestalten*
  Beispiele: „Was erwarten wir von einer guten Freundin?", „Es fällt mir schwer Kontakte zu knüpfen. Was hilft dabei?", „Kann ich mich abgrenzen? – Von intakten und kaputten Grenzen"
- *Lebhaftes Altern*
  Beispiele: „Was ist einem positiven Älterwerden förderlich/hinderlich?" „Lebenslanges Lernen (formell und informell) – Ist das wirklich notwendig? Auf welche Bereiche erstreckt sich das?" „Dankbarkeit macht das Leben reicher! Wofür kann ich dankbar sein?"
- *Vermischtes*
  Beispiele: „Gender-Mainstreaming. Was versteht man darunter?" „Die Geschichte der Frauenemanzipation – Wir tragen zusammen, was wir darüber wissen",
  „Angst vor Fremden – Neugier auf Fremde – Was bewirkt das eine/das andere in unserem Leben? – Wie können wir eine Balance finden?"

Die Frauen wählen am Anfang jedes Semesters Themen, die sie ansprechen. Diese werden dann nach einem Schlüssel gereiht, sodass klar wird, welche Themen die Gruppe am meisten interessieren.

Aus dem Vorhergesagten ergibt sich, dass die Gruppen sowohl programm- als auch prozessorientiert gestaltet werden. Die **Programmorientierung** ergibt sich aus der Einhaltung der Reihenfolge der gewählten Themen und auch aus der Struktur und dem Rahmen der Gruppe.

Eine **Prozessorientierung** ergibt sich bei der Behandlung der einzelnen Themen auch dadurch, dass jedes Semester neue Themen gewählt werden, durch die Einbindung neuer Teilnehmerinnen und durch das Integrieren von belastenden und freudvollen Erlebnissen, die Teilnehmerinnen in die Gruppe bringen.

Folgende **persönliche Problemstellungen** der Frauen haben sich gezeigt:
- Fragestellungen, die typisch für die Wechseljahre sind.
- Umgang mit Lebensveränderungen durch Pensionierungen.
- Veränderungen der Lebensgestaltung, wenn der Partner in Pension geht.
- Umgehen mit dem Nachlassen der Leistungsfähigkeit.
- Bewältigung der Kränkung, in einer jugendverliebten Welt nicht mehr attraktiv zu sein.
- Lernen Hilfe anzunehmen, wenn Pflegeleistungen überfordern.
- Wiederanknüpfen oder Neubegründen eines Freundschaftsnetzes.
- Verluste hinnehmen, die durch Scheidung oder den Tod lieber Angehöriger entstanden sind.

- Lernen alleine zu leben.
- Selbstfürsorge erlernen.
- Das Entwickeln von „gesundem Egoismus" als Voraussetzung für ein Stück eigenes Leben.
- Bewältigung von Krankheit und Schmerzen.
- Die Auseinandersetzung mit der Angst vor der eigenen Hinfälligkeit und Pflegebedürftigkeit.
- Das Loslassen von erwachsenen Kindern. Es ist für Mütter und Schwiegermütter nicht immer leicht, darauf zu vertrauen, dass die Kinder ihren Weg schon machen werden, wie sie selbst es getan haben.
- Enkelkinder bereiten viel Freude. Doch auch hier gibt es Probleme. Manche Großmütter beklagen, dass sie ihre Enkelkinder zu wenig sehen können. Andere überfordern sich oder lassen sich überfordern mit deren Betreuung. Durch verschiedene Erziehungsstile können Konflikte entstehen.
- Zum Streitpunkt mit der Großmutter kann auch werden, wenn mehrere Kinder sich bei der zeitlichen Zuwendung ungerecht behandelt fühlen.

Aus dem vorher Gesagten ergibt sich, dass zur Lebensbewältigung der Phase des Älterwerdens nicht mehr nur das Tun und Leisten gehört, sondern auch das Hinnehmen mancher unabwendbarer Lebensereignisse. Darüber hinaus wird ein guter Umgang mit sich selbst wichtig, der Selbstakzeptanz, Selbstfürsorge und die Erfüllung von Wünschen – die vielleicht erst heute möglich sind – mit einschließt.

Um diese Aspekte in eine lebensfördernde Synthese zu bringen und dadurch auch die späteren Lebensphasen noch als eine bereichernde, interessante und auch beglückende Zeit erleben zu können, ist ein gewisses Maß an seelischer und geistiger Reife notwendig. Zu diesem Reifen muss jede einzelne Frau selbst etwas beitragen.

Reifen und Wachsen bedeutet auf der psychologischen Ebene in diesem Zusammenhang Potenziale zu wecken, die vorhanden sind, aber selten oder nie genutzt werden, Hemmungen aufzudecken, die der persönlichen Weiterentwicklung und Entfaltung im Weg stehen (Denkmuster, starre Verhaltens- oder Reaktionsmuster, Werthaltungen) und neue Verhaltensweisen zu erlernen und einzuüben.

Die **Bearbeitung der Themen** in einem Klima gegenseitiger Akzeptanz und Wertschätzung, die Aussagen und die Vorbildwirkung anderer Frauen ermutigen die Teilnehmerinnen mehr von sich zu zeigen. Dieser Rahmen macht ihnen die eigene Individualität stärker bewusst und inspiriert zu Eigenständigkeit und Selbstverantwortung. Er ermöglicht es den Frauen, auf einem sanften und achtsamen Weg ihr Inneres zu erforschen, und erlaubt es, bisherige Verhaltensweisen zu hinterfragen und gegebenenfalls durch heute passendere zu ersetzen. Er hilft mit der Zeit auch Antworten und Lösungsansätze für Fragen und Probleme zu finden. Dies alles kann sich beziehungsentspannend oder beziehungsfördernd auswirken. Es fördert zudem das Modelllernen. Es hilft tiefsitzende Ängste und Vorurteile gegenüber dem Alter abzubauen und unterstützt eine Haltung, die das Alter nicht nur als Krise, sondern auch als Herausforderung sieht.

Dadurch wird eine Balance zwischen Gesunderhaltung einerseits und Annehmen von körperlichen Abbauerscheinungen andererseits gefördert und Hilfe zur Selbsthilfe gegeben.

Die Gesprächsgruppe hat auch die Funktion eines **psychosozialen Netzes**, das Familie und Freunde ersetzen bzw. ergänzen kann. Die Gruppe bietet Struktur und Beständigkeit. Die Frauen bekommen Aufmerksamkeit und Anteilnahme, die sie sonst oft schmerzlich vermissen, und sie werden für ihre vielfältigen Leistungen gewürdigt.

Zwischen einem Teil der Frauen entsteht auch außerhalb der Gruppentreffen ein Zusammenhalt. So treffen sich die Teilnehmerinnen der allerersten Gruppe (1996) noch heute und telefonieren hin und wieder miteinander. Einige Frauen gehen nach den Gruppen ins Kaffeehaus oder gemeinsam essen. Es gibt auch Treffen in den Ferien (z. B. Laxenburg, Fuchs-Villa). Auch mit erkrankten Frauen wird Telefonkontakt gehalten.

Selbstverständlich stellt sich bei diesem psychologischen Angebot die Frage der **langfristigen Wirkung**. Bei den jährlichen Erhebungen durch das FEM-Süd stellt die Mehrheit der Frauen fest, durch die Gruppe neue Kenntnisse und Fertigkeiten erworben zu haben. Wie intensiv die seelischen Prozesse sein können, die durch die Gruppe in Gang kommen, zeigt die Aussage einer Teilnehmerin, die ihr Erleben wie folgt beschreibt: „Ich habe jahrelang die Gruppe besucht und bin von einem Häufchen Elend zu einem lebensbejahenden selbstbewussten Menschen geworden."

Wie schon erwähnt resultieren viele Probleme und Ängste von Frauen aus einem mangelnden Selbstwertgefühl. Dieses kann auch zu einer erhöhten Kränkungsbereitschaft führen. Häufig werden diese Kränkungen dann auch noch destruktiv verarbeitet. Um in diesen Bereichen Abhilfe zu schaffen, biete ich im FEM zwei Workshops an: „Schluss mit dem Frust, ich werde selbstbewusst" und „Ich sehe rot, in mir ist's schwarz" (Konstruktiver Umgang mit Kränkungen).

Im Gegensatz zum „Treffpunkt für Junggebliebene – Gemeinsam statt einsam" werden die Workshops von jüngeren und älteren Frauen besucht, was das gegenseitige Verständnis fördert. Es zeigt sich auch, dass viele Probleme, die im Alter angesiedelt werden, generelle Frauenprobleme sind, die in jedem Alter auftreten.

**Resümierend** lässt sich feststellen, dass wir in einer Kultur leben, die das Alter generell ablehnt, teilweise verachtet und lächerlich macht. Auf Frauen werden besonders viele negative Merkmale des Alters übertragen. Dies wirkt auf älter werdende Frauen, die ohnehin meist schlechter gestellt sind als Männer, zusätzlich belastend.

Andererseits haben viele Frauen in ihrer Lebensbiografie viel mehr Lebensübergänge zu bewältigen als Männer, deren Lebenslauf linearer verläuft. Dabei haben Frauen viele psychische und lebenspraktische Ressourcen erworben, die ihnen auch beim Älterwerden helfen können.

Ich glaube, dass der „Treffpunkt für Junggebliebene – Gemeinsam statt einsam" ein möglicher Weg ist, dass Frauen sich diese Ressourcen bewusst machen, sie aktivieren und erweitern können. Dies verhilft Frauen dazu, die Möglichkeiten auszuschöpfen, die ihnen gegeben sind, um ein „möglichst gutes Leben im Alter" zu haben.

Die Erfahrung zeigt, dass Frauen, die sich selbst wertschätzen und wissen, was sie wollen, sich auf der einen Seite zwar stärker abgrenzen und ihnen Zustehendes auch einfordern, auf der anderen Seite aber solidarischer agieren und die Bestärkung, die sie selbst erfahren haben, auch an andere Frauen weitergeben.

Auch ein guter Umgang mit Kränkungen ist Teil des innerseelischen Wohlbefindens. Es hängt immer auch von der betroffenen Person ab, ob sie sich von etwas kränken lässt oder nicht. Frauen müssen sich also auch nicht durch entwürdigende Bilder kränken lassen, die über sie kursieren. Sie können diesen verschiedenste innere Kraftbilder, wie beispielsweise die von mir beschriebene „Hexe", entgegensetzen und sich dadurch ihren Wert und ihre Stärke bewusst machen.

Ich fördere das Empowerment von Frauen auf der individuellen Ebene. Ich fühle mich aber auch allen Frauen (jüngeren und älteren) verbunden, die sich auf gesellschafts- und gesundheitspolitischen Ebenen für das Wohl älter werdender Frauen einsetzen. Ich glaube, dass alle diese Bereiche zusammengehören und die Arbeit in jedem Bereich auch auf den anderen unterstützend und befruchtend wirkt.

Zu jedem Engagement gehört auch die Lebensfreude, daher:

> Liebe Schwestern, vergesst nicht,
> neben dem Lernen, Arbeiten und Kämpfen,
> der Wut und der Geduld,
> das Billardspielen zu lernen.
> Oder greift zur Gitarre, Laute, Flöte,
> lernt das Kochen neu,
> nicht als Pflicht, sondern als schmatzigen, schmausigen Spaß.

Denkt euch Witze aus,
lernt erneut den Himmel zu sehen,
das Jauchzen beim Tanzen,
das laute Rufen, das Miteinander;
übt euch im Lieben.
Nur so werden wir,
altersschwach und grau dann,
sagen können:
Ich bin lebenssatt.
Anna Tühne (1985)

## Literatur

Aurel, M. (übersetzt v. Kiefer, O.) (1999). *Selbstbetrachtungen* (8. Aufl.). Frankfurt am Main: Insel.
*Die Bibel in heutigem Deutsch* (1983) (2. Aufl.). Stuttgart: Deutsche Bibelgesellschaft.
Estés, C.P. (1993). *Die Wolfsfrau* (2. Aufl.). München: Heyne.
Hellmich, E. (2008). *Forever young?* (2. Aufl.). Wien: Milena.
Kast, V. (2000). *Lebenskrisen werden Lebenschancen.* Freiburg im Breisgau: Herder.
Kurz, R. (2005). Zusammenfassung eines Expertinnenworkshops zum Thema „Die Lebenssituation älterer Frauen in Österreich und Europa: Wissen und Wissenslücken vom 11. April 2005". [www-Dokument]. Verfügbar unter http://www.diesie.at/frauengesundheit/alter_frauen.html. Weitere Details im Dokument Alter und Frauen.pdf. [Datum des Zugriffs: 26.04.09].
Mulack, C. (2005). *Klara Hitler.* Rüsselsheim: Christl Göttert.
Mulack, C. (2006). *Die Wurzeln weiblicher Macht* (Neuaufl.). München: Kösel.
Onken, J. (1992). *Die Feuerzeichenfrau.* München: C.H. Beck.
Tühne, A. & Olfe-Schlothauer, R. (1985). *FrauenBilderLeseBuch.* Reinbek: Rowohlt.

## Autorin

### Margarete Kunz

schulische Lehrtätigkeit, Lebens- und Sozialberatung, personenzentrierte Gesprächsführung, Gruppenleiterin, Einzelberatungen, Vortragtätigkeit. Themenschwerpunkte: Lebensgestaltung der zweiten Lebenshälfte, Wechseljahrberatung, konstruktiver Umgang mit Kränkungen, Kommunikationstraining.

## Schwangerschaft, Geburt und Wochenbett als psychosoziales Risiko?
### Gesundheitsförderung und Prävention für sozial benachteiligte Schwangere mit und ohne Migrationshintergrund
*Daniela Kern, Franziska Pruckner*

Die Erfahrung einer Schwangerschaft ist für viele Frauen von ambivalenten Gefühlen geprägt. Sie werden mit unterschiedlichen Erwartungen und Ansprüchen konfrontiert, die sie verunsichern und dazu führen können, dass sie sich überfordert und fremdbestimmt fühlen. Vor allem wenn sie auf die Elternschaft nicht vorbereitet sind, keine Erfahrungen mit Kindern haben, den kulturellen Druck spüren, dem Elternschaft unterliegt, wenige Rollenvorbilder haben und sich mit einem Mutterbild auseinandersetzen müssen, das es neu zu definieren gilt. Die Zeit der Schwangerschaft und der frühen Elternschaft kann daher eine Zeit möglicher Krisen sein und verlangt in vielen Bereichen eine Neuorientierung.

Die Geburt des Kindes erfordert neben den körperlichen Anstrengungen auch die Fähigkeit der Mutter, sich auf eine neue Situation einzulassen. Nicht selten treten hierbei Gefühle der Verunsicherung und Angst auf. Mütter können ihr Kind als fremd erleben, was meist Schuld- und Schamgefühle nach sich zieht.

Die Tatsache, dass auch negative Gefühle zur Phase der Schwangerschaft und Geburt gehören und ganz normal sind, setzt sich erst in den letzten Jahren durch und führt zu einer Entidealisierung. Dennoch sehen sich viele Frauen mit hoch gesteckten Ansprüchen und einem perfekten Bild von Mutterschaft konfrontiert. Nicht erkannt und aufgearbeitet kann dies zu krisenhaften Verläufen führen (Fiegl 2006).

Das Phasenmodell nach Gloger-Tippelt (1988) beschreibt folgende Stadien der Anpassung an die sich verändernden Lebensumstände:
1. Verunsicherungsphase (bis 12. SSW)
2. Anpassungsphase (12.–20. SSW)
3. Konkretisierungsphase (20.–32. SSW)
4. Antizipationsphase und Vorbereitung auf Geburt und Kind (32. SSW bis zur Geburt)
5. Geburtsphase als Kulmination und Wendepunkt der Familienentwicklung
6. Erschöpfungsphase trotz erstem Glück über das Kind (bis 2. LM)
7. Phase der Herausforderung und Umstellung (2.–6. LM)
8. Gewöhnungsphase (6.–12. LM)

Meist wird die Zeit der Schwangerschaft und Elternschaft mit ihren Anforderungen auf körperlicher, psychischer und auch sozialer Ebene mit eigenen Ressourcen bewältigt. Wie sehr jedoch ambivalente Gefühle in einer Phase des Übergangs gelebt werden dürfen, hängt mitunter mit der eigenen Biografie und dem Idealkonzept von Rollenbildern zusammen.

Frauen, die in ihrer Vorgeschichte psychosoziale und/oder psychiatrische Krisen aufweisen, Frauen, die unter schwierigen sozialen Bedingungen leben, sowie Frauen mit Migrationserfahrung bedürfen manchmal einer besonderen, intensiven Begleitung während Schwangerschaft, Geburt und der ersten Zeit mit dem Kind. Im Sinne der Prävention von prä-, peri- und postpartalen Krisen und Erkrankungen der Frauen sowie von möglichen Entwicklungsstörungen der Kinder ist hier eine kompetente Abklärung und, wenn nötig, Intervention in der Schwangerschaft vonnöten. Untersuchungen in Deutschland gehen davon aus, dass ca. 15–20% aller (werdenden) Mütter Präventions- oder Rehabilitationsmaßnahmen benötigen (Collatz 2008).

## Schwangerschaft und Geburt im Kontext sozialer Ungleichheiten

Schon Mitte der 1980er-Jahre weisen Studien auf den Zusammenhang zwischen sozioökonomischem Status der Mutter und Ursachen von geringem Geburtsgewicht des Kindes, Frühgeburten und Säuglingssterblichkeit hin (vgl. Greenberg 1983; Köck, Kytir & Münz 1988; Weilandt & Altenhofen 1997). Mittlerweile ist der Einfluss von sozialen Indikatoren wie Bildung, Einkommen und Migration auf Schwangerschaftsverlauf, Geburt, Mutter-Kind-Beziehung sowie Entwicklung des Kindes vielfach beschrieben.

Untersuchungen an Schwangeren in Österreich von Wimmer-Puchinger, Gartner, Wolf und Akbal (1998) sowie Wimmer-Puchinger und Schmidt (1993) bestätigen frühere internationale Studien, wonach sozial benachteiligte schwangere Frauen und Migrantinnen aufgrund von vielfachen Barrieren und Hemmschwellen seltener Zugang zu medizinischen und psychosozialen Angeboten finden. Zu den identifizierten Barrieren gehören u. a. Unkenntnis und Angst vor den Untersuchungen, unflexible Ambulanzzeiten, fehlende Betreuungsangebote für Geschwisterkinder, sprachliche Barrieren oder kulturell geprägte Rollenverständnisse, die ein Inanspruchnehmen von Hilfsangeboten erschweren. Frauen mit geringerem Bildungsniveau gaben in den österreichischen Befragungen häufiger an, nie oder nur bis zu dreimal vor der Geburt eine/n GynäkologIn konsultiert zu haben, jede 3. Pflichtschulabsolventin rauchte während der Schwangerschaft und mehr als 50% der Frauen mit Migrationserfahrung klagten über eine nicht optimale psychische Befindlichkeit während der Schwangerschaft.

Der psychosoziale Stress von schwangeren Frauen mit Migrationserfahrung ist überdurchschnittlich hoch, was zu belastenden Situationen und erhöhten somatischen Risiken für Mutter und Kind führen kann (Yildirim-Fahlbusch 2003). Geringe Deutschkenntnisse, wenig Bildung, mangelhaftes Wissen über das österreichische Gesundheitssystem, Diskriminierungen und das oftmalige Fehlen der Ursprungsfamilie sind hier ausschlaggebend. Wesentlichste Barriere im Zugang zu Informations- und medizinischen Angeboten in der Schwangerschaft ist für Migrantinnen trotz deutlicher Verbesserungen in der Schwangerenversorgung immer noch die Sprachbarriere (Kentenich et al. 2001). Aber auch kultur- und rollenspezifische Barrieren sind häufig und können zu Ungeduld, Ratlosigkeit und Überforderung der Frauen, aber auch der betreuenden Personen (Hebammen, ÄrztInnen, Pflegepersonal, PsychologInnen etc.) führen.

Bestimmte Komplikationen wie schwangerschaftsbedingte Hypertonie, Anämie, Fehl- und Totgeburten sind bei Frauen mit Migrationserfahrung deutlich erhöht (Terzioglu & Feige 1999, zitiert nach Reith 2003). Migrantinnen weisen häufiger als Nicht-Migrantinnen somatisierte Erkrankungen im Rahmen der Depression oder psychosomatische Erkrankungen wie beispielsweise diffuse Schmerzen auf. Hinsichtlich der Säuglinge mit Migrationserfahrung ist in Deutschland die Säuglingssterblichkeit um 29% höher als bei Säuglingen deutscher Mütter. Es wird auch über eine deutlich erhöhte Azidoserate der Neugeborenen berichtet, über eine höhere Wahrscheinlichkeit eines postnatalen Aufenthalts in einer Kinderklinik, erhöhte Fehlbildungen beim Säugling, häufigere Störungen der kindlichen Gesamtentwicklung sowie geringeren Impfschutz und seltenere Vorsorgeuntersuchungen der Kinder (Terzioglu & Feige 1999, zitiert nach Reith 2003).

## Das Erkrankungsbild der postpartalen Depression

Die Depression, die zu den häufigsten psychischen Erkrankungen bei Frauen zählt, scheint im Zusammenhang mit Fertilität, Geburt und Mutterschaft zu steigen. Studien belegen, dass zwischen dem dritten und sechsten Monat nach der Geburt eines Kindes ein deutlicher Anstieg von Depressionen zu verzeichnen ist. Je nach Schweregrad, Verlauf und Dauer werden unterschiedliche Formen unterschieden (vgl. Riecher-Rössler 2001; Rohde 2001). Nach Herz et al. (1997) weist Wien eine vergleichsweise hohe Inzidenz (21%) an postpartalen Depressionen bei Müttern auf. Die internationale Inzidenzrate liegt bei 14–18%.

Grundsätzlich werden unter der Diagnose postpartale Depression (PPD) alle andauernden depressiven Erkrankungen nach der Entbindung zusammengefasst. Dem ist allerdings hinzuzufügen, dass in den meisten Fällen schon in der Schwangerschaft Anzeichen festzustellen sind, die den Verlauf einer Depression anzeigen. Das Krankheitsbild ist in Symptomatik und Verlauf nicht unterschiedlich zu depressiven Episoden in anderen Lebensphasen. Dennoch ist mit der Benennung dieses spezifischen Krankheitsbegriffs die Verantwortlichkeit eine breitere: GynäkologInnen, PädiaterInnen und Hebammen sowie SozialarbeiterInnen sind zusätzlich zu PsychologInnen und PsychotherapeutInnen Anlaufstelle für Frauen und somit auch mit der Thematik konfrontiert.

Typische Merkmale postpartaler Depression sind u. a.:
- Depressive Verstimmung
- Antriebsmangel
- Energielosigkeit
- Freudlosigkeit
- Interessensverlust
- Schlaf- und Appetitlosigkeit
- Zwangsgedanken
- Schuldgefühle etc.

Der Zusammenhang zwischen postpartalen Depressionen und sozioökonomischen Faktoren ist mittlerweile nachgewiesen (vgl. O'Hara & Swain 1996). Weitere Risikofaktoren für die Entstehung postpartaler Depressionen sind u. a. eine psychiatrische Vorgeschichte, geringe soziale Unterstützung, eine unglückliche oder wenig unterstützende Partnerbeziehung, aktuelle Life-Events, Schwierigkeiten im Rollenwechsel sowie ein ausgeprägter Baby-Blues (Beck 1996; Wilson et al. 1996).

Die Behandlung der postpartalen Depression oder Veränderungskrise ist nicht unterschiedlich zu Krisen und depressiven Erkrankungen in anderen Lebensabschnitten. Allerdings ist beispielsweise bei Frequenz und Setting größere Flexibilität zu berücksichtigen, um Müttern von Säuglingen die Inanspruchnahme der Betreuungsangebote überhaupt erst zu ermöglichen.

Postpartale Depressionen weisen mittel- und langfristige Konsequenzen auf, die sowohl die Mutter-Kind-Beziehung als auch die Familiendynamik beeinträchtigen können. Aufgrund eigener Ansprüche und Erwartungen anderer sowie aufgrund gesellschaftlicher Rollenzuschreibungen und Tabus erkennen betroffene Mütter erst spät, dass sie Unterstützung brauchen bzw. suchen erst zu einem späten Zeitpunkt professionelle Beratung auf. Eine Studie, durchgeführt an einer türkischen Universitätsklinik (Güra, Cig, Ongun, Erylmaz & Oygür 2004), macht darauf aufmerksam, dass die Erkrankung der postpartalen Depression bei türkischsprachigen Frauen ein noch viel größeres Tabu darstellt, und betont die dringende Notwendigkeit einer Enttabuisierung.

Die im Zeitraum von 2001 bis 2003 an drei Wiener Projektkrankenhäusern durchgeführte Studie des Wiener Frauengesundheitsprogramms zur Prävention von postpartalen Depressionen zeigte sehr deutlich die Notwendigkeit von engmaschiger, umfassender und interdisziplinärer Schwangerenbetreuung in Wiens Krankenhäusern auf (Wimmer-Puchinger & Riecher-Rössler 2006).

Wesentliche Ergebnisse der Studie, in der 3.036 Schwangere in Wien befragt werden konnten, waren:
- Bis zu 17% der gescreenten Frauen hatten ein erhöhtes Risiko, eine postpartale Depression zu entwickeln.
- Rund 10% aller Befragten hatten eine positive psychiatrische Vorgeschichte (Depressionen, Angstzustände, andere psychische Erkrankungen, Probleme mit dem Essverhalten oder mit Drogen).
- Rund 75% gaben bei der Befragung in der 37. Schwangerschaftswoche an, dass die erhaltene Unterstützung sehr bzw. eher hilfreich war, bei der Befragung drei Monate nach der Geburt waren es sogar 85%.
- Die medizinischen Anamnesen sollten soweit ausgebaut und verfeinert werden, dass damit die psychosozialen und sozioökonomischen Belastungsfaktoren erkannt werden können. Dabei kann der EPDS, die Edinburgh Postpartal Depression Scale (Bergant, Nguyen, Heim, Ulmer & Dapunt 1998), ein Fragebogen zur Erfassung von postpartalen Depressionen, hilfreich sein. Zur Anwendung des EPDS bedarf es qualifizierten Personals und auch Zeit sowie einer entsprechenden infrastrukturellen Ausstattung der Krankenhäuser mit PsychotherapeutInnen, SozialarbeiterInnen und Hebammen, um die Betreuung vor Ort gewährleisten zu können.
- Da geringes Einkommen bzw. eine schlechte wirtschaftliche Lage ein wesentlicher Einflussfaktor in Hinblick auf das PPD-Risiko sind, wäre zudem darauf zu achten, dass psychologische/psychosoziale Schwangeren- und Mütterbetreuung kostenlos ist.

## Die FEM-Elternambulanz, eine Spezialambulanz für psychische Krisen rund um Schwangerschaft und Geburt

Im Jahr 2006 eröffnete das Frauengesundheitszentrum FEM mit Unterstützung des Wiener Frauengesundheitsprogramms die FEM-Elternambulanz, eine Spezialambulanz für Frauen in psychischen Krisen rund um Schwangerschaft und Geburt. Die FEM-Elternambulanz befindet sich im Rahmen der Geburtshilflichen Ambulanz des Wilhelminenspitals in Wien neben der bestehenden Spezialambulanz für medizinische Risikoschwangerschaften. Sie ergänzt das bestehende medizinische Betreuungsangebot um die diagnostische Abklärung und Begleitung psychisch belasteter Frauen, Frauen mit psychiatrischer Anamnese bzw. Frauen, die aufgrund bestimmter Indikatoren gefährdet sind, eine psychische Befindlichkeitsstörung zu entwickeln. Neben Abklärung und Differenzialdiagnostik (in Zusammenarbeit mit der Krankenhaus-Psychologin) findet in der Elternambulanz psychotherapeutische Intervention, Krisenintervention, Begleitung und gegebenenfalls Weitervermittlung an längerfristige Betreuungsmaßnahmen statt.

Wegen des hohen Anteils an Schwangeren mit türkischer Herkunft im Wilhelminenspital finden im Rahmen der Elternambulanz Sprechstunden mit muttersprachlichen Beratungsangeboten statt.
Das Angebot der FEM-Elternambulanz richtet sich an:
- Frauen, die während der Schwangerschaft psychische Krisen aufweisen
- Schwangere mit einer psychiatrischen Anamnese
- Frauen, die aufgrund erhobener diagnostischer Indikatoren gefährdet sind, während oder nach der Schwangerschaft psychisch instabil zu werden
- Mütter/Eltern nach der Geburt
- Alleinerzieherinnen
- Migrantinnen

Das Angebot der FEM-Elternambulanz umfasst das Erkennen und Diagnostizieren von möglichen psychischen Belastungsfaktoren während der Schwangerschaft im Sinne der Prävention von peri- und postpartalen psychischen Störungen sowie eine frühzeitige Intervention und Maßnahmenentwicklung. Es finden Orientierungsgespräche, Diagnostik, Krisenintervention, Entlastungsgespräche, Kurzzeitbegleitung im ambulanten Rahmen statt. Die Gespräche sind kostenlos und weisen möglichst keine Wartezeiten auf. Ein Gespräch dauert in der Regel bis zu 60 min. Es können bis zu 10 kostenlose Gespräche in Anspruch genommen werden.

Die Zuweisung zur FEM-Elternambulanz erfolgt unbürokratisch, persönlich, empfehlend und vor Ort. Durch mehrsprachiges Informationsmaterial und durch die direkte zeitliche und örtliche Ankopplung der FEM-Elternambulanz an den Geburtshilflichen Regelbetrieb erfolgt die Zuweisung
- durch direkte Empfehlung in der Schwangerenambulanz (Terminvereinbarung vor Ort möglich mit einer Mitarbeiterin der FEM-Elternambulanz)
- durch direkte Empfehlung nach der Geburt (allenfalls Terminvereinbarung noch während des Spitalsaufenthaltes)
- durch Fragebogen (EPDS), der in der Schwangerenambulanz ausgehändigt wird (Auswertung und allenfalls Terminvereinbarung erfolgt durch die Mitarbeiterinnen der FEM-Elternambulanz).
- durch die Frau selbst: Terminvereinbarung durch Information

Die FEM-Elternambulanz zählt im Schnitt jährlich etwa 750 Beratungskontakte, davon ist ein Drittel türkischsprachig. 28% der Beratungskontakte sind Informationsberatungen, weitere 28% akute Kriseninterventionen, 12% sind psychotherapeutische Kurzinterventionen und 19% klinisch-psychologische Behandlungen.

Frauen suchen die FEM-Elternambulanz häufig mit Symptomen wie Angstzuständen, traurigen Stimmungslagen, Schlafstörungen, autonomen Erregungssymptomen (Schwitzen, Schwindel, Atemstörung, Gefühlsstörung) sowie erhöhter Schmerzempfindlichkeit auf.

Die häufigsten Themen in den Beratungen betreffen intrapsychische Krisen, Schwierigkeiten in der Paarbeziehung und familiäre Konflikte. Zu den intrapsychischen Konflikten zählen Anpassungs- und Belastungsstörungen, Angststörungen, Psychosomatische Erkrankungen, Depressionen, Burn-out, Persönlichkeitsstörungen oder Drogenabhängigkeit. In den türkischsprachigen Beratungen überwiegen Themen wie Migration, soziale Isolation, Einsamkeit, Entwurzelung, Orientierungs- und Perspektivenlosigkeit.

Zum Großteil finden Einzelberatungen mit den Frauen statt, aber auch Paare bzw. Familien werden begleitet. Die Mehrheit der Frauen wird über das medizinische Personal des Wilhelminenspitals überwiesen. Mehr als die Hälfte der Frauen nehmen 1–2 Beratungstermine in Anspruch, ein Drittel kommt für bis zu 10 Termine, der Rest der Frauen nimmt einen längeren Beratungsprozess in Anspruch.

Die Erfassung der soziodemografischen Daten der Klientinnen der FEM-Elternambulanz ergibt im Schnitt über die Jahre 2006–2008 folgendes Bild: Die Frauen sind zum Großteil zwischen 20 und 39 Jahren alt, verheiratet oder in fester Partnerschaft, die Muttersprache ist zu 55% deutsch, zu 29% türkisch. Etwa die Hälfte der Frauen hat schon Kinder, wobei die Mehrheit dieser Frauen ein Kind hat und das zweite erwartet. Nahezu ein Drittel der Frauen kommen aus dem 16. Bezirk, in dem auch das Wilhelminenspital angesiedelt ist.

## Beispiele gelungener Gesundheitsförderung im Rahmen der FEM-Elternambulanz

### Frau G., 33 Jahre

Frau G. meldet sich telefonisch mit der Anfrage nach einem Erstgespräch. Sie habe Informationen über das Angebot der FEM-Elternambulanz von der Hebamme bei der Anmeldung zur Geburt im Wiener Wilhelminenspital bekommen und möchte gerne ein Beratungsgespräch in Anspruch nehmen. Innerhalb einer Woche kann ihr ein Erstgespräch angeboten werden.

Im ersten nun persönlichen Kontakt ergibt sich folgende Situation: Frau G. ist in der 17. Schwangerschaftswoche und fühlt sich unsicher, ängstlich und macht sich Sorgen bezüglich der Partnerschaft und auch der auf sie zukommenden sozialen und finanziellen Situation. Die Schwangerschaft sei ungeplant, jedoch mittlerweile erwünscht und ihr Partner und sie versuchen sich in die für sie unerwartete neue Situation einzuleben. Da sie zusätzlich von unterschiedlichen Wohnorten (und Ländern) kommen und sie sich als Paar derweil noch nicht räumlich festlegen konnten (und wollten), fühlen sie sich „überrollt" von den aktuellen und den auf sie zukommenden Themen. Im ersten Kontakt wird ersichtlich, dass sich Anforderungen auf mehreren Ebenen ergeben, und es werden begleitende Gespräche in der Zeit der Schwangerschaft angeboten, mit dem Ziel, diese so gut wie möglich aufzuarbeiten um einer Überforderung entgegenzuwirken.

Da beide von der Schwangerschaft so überrascht sind, gilt es, sie in der Gemeinsamkeit zu unterstützen, Ängste, die auftreten, miteinander zu besprechen und gemeinsam nach Lösungen zu suchen. Auf der Paarebene ist zu verschiedenen Zeitpunkten immer wieder bemerkbar, dass der „Reflex" in die persönliche Isolation geht und die Gefahr besteht, dass die Partner einander mit Schuldzuweisungen und in angespannter Haltung begegnen.

Große Ängste entstehen durch die unsichere finanzielle Situation, die recht angespannt ist und immer wieder zu Konflikten auf der Paarebene führt. Beide fühlen sich abhängig voneinander und sehen kaum eine Perspektive. Hier wird in Zusammenarbeit mit der Sozialarbeiterin der MAG 11 eine Beratung hinsichtlich finanzieller Unterstützungsmöglichkeiten angeboten. Die reale Situation ist zwar tatsächlich angespannt, doch sieht Frau G. die Ressource in der gestärkten Paarbeziehung und der zeitlichen Perspektive („es wird bis dahin so sein"). Die Herkunftsfamilien beider Elternteile werden als wenig hilfreich erlebt. Es kommen Vorwürfe anstatt Unterstützung und das wirkt zu Beginn stark verunsichernd. Umso wichtiger scheint es in diesem Fall zu sein, die werdende Familie zu stärken und in ihrer gemeinsamen Autonomie zu unterstützen.

Frau G. erlebt sich im Laufe der Gespräche zunehmend wieder fähig zur Mitgestaltung und erkennt ihre eigene Handlungskompetenz. Die Geburt ihres Sohnes verläuft termingerecht und ohne Komplikationen. In der recht kurzen Zeit ist es ihr gelungen, Sicherheit zu gewinnen und mit ihrem Lebensgefährten eine gemeinsame Perspektive zu finden. Die Gespräche haben ihr laut eigener Auskunft sehr gut getan und ihr geholfen, die verschiedenen Themenbereiche zu bearbeiten und den Umständen entsprechend zu gestalten. Sie weiß, dass die erste Zeit herausfordernd sein wird, zeigt sich aber optimistisch und weiß, wohin sie sich wenden kann, sollte sie noch Anliegen haben.

**Frau E., 25 Jahre**

Eine türkischsprachige Frau, die sehr große Ängste vor der Geburt hatte, wurde im Rahmen der FEM-Elternambulanz vom 2. Schwangerschaftsmonat an bis zur Geburt begleitet. Bis zur Geburt kam sie regelmäßig zu den Sitzungen. Sie nutzte auch das Angebot einer türkischsprachigen Hebamme, um sich optimal auf die Geburt vorbereiten zu können. Anfangs bestand sie auf einem Kaiserschnitt, entschied sich jedoch im Laufe der Beratung letztlich für eine Spontangeburt. Am Tag der Geburt war die Beraterin der FEM-Elternambulanz ebenfalls im Spital und besuchte sie. Die Frau hatte eine unkomplizierte Geburt gehabt und teilte ihre Freude mit der Beraterin, die sie sieben Monate lang betreut hatte und zu einer engen Vertrauensperson geworden war.

Nach der Geburt hatte die Frau Komplikationen beim Stillen und suchte die Ambulanz auf eigene Initiative auf. Nach weiteren stützenden Gesprächen erklärte die Frau, sich nun stabil genug zu fühlen, um allein ihren Weg gehen zu können. Durch die umfassende Betreuung und die Möglichkeit, in ihrer Muttersprache ihre Sorgen und Ängste mitteilen zu können, habe sie sich als Frau verstanden und ernst genommen gefühlt und konnte so in einem vertrauensvollen Rahmen ihr Wissen erweitern und sich selbst stärken.

**Literatur**

Beck, C.T. (1996). A meta-analysis of predictors of postpartum depression. *Nursing Research, 45*, 297–303; 363, 303–310.
Bergant, A.M., Nguyen T., Heim K., Ulmer H. & Dapunt O. (1998). Deutschsprachige Fassung und Validierung der „Edinburgh Postnatal Depression Scale". *Deutsche Medizinische Wochenzeitschrift, 123*, 35–40: Thieme.
Collatz, J. (2008). Müttergesundheit und Familienmedizin – vernachlässigt und notwendiger denn je. In Th. Borde & M. David (Hrsg.), *Frauengesundheit, Migration und Kultur in einer globalisierten Welt*, 135–154. Frankfurt am Main: Mabuse.
Fiegl, J. (2006). Postpartale Depression aus psychotherapeutischer Sicht und Strategien der Behandlung. In B. Wimmer-Puchinger & A. Riecher-Rössler (Hrsg.). *Postpartale Depression von der Forschung zur Praxis*. Wien: Springer.
Gloger-Tippelt, G. (1988). *Schwangerschaft und erste Geburt: Psychologische Veränderungen der Eltern*. Stuttgart: Kohlhammer.
Greenberg, R.S. (1983). The impact of prenatal care in different social groups. *American Journal of Obstetrics and Gynecology, 145*(7), 797–801.
Güra, A., Cig, H.Ö., Ongun, H., Erylmaz, M. & Oygür, N., (2004). Effekte einer postpartalen Depression auf die Entwicklung von frühgeborenen Säuglingen, *ÇOCUK DERGISI, 4*(3),168–172.
Herz, E., Thoma, M., Umek W., Gruber K., Linzmayer, L., Walcher, W., Philipp, T. & Putz, M. (1997). Nicht-psychotische postpartale Depression. Pilotstudie zur Epidemiologie und Risikofaktoren. *Geburtshilfe und Frauenkunde. Ergebnisse der Forschung in der Praxis, 5*, 282–288.

Kentenich, H. et al. (2001). Türkische Patientinnen in der Gynäkologie: Probleme – Missverständnisse – Lösungsansätze. In M. David, Th. Borde & H. Kentenich (Hrsg.), *Migration und Gesundheit*. Frankfurt am Main: Mabuse Verlag.

Köck, C., Kytir, J. & Münz, R. (1988). *Risiko Säuglingstod. Plädoyer für eine gesundheitspolitische Reform*. Wien: Klin. Wochenschr 101: 539–544. 22.

O'Hara, M.W. & Swain, A.M. (1996). Rates and risk of postpartum depression – a metaanalysis. *International Review of Psychiatry, 8,* 37–57.

Reith, C. (2003). Präventive Maßnahmen bei schwangeren Migrantinnen. In S. Hinz, A. Keller & C. Reith (Hrsg.), *Migration und Gesundheit*. Frankfurt am Main: Mabuse Verlag.

Riecher-Rössler, A. (2001). Die Depression in der Postpartalzeit. In C.M. Klier (Hrsg.), *Mutterglück und Mutterleid: Diagnose und Therapie der postpartalen Depression*. Wien: Facultas.

Rohde, A. (2001). Psychiatrische Erkrankungen in der Schwangerschaft und im Wochenbett. *Der Gynäkologe, 34,* 315–323.

Yildirim-Fahlbusch, Y. (2003). Krankheitsvorstellungen im kulturellen Blickwinkel. *Deutsches Ärzteblatt, 18,* 928–930.

Weilandt, C. & Altenhofen, L. (1997). Gesundheit und gesundheitliche Versorgung von Migranten. In I. Weber (Hrsg.), *Gesundheit sozialer Randgruppen*. Stuttgart: Ferdinand Enke Verlag.

Wilson, L.M. et al. (1996). Antenatal psychosocial risk factors associated with adverse postnatal family outcomes. *Canadian Medical Association Journal, 154,* 785–799.

Wimmer-Puchinger, B. & Schmidt, M. (1993). *Zur Zustandsanalyse der geburtshilflichen Betreuung aus der Sicht der betroffenen Frau. Forschungsbericht*. Eine Studie des Ludwig Boltzmann Instituts für Frauengesundheitsforschung, Wien.

Wimmer-Puchinger, B., Gartner, D., Wolf, H. & Akbal, S. (1998). *Die Lebens- und Gesundheitssituation von Frauen im 10. Wiener Gemeindebezirk. Forschungsbericht*. Eine Studie des Ludwig Boltzmann Instituts für Frauengesundheitsforschung, Wien.

Wimmer-Puchinger, B. & Riecher-Rössler, A. (Hrsg). (2006) *Postpartale Depression von der Forschung zur Praxis*. Wien: Springer Verlag.

## Autorinnen

### Mag.[a] Daniela Kern

Studium der Psychologie an der Universität Wien, postgraduelle Ausbildung zur Klinischen und Gesundheitspsychologin, Ausbildung in Supervision, Coaching und Organisationsberatung, Leitung des Frauengesundheitszentrums FEM seit 1999, Vorstandsmitglied des Instituts für Frauen- und Männergesundheit, freiberuflich tätig als Coach und Organisationsberaterin.

### Mag.[a] Franziska Pruckner

Ausbildung zur Psychotherapeutin (Individualpsychologie), Studium der Musiktherapie an der Universität für Musik und Darstellende Kunst Wien, Ausbildung zur Kindergartenpädagogin in Wien, Leitung der FEM-Elternambulanz im Wilhelminenspital seit 2006, freie Praxis „1-2-3-Familie": Einzel- und Paartherapie mit Jugendlichen und Erwachsenen.

## Migration und psychische Gesundheit
### Muttersprachliche psychologische Beratung und Psychotherapie für Frauen aus dem ehemaligen Jugoslawien und der Türkei
Sevin Çayıroğlu, Ekim San, Natalija Popovic-Szlachcikowski

## Einleitung

MigrantInnen weisen häufig aufgrund von schwierigen Lebensbedingungen und belastenden Migrationserfahrungen erhöhte Risiken für die Entwicklung von psychischen Erkrankungen auf. In der medizinischen Versorgung der MigrantInnen sind ÄrztInnen zusehends neben körperlichen auch mit psychischen Beschwerden ihrer PatientInnen konfrontiert und ein entsprechend zielgruppenspezifisch orientierter psychologischer/psychotherapeutischer Versorgungsbedarf ist offensichtlich. Das Frauengesundheitszentrum FEM Süd widmet einen wesentlichen Teil seiner Arbeit den speziellen Bedürfnissen von Migrantinnen, u. a. durch das Angebot der muttersprachlichen psychologischen Beratung und Psychotherapie. In diesem Beitrag soll ein theoretischer und praktischer Überblick über die Bedeutung der Migration für die Betroffenen und die konkrete psychologische/psychotherapeutische Arbeit mit Migrantinnen im FEM Süd gegeben werden.

## (E)Migration und deren Auswirkungen auf das psychische Erleben

Aus psychischer Sicht wird Emigration als „eine potentiell traumatische Erfahrung, die durch eine Reihe von partiellen traumatischen Ereignissen gekennzeichnet ist und zugleich eine Krisensituation bildet" definiert (Grinberg & Grinberg 1990, S. 14). Emigration als Auswanderung und somit als räumliche Bewegung von Menschen beinhaltet den AutorInnen zufolge nicht nur einen Wechsel des Wohnsitzes, sondern vor allem auch einen Wechsel des soziokulturellen Raumes, der immer mit einem Verlust an allgemein gültigen Normen und Lebensorientierungen einhergeht und somit von den EmigrantInnen als soziale oder psychische Bedrohung erlebt wird. Die abrupte und grundlegende Veränderung, die mit der Emigration im Leben der/des Einzelnen eintritt, bedeutet einen Verlust an vertrauten Beziehungen, einen Verlust an subjektiver Sinnorientierung und auch einen Verlust an Handlungskompetenz und löst eine Krise aus. „Wie auch bei allen Entwicklungskrisen, muss der Emigrant eine neue, unbekannte Situation, für die er zum Teil inadäquate Abwehr- und Anpassungsmechanismen zur Verfügung hat, bewältigen" (Grinberg & Grinberg 1990, S. 14).

Einerseits ist die/der Migrant/-in\* ständig mit dem Verlust der Menschen, Dinge, Orte und Sprache konfrontiert, die mit Erinnerungen und intensiven Gefühlen verbunden sind, andererseits ist sie/er bemüht, sich in einer völlig neuen Umgebung zurechtzufinden, deren kulturelle Zeichen sie/er zumindest teilweise nicht versteht und daher auch nicht richtig gebrauchen kann. Das Verlieren des Selbstverständlichen (Ich-Identität) gepaart mit der Unkenntnis der neuen kulturellen Zeichen löst eine große Angst aus, die manchmal auch zu paranoiden Ängsten gegenüber der Umwelt führen kann (Özbek & Wohlfart 2006).

Wenn auch Trennung und Verlust zentrale Themen beim Migrationsprozess sind, so ist es vor allem der Sprachverlust, der die eigene Ich-Identität in Frage stellt, weil Sprache „einen Stützpunkt für die eigene Identität liefert" (Grinberg & Grinberg 1990, S. 124). Die neue Sprache nicht sprechen zu können bedeutet ausgeschlossen, ohnmächtig, isoliert und handlungsunfähig zu sein und sich als Erwachsener wie ein kleines hilfloses Kind zu fühlen.

Nach Leyer (1991) bestimmt Sprache, als eines der wichtigsten Elemente der Kultur, die Erfahrung der Welt, der anderen und des Selbst. Sie dient der symbolischen Verarbeitung innerer und äußerer Realitätswahrnehmung und steht in enger Verbindung mit der Entwicklung von Ich-Funktionen. Alle Kindheitserfahrungen, Erinnerungen und Gefühle bezüglich der ersten wichtigen Beziehungspersonen sind an die Muttersprache gebunden. Das Erlernen der neuen Sprache bzw. die Auseinandersetzung mit der „Nutzlosigkeit" der eigenen Muttersprache sind notwendige Schritte, um ein Gefühl der Zugehörigkeit zum Einwanderungsland und dessen Einwohnern herzustellen.

Kronsteiner (2003) hebt das spezifische Gefühl von Verlassenheit, der Einsamkeit, des Ausgeschlossenwerdens und auch die Angst, die Kontinuität der Existenz zu verlieren, als mögliche Reaktionen auf die Migrationskrise hervor. Im Migrationsprozess werden drei Phasen unterschieden. In der ersten Phase geht es um die Bewältigung der Identitätskrise, in der zweiten Phase um die Herstellung einer Kontinuität zwischen Vergangenheit und Zukunft und in der dritten Phase um die Integration der Herkunftskultur in die neue Kultur. In jeder Phase kann es zu schwerwiegenden Störungen des psychischen Gleichgewichts kommen, welche den weiteren Verlauf des Migrationsprozesses negativ beeinflussen können (Özbek & Wohlfart 2006).

Je mehr sich soziale und psychische Ereignisse, die den Lebenslauf unterbrechen, häufen oder je länger und intensiver sie – bei entsprechender organischer und psychischer Disposition – auf die Betroffenen einwirken, desto größer wird die Wahrscheinlichkeit, dass die bisherigen Bewältigungsmöglichkeiten nicht mehr ausreichen. Betrachtet man die üblichen ätiologischen Risikokonstellationen und Belastungshintergründe für das Auftreten von psy-

---

\* Anmerkung: Im Weiteren verwenden wir die Begriffe „MigrantIn" bzw. „Migration", da diese sich sowohl auf den Aspekt der Auswanderung als auch auf jenen der Einwanderung beziehen.

chischen Erkrankungen, so ist bei MigrantInnen von einem erheblichen Risiko auszugehen (Collatz 2001). Migrationsbedingte psychosoziale Belastungen wie gesundheitlich beeinträchtigende Wohn- und Arbeitsverhältnisse, mangelnde Berufsausbildung und -qualifikation, finanzielle Schwierigkeiten und geringe sprachliche Kenntnisse, des Weiteren familiäre Probleme, Partner- und Generationenkonflikte, kulturell und traditionell bedingte Selbstwert- und Abgrenzungsprobleme, Trennungserlebnisse, Isolation, Einsamkeit, Gewalterfahrungen, kombiniert mit Erfahrungen des Abgelehntseins und/oder Diskriminierungserlebnissen stellen solche Faktoren dar, die zur Entstehung von klinischen Störungen beitragen.

Anzumerken ist, dass unsere Beratungs- und Therapieangebote insbesondere jene Migrantinnen in Anspruch nehmen, welchen es nicht gelungen ist, in einem fremden Kulturkreis ihr psychisches Gleichgewicht zu halten. Auch wenn die Migration nicht zwingend zu einer gesundheitlichen Beeinträchtigung führen muss, so bedeutet sie stets eine große seelische Belastung und ist ambivalent besetzt. Ob sie zu einer Bereicherung der Persönlichkeit im Sinne einer bikulturellen Zugehörigkeit und einer guten Beziehungsfähigkeit führen kann, wird von der prämigratorischen Persönlichkeitsstruktur der MigrantInnen, von Art und Motiv für die Migration, von den objektiven Lebensbedingungen im Einwanderungsland und nicht zuletzt auch von den Reaktionen der Mitglieder im Aufnahmeland abhängig bleiben.

## Muttersprachliche psychologische Beratung und Psychotherapie im FEM Süd

Die psychologische Beratung und Psychotherapie stellen die am häufigsten in Anspruch genommenen muttersprachlichen Beratungsangebote für Migrantinnen dar, mit welchen wir uns zum Ziel gesetzt haben, Ausgrenzungen und Zugangshürden aufgrund von sprachlichen und kulturellen Barrieren zu vermeiden. Da für eine psychologische/psychotherapeutische Beziehung eine gemeinsame Sprache und gemeinsam kulturell geteilte Symbole zwischen PsychologIn/PsychotherapeutIn und KlientIn von Bedeutung sind, werden im FEM Süd psychologische und psychotherapeutische Interventionen für Migrantinnen in türkischer und bosnischer, serbischer, kroatischer Muttersprache unter Berücksichtigung des jeweiligen soziokulturellen Kontextes durchgeführt. Unser Team besteht hierbei aus mehrsprachigen Psychologinnen und Psychotherapeutinnen, die professionelle Hilfe von Frau zu Frau anbieten. In den letzten Jahren konnten wir eine zunehmende Nachfrage nach muttersprachlicher psychologischer/psychotherapeutischer Unterstützung vernehmen, wobei der Grund hierfür in dem kontinuierlich gestiegenen Bekanntheitsgrad unserer muttersprachlichen Beratungsmöglichkeiten besteht.

## Anlässe der Migration und Lebenssituation der Migrantinnen

Frauen migrieren oft im Rahmen einer Familienzusammenführung, Heirat oder Vertreibung und Flucht. Die Entscheidung zur Migration ist somit häufig kein freiwilliges, individuelles Bestreben ihrerseits. In den nächsten zwei Abschnitten möchten wir auf einige Aspekte der Auswanderung und Lebenssituation von Migrantinnen aus dem ehemaligen Jugoslawien und der Türkei eingehen.

### Frauen aus dem ehemaligen Jugoslawien

Selbst 15 Jahre nach Ende des Krieges im ehemaligen Jugoslawien kommen noch Frauen aufgrund von traumatischen Erfahrungen in die Beratung. Der Grund für die gehäuften Fälle ist, dass manche Frauen erst jetzt den Mut, die Information und die Zeit mitbringen, psychologische Unterstützung in Anspruch zu nehmen. Sie sind durch Vergewaltigungen und den Verlust von Familienangehörigen schwer traumatisiert und leiden noch heute unter massiven Panikattacken, Schlaflosigkeit, schweren Albträumen und körperlichen Schmerzen. Die Tabuisierung der Kriegsvergewaltigungen und starke Schamgefühle erschwerten jahrelang die Verarbeitung der traumatischen Erlebnisse. Es sind Frauen, die nach einer Zeit der Flucht, des Zurechtfindens, der Neuorientierung und des Überlebenskampfes in einem fremden Land erst jetzt zur „Ruhe" kommen, um ihrem Leid und den Schmerzen Raum geben zu können.

Bei den Frauen aus dem ehemaligen Jugoslawien lassen sich neben den „Flüchtlingsfrauen" noch weitere „Klientinnengruppierungen" erkennen, die sich hinsichtlich ihrer Migrationsgeschichte unterscheiden und in ihren Problemen und ihrem Leidensdruck verschieden sind. Es handelt sich einerseits um Arbeitsmigrantinnen im Alter zwischen 45 und 70 Jahren, die als 1. Generation beschrieben werden kann. Sie kamen als junge Erwachsene freiwillig nach Österreich, um hier zu arbeiten und sich hier und in ihrer Heimat eine Existenz aufzubauen. Leider ist die heutige Bilanz dieser Frauen sehr ernüchternd: Ein Leben lang gearbeitet, verzichtet und gelitten für etwas, das sie jetzt nicht mehr möchten – zurückkehren. Der Gesundheitszustand zeigt starke körperliche Abnutzungserscheinungen, sie sind aufgrund jahrzehntelanger Doppelbelastungen und der Zerrissenheit zwischen zwei Kulturen ausgebrannt. Es zeigt sich gerade bei diesen Frauen in der Beratung eine starke Häufung an Beantragungen zu Früh- und Invaliditätspensionen. Eine eher geringe Anzahl, die eine Beratung aufsucht, fühlt sich in Österreich gut integriert, viele leiden noch immer unter Identitätskonflikten und Orientierungslosigkeit im Leben.

Die Kinder dieser Migrantinnen, die als 2. und 3. Generation bereits in Österreich geboren wurden, sehen dieses Land als ihre Heimat an. Im Vordergrund der psychologischen Gespräche mit ihnen stehen kulturbedingte Konflikte mit der Elterngeneration, die darauf hinweisen, dass der migrationsbedingte Anpassungsprozess oftmals noch über Generationen hinweg nicht abgeschlossen ist.

Ein wesentlicher Unterschied zwischen den „Flüchtlingsfrauen", den Arbeitsmigrantinnen und den Frauen der 2. und 3. Generation zeigt sich im Bildungsniveau. Arbeitsmigrantinnen kamen sehr jung aus ländlichen Gebieten und weisen eine eher geringe schulische Ausbildung auf. „Flüchtlingsfrauen" hingegen wurden meist als bereits erwachsene Frauen „aus dem Leben gerissen". Hier gibt es Frauen mit Fachhochschul- und Universitätsabschlüssen, die ihren Beruf und den Status, den sie in der Heimat hatten, aufgeben mussten, um als Arbeiterinnen in Reinigungsfirmen tätig zu sein – diese Tatsache und der persönliche Verlust kann nur sehr schwer von den Betroffenen akzeptiert werden.

Wesentlich für die Beratung und Behandlung von Frauen aus dem ehemaligen Jugoslawien ist, dass diese Unterschiede im Bildungsniveau und bezüglich der Geschichte der Frauen eine Berücksichtigung in der Art der Informationsvermittlung und Arbeitsweise finden.

**Frauen aus der Türkei**

An unsere Stelle wenden sich hauptsächlich türkische Migrantinnen der 1. Generation unterschiedlichsten Alters, sowohl junge verheiratete Frauen, die erst seit kurzem in Österreich sind, als auch Frauen in höherem Lebensalter, die bereits mehrere Jahrzehnte hier leben und deren Kinder hier geboren und/oder aufgewachsen sind. Einsamkeit und Mangel an familiärer/sozialer Stütze sind bei allen Altersgruppen unserer Klientinnen zu beobachten – unabhängig davon, wie lange sie schon hier leben. Jene Frauen, die in der Türkei geboren und aufgewachsen sind, weisen zumeist ein geringes Bildungsniveau und wenig Selbstbestimmung auf und stammen ursprünglich aus ländlichen Gebieten. Häufig haben sie in sehr jungen Jahren geheiratet und sind ihrem Ehemann nach Österreich gefolgt, ohne Kenntnisse des Aufnahmelandes und der neuen Sprache zu besitzen. Des Öfteren sind die Männer in Österreich aufgewachsen, die erste Zusammenkunft mit den Partnerinnen erfolgt in der Türkei und diese emigrieren in Folge aufgrund der Heirat. In diesem Falle lassen die Frauen ihre eigene Familie in der Türkei zurück und haben u. a. die Aufgabe zu bewältigen, sich in die nicht vertraute Familie des Ehemannes in einer ihnen unbekannten Gesellschaft einzugliedern. Dies stellt in einer völlig fremden Umgebung eine höchst belastende Situation für die Betroffenen dar. Auch Migrantinnen der 2. Generation heiraten Männer, die in der Türkei ihre Kindheit und Jugend verbracht haben. Bei diesen Paaren ergeben sich ebenso häufig Schwierigkeiten in Österreich, wenn sich der Anpassungsprozess für die Ehemänner problematisch gestaltet. Hinzu kommt, dass bei den traditionellen Formen der Eheschließung die Phasen des Kennenlernens und der Verliebtheit während der Entstehung der Ehe oftmals kein Thema sind. Das heißt, die Beziehung wird unter meist belastenden Lebensbedingungen aufgebaut und unterschiedliche Sichtweisen, Wünsche und Erwartungen werden erst allmählich im Zusammenleben eruiert. Daraus resultierende Konflikte in der Partnerschaft und/oder im familiären Umfeld sind deshalb keine Seltenheit. Eine Trennung selbst bei unüberwindbaren Differenzen wird jedoch aufgrund von kulturell geprägten Werten und familiären/gesellschaftlichen Erwartungshaltungen sowie existenziellen Ängsten häufig erschwert, wodurch sich die Betroffenen lange in belastenden Beziehungen aufhalten können, ehe sie eine Trennung wagen.

Migrantinnen der 2. Generation, die bikulturell sozialisiert worden sind, leiden darüber hinaus oftmals unter Identitäts-, Über-Ich, Abhängigkeits- und Autonomiekonflikten, weil sie zwischen zwei Kulturen aufwachsen und leben. Da es in einer „traditionsgeleiteten" Gesellschaft wie der Türkei im Gegensatz zu einer „innengeleiteten" Gesellschaft wie Österreich (vgl. Riesman 1966) andere Wertvorstellungen, Beziehungs- und Erziehungsmuster bzw. andere Lebenskonzepte gibt, sind diese jungen Frauen mit Widersprüchlichkeiten konfrontiert, die es auszuhalten und zu integrieren gilt. Die Bildung einer stabilen Ich-Identität ist erschwert und sie laufen Gefahr, zwischen den Anforderungen der Herkunfts- und Mehrheitsgesellschaft aufgerieben zu werden (Özbek & Wohlfart 2006).

Migrantinnen der 1. Generation, die jahrelang gering qualifizierten Beschäftigungen nachgegangen sind, befinden sich zumeist in einem schlechten körperlichen Allgemeinzustand. Psychische Belastungen bedingt vor allem durch Verausgabung in Beruf und/oder Familie, verbunden mit begrenzten Handlungsspielräumen und wenig Gestaltungsmöglichkeiten hinsichtlich ihrer Lebenssituation, führen diese Frauen mehrfach zu uns.

Zusammenfassend lässt sich festhalten, dass sich die wesentlichen durch den kulturellen Anpassungsdruck resultierenden Konflikte im persönlichen Familien- und Beziehungsnetzwerk der Migrantinnen wiederfinden, z. B. zwischen Eltern und Kindern oder Partnerinnen und Partnern. In der Beratung und Therapie von Migrantinnen der 2. und 3. Generation wird sichtbar, dass der migrationsbedingte Anpassungsprozess auch generationsübergreifend erfolgen kann (muss): hat sich die 1. Generation nicht mit der Aufnahmegesellschaft auseinandergesetzt, muss die 2. oder 3. Generation diese Leistung erbringen. In den Sitzungen werden Hintergründe und Phasen von Anpassungsprozessen mit den Betroffenen reflektiert – manchmal werden Partner und Kinder mit eingebunden. Viele Frauen benötigen in dieser sehr schwierigen Zeit unsere Begleitung und besondere Unterstützung, um ihre eigenen

Anliegen und neuen Sichtweisen mit den oft rigiden traditionellen Erwartungen in der Familie oder Bekanntenkreis in Einklang zu bringen.

## Zugangswege zur muttersprachlichen psychologischen Beratung und Psychotherapie

Die Klientinnen erfahren aufgrund mündlicher Weiterempfehlung von Familienangehörigen, FreundInnen, Bekannten, Vereinen und Institutionen von unseren Angeboten und werden zu einem großen Anteil von niedergelassenen ÄrztInnen, Krankenhäusern, Ambulanzen der Krankenkassen und verschiedensten Ämtern an uns überwiesen. Ein niederschwelliger Zugang zu unserer Einrichtung bildet die Grundlage für die Inanspruchnahme der Beratungsangebote. Nicht nur die Betroffenen selbst, auch Familienangehörige und behandelnde ÄrztInnen wenden sich telefonisch oder persönlich an unsere Mitarbeiterinnen. Hierbei werden Gründe für die Kontaktaufnahme, Art und Schweregrad der Beschwerden sowie soziodemografische Daten wie Alter, Familienstand und Aufenthaltsdauer in Österreich abgefragt und anschließend Erstgespräche vereinbart, sofern eine psychologische/psychotherapeutische Beratung als richtige Wahl der Betreuung erscheint. Handelt es sich etwa um medizinische oder sozialrechtliche Anliegen, die vorab zu klären wären, werden die Frauen an andere FEM Süd Angebote (z. B. Gesundheitsberatung, Sozialberatung) oder andere Stellen weitervermittelt. Die Dauer der psychologischen/psychotherapeutischen Behandlung ist variabel und richtet sich nach den psychischen Beschwerdebildern und individuellen Bedürfnissen der Klientinnen.

In den letzten Jahren verzeichneten wir einen steten Anstieg an Überweisungen von Spitälern, ÄrztInnen, SozialarbeiterInnen und BetreuerInnen anderer Fachrichtungen an das FEM Süd. So positiv dieser Umstand im Sinne einer geleisteten Bedarfsabdeckung gewertet werden kann, bedeutet er bei beschränkten Ressourcen unsererseits gleichzeitig auch längere Wartezeiten für die Betroffenen. Selbst Frauen, die gute Deutschkenntnisse haben und in Österreich aufgewachsen sind, bevorzugen oft uns als muttersprachliche Psychologinnen und Psychotherapeutinnen, da wir eine „gemeinsame Wirklichkeit" bei allen Unterschieden teilen. Dabei sind wir uns bewusst, dass gemeinsame Sprache und gemeinsamer kultureller Hintergrund alleine als Kompetenzen für interkulturelle Behandlung bei weitem nicht ausreichen.

## Krankheitsbilder, -verläufe und -konzepte

Am häufigsten suchen uns Frauen mit depressiven Störungsbildern, Angststörungen, posttraumatischen Belastungs- und somatoformen Störungen auf. Unsere statistischen Erhebungen im Jahr 2007 (Tätigkeitsbericht FEM Süd, 2007) zeigen, dass bei türkischsprachigen Frauen eine Depression mit 63,1% der häufigste Grund war, warum sie psychologische/psychotherapeutische Beratung in Anspruch nahmen. Auffällig ist auch der Wert an schweren Belastungsreaktionen mit 16,7% (traumatische Migrations-, Gewalt- und Konflikterfahrungen) sowie jener an somatoformen Störungen mit 12,3% (Kopfschmerzen, Bauchschmerzen, Herzbeschwerden usw. ohne medizinischen Befund).

Bei den bosnisch-, kroatisch-, serbischsprachigen Frauen lag der höchste Wert mit 55,1% bei der depressiven Störung, gefolgt von Angststörungen (Panikattacken etwa) und posttraumatischen Belastungsreaktionen mit 44,8%.

Die Betroffenen weisen oft eine lange Krankengeschichte mit vielen Arztkontakten und einer beträchtlichen Einnahme von Medikamenten auf. Aufgrund mangelnder Sprachkenntnisse können wesentliche Informationen in der Kommunikation mit ÄrztInnen nicht vermittelt werden, wodurch es zu Missverständnissen und unsachgemäßer Anwendung von Medikamenten kommt. Die Klientinnen weisen häufig Informationsdefizite auf, wenn sie eine Ansammlung an Psychopharmaka, Schmerz- und Beruhigungsmitteln, die sie im Laufe ihrer Behandlungslaufbahn verschrieben bekommen haben, in die Beratung mitbringen. Sogenannte „Drehtüreffekte", wie sie oftmals in der Literatur beschrieben werden (Eichbauer, Heumann & Krausbar 2004), führen leider zu einer Überversorgung hinsichtlich Medikation und kostspieliger diagnostischer Maßnahmen. Eine weitere Fehlversorgung zeigt sich auch in einer massiven Unterversorgung im Bereich der Aufklärung und Prävention. Viele Klientinnen weisen bedauerlicherweise eine Chronifizierung der Beschwerden auf, da eine Überweisung an psychologische/psychotherapeutische Beratungsmöglichkeiten oftmals zu spät erfolgt. So wird in der allgemeinmedizinischen Versorgung häufig sehr lange die erhöhte Schmerzbetonung der Beschwerden und Krankheitsbilder von PatientInnen mit Migrationshintergrund im Einklang zwischen ÄrztIn und PatientIn symptombezogen mit Medikamenten behandelt (Wagner et al. 1985; Ferber, Köster, Celayir-Erdogan 2003, zitiert nach Robert Koch-Institut 2008). Beide Beteiligten gehen dabei davon aus, dass die/der andere jeweils nur eine Reduktion der Schmerzsymptome wünscht bzw. leisten kann, und nicht psychosoziale Hintergründe in einem Gespräch eruiert werden wollen.

Gerade hinsichtlich der Schmerzsymptome konnte in einer experimentellen Studie von Eisenberger, Jarcho, Lieberman & Naliboff (2006) ein Zusammenhang zwischen physischem Schmerzerleben und sozialer Zurückweisung festgestellt werden. Wer sich sozial ausgeschlossen fühlte und darunter litt, erlebte Schmerzreize besonders intensiv und unerfreulich. Wer positive soziale Gefühle erlebte, hatte keine erhöhte Schmerzwahrnehmung. Unsere Beobachtungen an unseren Patientinnen gehen in dieselbe Richtung und machen deutlich, dass es bei den vielen körperlichen Klagen der Patientinnen oft um ihren unbewussten Wunsch nach Beziehung, Nähe und Dialog mit der Aufnahmegesellschaft geht, der von beiden Seiten lange nicht erkannt wird.

Ferner zeigen manche Frauen noch immer Ängste in Bezug auf psychologische/psychotherapeutische Beratung. Nach wie vor ist es für sie ein nicht nachvollziehbares Behandlungsverfahren, das mit „Verrücktsein" assoziiert und im Verwandten- und Bekanntenkreis tabuisiert und verheimlicht wird. Da Krankheits- und Gesundheitskonzepte kulturabhängig sind, gibt es keine internationale Medizin. Transkulturelle und ethnomedizinische Untersuchungen stellen fest, dass Menschen aus unterschiedlichen Kulturkreisen sich „in ihrer Erfahrung von Schmerz, was sie als Krankheitssymptom bezeichnen, wie sie über die Schmerzen und Symptome kommunizieren, in ihrer Annahme über die Ursachen ihrer Erkrankung, in ihren Erwartungen gegenüber Heilern und welche Art der Behandlung sie erwarten oder wünschen unterscheiden" (McGoldrick 1982, zitiert nach Leyer 1991, S. 79). Kleinmann et al. (1978, zitiert nach Leyer 1991, S. 79) betonen: „Krankheitsverhalten ist eine von kulturellen Regeln normierte Erfahrung: wir lernen auf „anerkannte" Arten krank zu sein, und die Erklärungen und die Aktivitäten der Ärzte sind ebenso wie diejenigen ihrer Patienten kulturspezifisch".

Die kulturabhängige Sichtweise über die Entstehung von Krankheiten äußert sich in den Gesprächen manchmal in einer geringen Bereitschaft, sich aktiv mit inneren Konflikten auseinanderzusetzen. Vor allem psychiatrische Erkrankungen werden als „von außen kommend" erlebt und nicht selten als Fluch, Strafe (Gottes) oder Hexenzauber gedeutet. Solche magisch-religiösen Interpretationen ermöglichen eine Entlastung von Schuldgefühlen und Eigenverantwortung und machen z. B. eine depressive Erkrankung für die Betroffenen erträglicher. So sollen Krankheit und Probleme durch ÄrztInnen (Einnahme von Tabletten), Gebete eines Priesters/Hodscha oder sogar durch einen Gegenzauber einer Hexe „weggemacht" werden. Gleichzeitig stellen wir jedoch eine zunehmende Bereitschaft fest, sich auf psychologische/psychotherapeutische Behandlungsmethoden einzulassen und ohne Scham über eigenes Leiden zu sprechen, insbesondere wenn die Betroffenen bereits über einen längeren Zeitraum hinweg ohne zufriedenstellende Besserung an ihren Beschwerden laborieren.

## Schwerpunkte in der Beratung und Therapie

Die Frauen, die unsere Stelle aufsuchen (insbesondere Migrantinnen der 1. Generation), haben oft wenige vertrauensvolle Bezugspersonen und leiden an Einsamkeit, da sie ihre Kernfamilie und engsten FreundInnen in ihrem Herkunftsland zurücklassen, ohne die Möglichkeit zu erhalten, sich ausreichend auf die neue Lebenswelt und die dortigen Anforderungen vorzubereiten. In den Gesprächen legen wir großen Wert darauf, der besonderen Realität dieses Personenkreises Rechnung zu tragen, indem wir ausführlich auf die jeweilige individuelle Migrationsgeschichte eingehen. Dazu zählen viele Enttäuschungen, Kränkungen, Demütigungen, aber auch positive Migrationsleistungen, die häufig von der Migrantin verleugnet, abgespalten und nicht thematisiert werden. Weiters werden Motive und Entscheidung zur Migration, Freiwilligkeit oder Unfreiwilligkeit, die Migrationskrise sowie Ziele und Rückkehrpläne in den Sitzungen angesprochen. Unsere Aufmerksamkeit gilt den Beziehungen sowohl zum Herkunftsland und zur Herkunftsgesellschaft als auch zu Österreich und den ÖsterreicherInnen. Die unterschiedlichen Bedingungen der Sozialisation für die ersten und nachfolgenden Generationen (z. B. Ort, an dem die Kindheit verbracht wurde) stellen ebenfalls Teile dieser besonderen Realität dar.

Soll die Beratung und Therapie für Hilfesuchende Sinn machen, geht es in erster Linie darum, die allgemeine Konfliktlage der Klientin als Migrantin mit ihren persönlichen Konflikten so in Beziehung zu setzen, dass sie diese verstehen und annehmen kann. Wir übernehmen dabei als Repräsentantinnen sowohl der „Fremde" als auch der „Heimat" eine Brückenfunktion, die helfen kann, die Spaltung in der äußeren und inneren Realität aufzuheben. All diese Komponenten zusammen stellen die Grundlage unserer Beratung und Therapie dar, wodurch vertrauensvolles Arbeiten und folglich eine zielgruppengerechte Betreuung und Behandlung ermöglicht wird. Darüber hinaus wird durch Kooperation mit Mitarbeiterinnen und Kolleginnen anderer Berufssparten eine optimale Betreuung gewährleistet. Um der Vielzahl und Komplexität der Anliegen von Klientinnen gerecht zu werden, ist eine Zusammenarbeit mit muttersprachlichen Sozialberaterinnen oder Pharmazeutinnen etwa bei Fragen zu Aufenthalt, Arbeitslosigkeit, Wohnungsproblemen oder zu Wirkung und Dosierung von Medikamenten essenziell.

## Schlussfolgerungen

Auf die Bedeutung der Muttersprache für MigrantInnen und die entsprechende psychologische/psychotherapeutische Arbeit mit ihnen haben wir in unseren Ausführungen bereits hingewiesen. Auch Kluge und Kassim (2006) erwähnen, dass die Muttersprache ein Ort ist, der Geborgenheit und Sicherheit bietet. Da muttersprachliches Fachpersonal jedoch nicht für alle MigrantInnengruppen gleichermaßen zur Verfügung steht, kann dieses – auch aufgrund begrenzter Ressourcen – den Bedarf an Beratung und Therapie für MigrantInnen alleine nicht abdecken. Es wird deshalb immer notwendig sein, dass PsychologInnen und PsychotherapeutInnen, die keine oder geringe Kenntnisse der jeweiligen Kultur und Muttersprache von KlientInnen mit Migrationshintergrund aufweisen, ebenso einen Ort der Vertrautheit für diese schaffen können. Voraussetzung dafür ist die Relativierung eigener kultureller Norm- und Wertvorstellungen als Maßstab für Bewertungen und Zuordnungen, Neugier auf das Fremde und Unbekannte, Selbstreflexion und Selbsterfahrung, bewusste Auseinandersetzung mit der eigenen Fremdheit, interkulturelle Kommunikations- und Interaktionsfähigkeit und kultursensitive Ausbildung (Gün 2007). Durch eine solche empathische, offene Haltung kann die Herstellung eines „Transkulturellen Übergangsraumes" gelingen, in dem es ermöglicht wird, gemeinsam über Eigenes und Fremdes nachzudenken, um neue Lösungen entstehen zu lassen (Wohlfart, Hodzic & Özbek 2006, S. 149). So arbeiten unsere deutschsprachigen Kolleginnen im FEM Süd vielfach mit Frauen aus unterschiedlichsten Herkunftsländern (Polen, Rumänien etc.) in gegenseitiger Achtung und Anerkennung, ohne die jeweilige Sprache zu beherrschen. D. h. Sprachkenntnisse und kulturelles Hintergrundwissen sind in der interkulturellen psychologischen Beratung und Psychotherapie nicht alleine ausschlaggebend.

Den Einsatz von muttersprachlichem Fachpersonal in Gesundheitseinrichtungen gezielt zu fördern und auszubauen sehen wir dennoch als sehr wichtig an. Interkulturelle Kompetenz sollte jedenfalls zu den Basisqualifikationen der Gesundheitsberufe gehören und noch ausreichend im Medizin- und Psychologiestudium sowie generell in sozialen Ausbildungsgängen verankert werden. Nur ein Gesundheitssystem, das eine interkulturelle Orientierung aufweist, kann auf diese Weise einer multikulturellen Gesellschaft und ihren spezifischen Anforderungen gerecht werden.

**Literatur**

Collatz, J. (2001). Bedarf und Inanspruchnahme psychiatrischer Versorgung durch Migrantinnen und Migranten. In T. Hegemann & R. Salman (Hrsg.), *Transkulturelle Psychiatrie: Konzepte für die Arbeit mit Menschen aus anderen Kulturen* (S. 52–63). Bonn: Psychiatrie-Verlag.
Eichbauer, H., Heuermann, A. & Krausbar, P. (2004). *Gelebte Integration im Krankenhaus. Pilotprojekt zur Verbesserung der interkulturellen Kommunikation und Betreuung*

im Krankenhaus am Beispiel der gynäkologisch-geburtshilflichen Abteilung des Hanusch-Krankenhauses. Abschlussbericht. Wien: Hanusch-Krankenhaus.

Eisenberger, N.I., Jarcho, J.M., Lieberman, M.D. & Naliboff, B.D. (2006). An experimental study of shared sensitivity to physical pain and social rejection. Pain, 126, 132–138.

Grinberg, L. & Grinberg, R. (1990). Psychoanalyse der Migration und des Exils. München/Wien: Verlag Internationale Psychoanalyse.

Gün, A. K. (2007). Sprachliche und kulturelle Missverständnisse in der Psychotherapie. In T. Borde & M. David (Hrsg.), Migration und psychische Gesundheit. Belastungen und Potentiale (S. 133–146). Frankfurt am Main: Mabuse.

Institut für Frauen- und Männergesundheit. (2007). Tätigkeitsbericht 2007. Wien: Institut für Frauen- und Männergesundheit.

Kluge, U. & Kassim, N. (2006). Chancen und Schwierigkeiten in der Zusammenarbeit mit Sprach- und Kulturmittlern in einem interkulturellen psychotherapeutischen Setting. In E. Wohlfart & M. Zaumseil (Hrsg.), Transkulturelle Psychiatrie – Interkulturelle Psychotherapie. Interdisziplinäre Theorie und Praxis (S. 177–198). Heidelberg: Springer Medizin Verlag.

Kronsteiner, R. (2003). Kultur und Migration in der Psychotherapie. Ethnologische Aspekte psychoanalytischer und systemischer Therapie. Frankfurt am Main: Brandes & Apsel Verlag.

Leyer, E. M. (1991). Migration, Kulturkonflikt und Krankheit. Zur Praxis der transkulturellen Psychotherapie. Beiträge zur psychologischen Forschung 24. Opladen: Westdeutscher Verlag.

Özbek, T. & Wohlfart, E. (2006). Der transkulturelle Übergangsraum – ein Theorem und seine Funktion in der transkulturellen Psychotherapie am ZIPP. In E. Wohlfart & M. Zaumseil (Hrsg.), Transkulturelle Psychiatrie – Interkulturelle Psychotherapie. Interdisziplinäre Theorie und Praxis (S. 169–176) . Heidelberg: Springer Medizin Verlag.

Riesman, D. (1966). Die einsame Masse. Hamburg: Rowohlt Tb.

Robert Koch-Institut (Hrsg.). (2008). Schwerpunktbericht der Gesundheitsberichterstattung des Bundes. Migration und Gesundheit (S. 107–120). Berlin.

Wohlfart, E., Hodzic, S. & Özbek, T. (2006). Transkulturelles Denken und transkulturelle Praxis in der Psychiatrie und Psychotherapie. In E. Wohlfart & M. Zaumseil (Hrsg.), Transkulturelle Psychiatrie – Interkulturelle Psychotherapie. Interdisziplinäre Theorie und Praxis (S. 143–167). Heidelberg: Springer Medizin Verlag.

## Autorinnen

### Dr.[in] phil. Sevin Çayıroğlu

Klinische- und Gesundheitspsychologin, Psychotherapeutin, Individualpsychologische Analytikerin. Lehr- und Kontrollanalytikerin im ÖVIP. Tätig in eigener Praxis und seit 2000 psychologische Beratung und Psychotherapie für türkischsprachige Migrantinnen im FEM Süd. Arbeitsschwerpunkte: Essstörungen, Depressive Erkrankungen, Persönlichkeitsstörungen und Interkulturelle Psychotherapie.

**Mag.ª Ekim San**
Studium der Psychologie an der Universität Wien, postgraduelle Ausbildung zur Klinischen und Gesundheitspsychologin. Mitarbeiterin des FEM Süd seit 2006. Themenschwerpunkte: Psychologische Beratung und Behandlung für türkischsprachige Migrantinnen im Einzel- und Gruppensetting, Projektleitung.

**Mag.ª Natalija Popovic-Szlachcikowski**
Studium der Psychologie, postgraduelle Ausbildung zur Klinischen und Gesundheitspsychologin, Notfallpsychologin i. A. Bis 2004 muttersprachliche (bosnische, kroatische, serbische) psychologische Behandlung und soziale Beratung im Bildungs-, Beratungs- und Therapiezentrum für Immigrantinnen PEREGRINA. 2004–2006 psychologische Betreuung im Bereich teilbetreutes Wohnen bei Pro Mente Wien. Seit 2005 muttersprachliche psychologische Beratung und Behandlung im Frauengesundheitszentrum FEM Süd und Frauenassistenz FEM Süd.

# „Gesund in allen Sprachen"
## Health Literacy bei MigrantInnen
*Kathleen Löschke-Yaldiz, Serpil Özsoy, Ekim San, Seher Ünsal, Nuray Sümbültepe Keegan*

## Einleitung

Im Zugang zu Angeboten der Gesundheitsförderung bestehen wie im Bereich der gesundheitlichen Vorsorge und Versorgung nach wie vor Ungleichheiten, von denen Menschen und insbesondere Frauen mit Migrationshintergrund in hohem Ausmaß betroffen sind. Ein wichtiger Faktor, der zunehmend an Schärfe gewinnt, betrifft dabei die ungleiche Gesundheitskompetenz von Menschen, die unter dem Begriff der „Health Literacy" als globale Herausforderung charakterisiert wird (Nutbeam & Kickbusch 2002). Health Literacy bedeutet „Gesundheitsmündigkeit" bzw. „Gesundheitskompetenz" und meint die Fähigkeit von Personen, gut informierte und selbstbestimmte Entscheidungen in Gesundheitsanliegen treffen zu können, im Sinne von Selbstbestimmung und Eigenverantwortung.

Der soziale Status hat starken Einfluss darauf, inwieweit eine Person fähig ist, im täglichen Leben Entscheidungen zu treffen, die sich positiv auf die Gesundheit auswirken (Kickbusch 2006). Die sozioökonomische Schichtzugehörigkeit beeinflusst nicht nur die Möglichkeiten der gesunden Lebensführung, das Potenzial im Umgang mit Krankheit und Behinderung, die Orientierung im Gesundheitssystem, sondern wirkt sich auch auf die Fähigkeiten zur Kommunikation mit ÄrztInnen und die Verhaltensmuster bei der Inanspruchnahme gesundheitsbezogener Leistungen aus.

Weiters führen sprachliche oder kulturelle Barrieren im Zugang zur Gesundheitsversorgung zu unter- oder überdurchschnittlicher Inanspruchnahme, Fehlbehandlung oder häufigem Arztwechsel (Bundesministerium für Gesundheit und Frauen 2006). Dazu kommen Informationsdefizite über die Möglichkeiten der gesundheitlichen Versorgung in der nicht deutschsprachigen Bevölkerung. Deren Gesundheitskompetenz ließe sich fördern, indem Angebote des Gesundheitssystems für sie „lesbarer" gemacht werden, etwa durch muttersprachliches Gesundheitspersonal (Kickbusch 2006).

Welche gesundheitlichen Anliegen insbesondere Frauen mit Migrationshintergrund haben, welche Barrieren die Inanspruchnahme der Leistungen der Gesundheitsversorgung und -vorsorge verhindern und wie Interventionen der Gesundheitsförderung barrierefrei gestaltet sein müssen, damit sie diese Zielgruppe erreichen, ist Thema dieses Beitrages. Im Besonderen soll dabei anhand zweier Gesundheitsprojekte auf die zehnjährige Erfahrung in der Arbeit mit Migrantinnen im Frauengesundheitszentrum FEM Süd zurückgegriffen werden.

## Migration und Gesundheit

Die Gesundheitsberichterstattung der Stadt Wien macht offenkundig, dass MigrantInnen höheren Risiken bei der Entstehung und Bewältigung von Krankheiten ausgesetzt sind, was eine zielgruppenorientierte Gesundheitspolitik erfordert (Stadt Wien 2005). Diese Schlussfolgerung wird durch die Selbsteinschätzung von MigrantInnen untermauert: Während in Wien bei österreichischen StaatsbürgerInnen 76,5% der Männer und 72,2% der Frauen ihren Gesundheitszustand als zumindest gut beurteilen, liegen die Prozentwerte bei jenen mit türkischer Staatsbürgerschaft bei vergleichsweise geringen 67,1% der Männer und 61,0% der Frauen (Stadt Wien 2002).

Auf das gesundheitliche Befinden wirken sich auch psychische Beschwerden aus. Insbesondere Frauen türkischer Staatsbürgerschaft leiden überdurchschnittlich häufig an Alltagsstress und weisen eine geringe körperliche Fitness auf (Stadt Wien 2004).

Hinzu kommen verschiedene psychische Stressoren wie etwa traumatische Erfahrungen, Verlusterlebnisse oder andere schwerwiegende „life events". Ein ungesicherter Aufenthaltsstatus sowie die Erfahrung von Diskriminierung und Rassismus können als zusätzliche Belastungsfaktoren wirken.

Für Nauck (1993) sind gerade Migrantinnen sehr oft einer Dreifachdiskriminierung ausgesetzt, da sie
1. auf weitgehend unattraktive, unsichere und ungesunde Arbeitsplätze angewiesen sind,
2. als Minoritätsangehörige rechtlichen und sozialen Diskriminierungen ausgesetzt sind und
3. zudem als Frauen Benachteiligungen in Beruf und Familie erfahren.

Diese Mehrfachbelastungen führen laut Österreichischem Frauengesundheitsbericht (BMGF 2006) häufig zu einer Potenzierung der Gesundheitsrisiken bei Migrantinnen. Es wird besondere Aufmerksamkeit für diese Problematik gefordert sowie auf den erhöhten Bedarf an spezifischer gesundheitlicher Versorgung hingewiesen. Über die gesundheitliche Lage, die Gesundheitsbedürfnisse und das Gesundheitsverhalten von Migrantinnen existieren für Österreich bis dato keine umfassenden Studien. Die vorhandenen Daten lassen jedoch den Schluss zu, dass Frauen aus den Ländern des ehemaligen Jugoslawien sowie insbesondere der Türkei – die größten MigrantInnenpopulationen in Österreich – physisch wie psychisch stärker belastet sind (Stadt Wien 2006).

Für Deutschland kam die Auswertung der jährlich erhobenen Daten des sozioökonomischen Panels (SOEP) zu einem ähnlichen Ergebnis, wonach Zuwanderer und Zuwanderinnen in allen Altersklassen unzufriedener mit der eigenen Gesundheit sind als deutschstämmige Befragte (Robert Koch-Institut 2008). Bei Frauen liegen die Zufriedenheitswerte generell unter denen der Männer. Einschränkend wird dabei erwähnt, dass diese Unterschiede auch durch die soziale Lage erklärt werden können und nicht unmittelbar auf den Migrationsstatus zurückzuführen sind. Die Auswertung der Mikrozensusdaten in Deutschland, beruhend auf Selbstangaben zum Body-Mass-Index (BMI) nach Staatsangehörigkeit und Geschlecht, zeigte, dass bei Frauen mittleren und höheren Alters die mittleren BMI-Werte nicht deutscher Frauen deutlich über denen der deutschen Frauen liegen (Robert Koch-Institut 2008). Eine österreichische Studie (Ulmer, Diem, Bischof, Ruttmann & Concin 2001) stellte ebenfalls bei Frauen, die aus der Türkei zugewandert sind, ein signifikant erhöhtes kardiovaskuläres Risiko fest (erhöhter BMI und Blutdruck sowie niedrige HDL-Cholesterin-Werte).

Im Hinblick auf psychosoziale Zusammenhänge finden sich in der Literatur Hinweise darauf, dass Migrantinnen in stärkerem Ausmaß von Multimorbidität, psychosomatischen und Schmerzsymptomen betroffen sind (Stadt Wien 1997). Migrantinnen weisen gleichzeitig einen höheren Medikamentenkonsum auf, vor allem bei Psychopharmaka und Schmerzmitteln, wobei sich generell zeigte, dass dieser mit geringerer Schulbildung und höherem Alter korrelierte (Wimmer-Puchinger, Gartner & Wolf 1998).

## Barrieren der Gesundheitsförderung

MigrantInnen zeigen ein wenig aktives Gesundheitsverhalten und nehmen die Angebote des öffentlichen Gesundheitssystems trotz erhöhten Krankheitsrisikos in vielen Fällen seltener in Anspruch (Fassmann & Stacher 2003). Auch das Robert Koch-Institut (2008) weist darauf hin, dass infolge der Migration und der erschwerten Lebensumstände, verbunden mit besonderen gesundheitlichen Belastungen, einerseits ein höherer Bedarf an Gesundheitsförderung gegeben ist, andererseits aber die Nachfrage von Seiten der MigrantInnen vermindert ist. Die Heterogenität innerhalb der Gruppe der MigrantInnen wirkt zusätzlich erschwerend. Diese kann sich in kulturell bedingten unterschiedlichen Einstellungen zur Prävention äußern. Neben einem kulturell und sozial geprägten Rollenverständnis kommen jedoch noch als weitere Hürden Informationsdefizite sowie Sprachbarrieren hinzu, die vielen MigrantInnen den Zugang zu den meisten gängigen Gesundheitsförderungsaktivitäten erschweren.

Im Folgenden werden die speziellen Problemlagen von MigrantInnen anhand der Erfahrungen von FEM Süd dargestellt:

## Mangelnde medizinische Kenntnisse/Unkenntnis des Versorgungssystems:

Gesundheitsförderung und Prävention sind in vielen Herkunftsländern von Menschen mit Migrationshintergrund nur von geringer Bedeutung oder gänzlich unbekannt. MigrantInnen verfügen oft über sehr wenige bzw. mangelhafte Informationen über Ansteckungsgefahren bei AIDS, Hepatitis oder Risiken wie Herz-Kreislauf-Erkrankungen, Diabetes, Zeckenbisse etc. Viele Erkrankungen werden jahrelang verschleppt, ÄrztInnen erst bei massivsten Beschwerden aufgesucht bzw. Behandlungen nicht konsequent zu Ende geführt. Besonders schwierig erweist sich die Behandlung und Betreuung von Krankheitsformen, die lebenslang bestehen (z. B. Diabetes mellitus) und somit die Einhaltung einer Diät, eine regelmäßige Medikamenteneinnahme oder das Achten auf einen gesünderen Lebensstil erfordern.

## Sprachbarrieren/unzureichende Sprachkenntnisse

Sprache ist ein Hauptträger von Emotionen und Identität und tief verbunden mit Selbstwertgefühlen. Die Sprache des Aufnahmelandes zu sprechen ist wichtig, um den Zugang in die Aufnahmegesellschaft zu finden. Sich in der Sprache des Aufnahmelandes nicht oder nur unzureichend ausdrücken zu können, kann Therapie und Behandlung von Erkrankungen aufgrund von Verständigungsproblemen zwischen ÄrztInnen und PatientInnen erschweren bzw. unmöglich machen.

Ein häufiges Fallbeispiel ist hier die Klientin mit dem „Medikamentensackerl": Wiederholt kommt es vor, dass Frauen mit Migrationshintergrund große Mengen an Medikamenten mitbringen, nicht wissend, was sie einnehmen, wofür es verschrieben wurde bzw. wie sie es einnehmen sollen.

Ein weiteres Beispiel ist der Fall einer Klientin, die über einen langen Zeitraum ohne ärztliche Rücksprache Antibiotika einnahm – sie wusste nichts über Nebenwirkungen, unerwünschte Reaktionen, Gewöhnungseffekte, Wechselwirkungen, etc.

Häufig wechseln MigrantInnen den Arzt/die Ärztin, wenn keine Besserung der Beschwerden eintritt, und lassen sich in Folge weitere Medikamente verschreiben. So entsteht eine sogenannte „Drehtürmedizin" oder ein „Doctor Shopping", welche die Beschwerden eher verschlimmern.

## Krankheitsverständnis und Kultur

Zugewanderte PatientInnen drücken ihre Krankheiten und Beschwerden auf andere Art aus. Psychische Beschwerden können sich in organischen Krankheiten manifestieren. Doch MigrantInnen sind die Ursachen ihrer Beschwerden oft nicht bewusst bzw. sie sprechen aus verschiedensten Gründen (kulturelle Normen etc.) nicht darüber oder unterdrücken ihre Befindlichkeiten.

Auch gibt es stark differierende Schamgrenzen, die eine Kommunikation zwischen PatientInnen und ÄrztInnen erschweren.

Krankheitsvorstellungen sind jedoch nicht als starre Konzepte zu verstehen, sondern weisen dynamischen Charakter auf. Sie sind auch von soziokulturellen und ökonomischen Faktoren abhängig. Krankheitsverständnis und -verhalten können sich in der Migration durch das Verlassen der bisherigen Lebenswelt und den Kontakt und die Konfrontation mit anderen Norm-, Wert- und Krankheitsvorstellungen im Aufnahmeland wandeln.

**Schlechte Wohnverhältnisse**

MigrantInnen-Familien leben oftmals auf engstem Raum mit mehreren Generationen zusammen.

Ein Kinderarzt berichtete, dass er im Spital verstärkt Kinder mit Migrationshintergrund betreue, die an einem schweren Asthma bronchiale-Syndrom erkrankt sind bzw. an wiederholt auftretender chronischer Bronchitis leiden. Das hänge damit zusammen, dass die sozialen und auch die Wohnverhältnisse häufig als sehr schlecht geschildert werden (feucht, schimmelig, Dusche im Wohnraum etc.).

**Gesundheitsbeeinträchtigende Arbeitsverhältnisse**

MigrantInnen sind verstärkt in Niedriglohnbranchen beschäftigt – am Arbeitsplatz sind sie daher besonders vielen gesundheitlichen Risiken bzw. Beeinträchtigungen wie Lärm, Schmutz, Staub, Hitze, Gase usw. ausgesetzt. Die Aufklärung über gesundheitliche Risiken ist aufgrund der Sprachbarrieren häufig erschwert (etwa zu Allergien, Bandscheiben etc.)

**Soziale Situation/Barriere Migration**

Isolation und Einsamkeit, familiäre Konflikte bzw. Konflikte zwischen Generationen, Erziehungsprobleme, sozioökonomische Belastungen, schlechte Wohnsituationen, krankmachende Arbeitsverhältnisse sowie mangelnde soziale Integration (besonders auch die Identitätsproblematik bei Jugendlichen) wirken sich negativ auf die Gesundheit von MigrantInnen aus.

Diese haben vielfach Anpassungsschwierigkeiten, leiden unter einem „Kulturschock" und daher häufig an psychischen bzw. psychosomatischen Erkrankungen. In der Folge nehmen MigrantInnen oft verschriebene Medikamente ein, die zwar zur Symptomlinderung, aber nicht zur Problemlösung beitragen.

Ein Fallbeispiel zeigt hier die Hilflosigkeit auf Seiten der Klientin wie auch auf Seiten der behandelnden ÄrztInnen auf: FEM Süd wurde zu einer Patientin gerufen, die stationär auf der Psychiatrie behandelt wurde. Diese bekam wiederholt Ohnmachtsanfälle, wenn von ihrer Entlassung gesprochen wurde. Nach einem Beratungsgespräch in ihrer Muttersprache, in dem sie Termine für (muttersprachliche) Psychotherapie und die Teilnahme an einem Gruppenprogramm im FEM Süd bekommen hatte, konnte sie entlassen werden.

**Frauen und Mehrfachbelastung**

Migrantinnen leiden ebenfalls an frauenspezifischen Mehrfachbelastungen durch Haushalt, Familie und Beruf. Insbesondere türkischsprachige Frauen aus traditionellen Familien leben zumeist in einem sehr festgefügten Rahmen und weisen geringe Handlungsspielräume auf, um ihre Situation zu ändern. Sie brauchen daher Gesprächsmöglichkeiten in einer vertrauten Umgebung, die sie ermutigen, sich auf etwas Neues einzulassen. Die Frauen bilden den Grundstein der Familie und tragen die größte Verantwortung für die Angelegenheiten der Familie. Deshalb ist ihre psychische und physische Lage sehr wichtig. Türkischsprachige Frauen, die nach Österreich gekommen sind, stammen vielfach aus ländlichen Gebieten, in denen die medizinische Versorgung entweder sehr schlecht oder überhaupt nicht vorhanden ist. Aus diesem Grund ist ihnen das österreichische Gesundheitssystem sehr fremd.

Das Gesundheitswesen steht daher vor der Herausforderung, den speziellen Bedürfnissen von MigrantInnen gerecht zu werden und bestehende Barrieren abzubauen.

Im Folgenden werden zwei Gesundheitsprojekte mit MigrantInnen als expliziter Zielgruppe im Detail dargestellt, die zur Erhöhung ihrer Health Literacy beitragen sollen:

„Gesund in allen Sprachen – Gesundheitsinformation für MigrantInnen" und „Ich bleib' gesund – Sağlıklı kalacağım".

## „Gesund in allen Sprachen – Gesundheitsinformation für MigrantInnen"

Zentraler Inhalt des Projekts ist die jährliche wienweite Durchführung von insgesamt 300 muttersprachlichen Vorträgen für MigrantInnen. Dieses Projekt wird von der MA17 – Integrations- und Diversitätsangelegenheiten finanziert.

Übergeordnetes Ziel des Projektes sind Informationsvermittlung und Bewusstseinsbildung für Frauen und Männer im Hinblick auf die Bedeutung von Prävention sowie die Angebote von Gesundheitsvorsorgedienstleistungen der Stadt Wien. Darüber hinaus ist ein wesentlicher Aspekt „Empowerment", wobei in diesem Zusammenhang gemeint ist, dass PatientInnen unterstützt werden sollen, Informationen auch von behandelnden ÄrztInnen einzufordern.

Durch die ständige Weiterentwicklung und Weitergabe eines muttersprachlichen ReferentInnenpools bzw. die kontinuierliche Zusammenarbeit und Vernetzung mit MigrantInnen-Institutionen sollen die vorhandenen interkulturellen Kompetenzen im österreichischen Gesundheitswesen besser genutzt und sichtbar gemacht werden.

Zielgruppe sind Frauen und Männer mit Migrationshintergrund, die in Wien leben, insbesondere jene, die bislang von Gesundheitsförderungsangeboten nur in geringem Maße profitierten, da aufgrund diverser (z. B. sprachlicher) Barrieren der Zugang erschwert ist. Deshalb sind die Kontakte und die Bekanntheit der MigrantInnen-Vereine für die Projektumsetzung unerlässlich. Dazu leisten die Vereine auch wesentliche inhaltliche und organisatorische sowie kommunikative Arbeit. Oft werden die Zusammenkünfte von Vereinstreffen, Gebetszeiten, Kursen etc. genutzt, um Frauen- oder Männerrunden anschließend auch über Gesundheitsthemen zu informieren. So kann der Gesundheitsaspekt einfach integriert werden, wobei aber auch über Flugblätter und Anschlagtafeln auf die Veranstaltungen hingewiesen wird. Wichtig ist in jedem Fall die persönliche Ansprache und Bewerbung. Durch das Engagement der MigrantInnen-Vereine können außerdem „Gesundheitstage" organisiert und durchgeführt werden, durch die es möglich ist, eine größere MigrantInnen-Gruppe mit Gesundheitsinformationen, Anschauungsmaterialien sowie Untersuchungsmöglichkeiten vor Ort zu erreichen.

Das Projektteam des Instituts für Frauen- und Männergesundheit übernimmt die Vortragsorganisation, d. h. die Suche und Auswahl von geeigneten ReferentInnen. Die ReferentInnen werden nach erfolgter positiver Vortragsevaluation in einen ReferentInnenpool (geordnet nach Sprache und Profession) aufgenommen, der ständig erweitert wird. Dieser ReferentInnenpool wird inzwischen auch von anderen Institutionen genutzt und angefragt. Der Verein bzw. die Institution übernimmt die Organisation des Vortragsortes sowie die Information der Vereinsmitglieder, InteressentInnen etc. bzw. die Bewerbung der Gesundheitsveranstaltung.

## Ablauf und Maßnahmen

Im Jahr 2008 fanden insgesamt 307 Vorträge in neun Sprachen sowie drei große Gesundheitstage, durchgeführt von GesundheitsexpertInnen mit Fremdsprachenkompetenz, statt, die von 10.397 Frauen und Männern besucht wurden. Die Vorträge wurden größtenteils in Vereinslokalen gehalten, aber auch in Moscheen und NGOs wie Jugendzentren, Integrations- und Frauenhäusern etc. Am häufigsten wurde das Thema „Psychische Gesundheit" ausgewählt. An zweiter Stelle rangierte das Thema „Gesunder Lebensstil" (das u. a. die Bereiche gesunde Ernährung und Bewegung umfasste) und an dritter Position standen „allgemeinmedizinische" Themen. Das Durchschnittsalter der TeilnehmerInnen betrug 41 Jahre; dabei war die jüngste Teilnehmerin 11 Jahre (bei einem Vortrag für Mütter mit Töchtern) und der älteste Teilnehmer 82 Jahre alt. 2000 Fragebögen dokumentierten die Zufriedenheit, die überwiegende Mehrheit der ZuhörerInnen (86%) bewertete die Vorträge mit „sehr gut". Der Grad, in dem Neues erfahren wurde, wurde zum Großteil mit „ja, sehr" (84%) beurteilt. Nur ca. 2% waren mit den vermittelten Inhalten bereits vertraut. Auf die Frage, wie die Vortragenden auf die persönlichen Fragen und Bedürfnisse eingingen, antworteten die TeilnehmerInnen ebenfalls zum überwiegenden Teil (76%) mit „sehr gut".

## Resümee

Das Gesundheitsbewusstsein von MigrantInnen wird durch die Vorträge gestärkt bzw. geweckt. Das zeigt sich vor allem darin, dass die ZuhörerInnen der Gesundheitsvorträge stets Wünsche nach weitergehenden Maßnahmen bzw. nach konkreten Themen äußern. Wie die Rückmeldungen zeigen, sind allerdings nicht nur die vermittelten Gesundheitsinformationen von großer Bedeutung, wichtig ist außerdem, Vereine der eigenen Community kennenzulernen, Anschluss zu finden, sich vernetzen und austauschen zu können. Ein weiterer positiver Aspekt ist, dass die TeilnehmerInnen – mitunter erstmals – die Möglichkeit haben, Fragen und Anliegen in ihrer Muttersprache ausreichend zu diskutieren und sie sich dadurch in ihren Wünschen und Bedürfnissen ernst genommen fühlen. Ebenso wird sichtbar, über welche interkulturellen Kompetenzen das österreichische Gesundheitswesen verfügt. Das Engagement der ReferentInnen geht oft weit über das bloße Abhalten eines Vortrages hinaus – so werden im Anschluss persönliche Einzelberatungen vorgenommen, weitere Termine bzw. Treffen vereinbart oder Informationen über weitere Anlaufstellen gegeben. Auf diese Weise ist es möglich, den MigrantInnen einen Überblick über die Leistungen des Gesundheitssystems näherzubringen und sie zu einer selbständigen Nutzung der Angebote zu animieren.

## „Ich bleib' gesund – Sağlıklı kalacağım"

### Türkischsprachiges Service bei der Gesundenuntersuchung

Vorsorgeuntersuchungen werden erfahrungsgemäß von MigrantInnen aufgrund der bereits erwähnten Barrieren und Defizite selten in Anspruch genommen. Das Projekt „Ich bleib' gesund – Sağlıklı kalacağım" hat sich daher zum Ziel gesetzt, sozioökonomisch benachteiligten, vor allem weiblichen MigrantInnen mit geringen Deutschkenntnissen einen erleichterten Zugang zur kostenlosen Vorsorgeuntersuchung zu ermöglichen. In zwei Vorsorgeuntersuchungsstellen der Magistratsabteilung 15 wurde eine türkischsprachige Begleitung vor und während der Gesundenuntersuchung, ergänzt durch wahlweise psychosoziale Beratung, eingerichtet. Das Projekt wird vom Wiener Programm für Frauengesundheit bzw. von der Wiener Gesundheitsförderungs-GmbH finanziert und ist in Bezirken verankert, wo die Lebenserwartung von Frauen im Wienvergleich niedrig und der Einwandereranteil in der Wohnbevölkerung besonders hoch ist.

Türkischsprachige MigrantInnen erhalten in diesen Stellen nach dem Prinzip des „One-Stop-Shops" medizinische Untersuchung und psychosoziale Beratung vor Ort. Am Tag der Anmeldung unterstützen zweisprachige Mitarbeiterinnen die TeilnehmerInnen türkischer Muttersprache bei deren Kommunikation mit dem Team der Untersuchungsstelle. Dies betrifft Anmeldeformalitäten, Erläutern von Stuhl- und Harnproben, Hilfe beim Ausfüllen der Anamnesebögen und sprachliche Assistenz bei der Blutabnahme. Anschließend besteht Gelegenheit, Fragen aller Art gemeinsam mit den muttersprachlichen Beraterinnen abzuklären. Eine türkischsprachige weibliche Medizinerin bzw. Krankenhausdolmetscherin dolmetschen auf Wunsch an den Untersuchungstagen und assistieren sprachlich beim Erklären der Untersuchungsergebnisse sowie bei der Zuweisung zu niedergelassenen ÄrztInnen. Um türkischsprachige MigrantInnen über die Bedeutung rechtzeitiger Früherkennung und die kostenlose Vorsorgeuntersuchung der Stadt Wien zu informieren, erfolgt eine Vernetzung mit MigrantInnenvereinen, Sprachkursanbietern, Moscheen und Beratungsstellen sowie eine direkte Kontaktaufnahme mit Personen, die geringe Deutschkenntnisse haben, etwa in Parks und Sprachkursen. Die aufsuchende Öffentlichkeitsarbeit leisten die zweisprachigen Mitarbeiterinnen des Projekts.

## Inanspruchnahme

Insgesamt machten 758 TeilnehmerInnen von November 2006 bis Dezember 2008 von dem türkischsprachigen Service Gebrauch, davon 604 Frauen und 154 Männer. Der überwiegende Teil der türkischsprachigen TeilnehmerInnen (84,5%) war das erste Mal bei einer Gesundenuntersuchung, etwa zwei Drittel (62,7%) leben länger als 10 Jahre in Österreich. Viele haben erst über dieses Angebot der Stadt Wien von der Möglichkeit zur Vorsorgeuntersuchung erfahren. Diese Erfahrung deckt sich mit jener von FEM Süd, dass auch bei MigrantInnen, die bereits lange in Wien leben, in dieser Hinsicht ein Informationsdefizit besteht. Alle befragten TeilnehmerInnen gaben an, dass sie sich gut betreut fühlten und dieses Service weiterempfehlen werden. Über den Gesundheitsstatus gab die Auswertung der anonymisierten Gesundheitsdaten der türkischsprachigen Untersuchten Aufschluss. 78 Prozent der untersuchten Frauen und Männer bis Dezember 2007 hatten Übergewicht, etwa jeweils ein Drittel der weiblichen und männlichen Personen waren adipös mit einem BMI größer als 30. Erhöhte Blutfettwerte und hoher Blutdruck folgten der Gewichtsproblematik und wiesen zusätzlich auf ein Risiko für Herz-Kreislauf-Erkrankungen hin. Diese Resultate machen deutlich, dass durch dieses maßgeschneiderte Angebot eine gefährdete Zielgruppe erreicht wird und so einer rechtzeitigen Behandlung zugewiesen werden kann.

Die nach außen getragenen Informationen des Projektteams wurden in der türkischen Community mit Interesse aufgenommen und über mündliche Weiterempfehlung in beträchtlichem Umfang verbreitet. Die TeilnehmerInnen erfuhren hauptsächlich über Vereine und Institutionen bzw. ihr soziales Umfeld (z. B. Moscheen, FreundInnen, Verwandte) und direkt über die Mitarbeiterinnen von FEM Süd von dem Projekt. Zahlreiche TeilnehmerInnen nahmen auch vom Angebot der muttersprachlichen Beratung zur Abklärung psychosozialer Fragen Gebrauch.

## Fazit

Durch persönliche Kontaktaufnahme der muttersprachlichen Mitarbeiterinnen mit der Zielgruppe erfahren diese von dem Angebot der Vorsorgeuntersuchung, da die üblichen Informations- und Zugangswege für MigrantInnen mit geringen Deutschkenntnissen erschwert sind. Im Hinblick auf die hohen Werte insbesondere bei Übergewicht wird ersichtlich, wie wichtig eine weiterführende Behandlung bzw. Betreuung dieser Zielgruppe ist, um langfristige Lebensstiländerungen zu ermöglichen. Ungünstige Gesundheitschancen, bedingt durch soziale Ungleichheit, können auf diese Weise kompensiert und die medizinische Versorgung der Betroffenen verbessert werden. Ferner zeigt sich, dass Personen, die durch die muttersprachlichen Mitarbeiterinnen auf das Projekt aufmerksam gemacht wurden und das türkischsprachige Service nutzten, nach einem Jahr zum Teil wiederkommen, um sich einer Gesundenuntersuchung zu unterziehen. Durch die Zufriedenheit mit dem Angebot lässt sich folglich eine nachhaltige Wirkung auf ihr Gesundheitsverhalten erzielen. Das Angebot der Sozialberatung vor Ort ermöglicht es, ohne Zugangshürden psychosoziale Anliegen anzusprechen und erste Hilfestellungen und Informationen zu erhalten. Durch Weitervermittlung an verschiedenste Institutionen, wie das FEM Süd, wird eine optimale weiterführende Betreuung gewährleistet.

Dieses innovative Projekt zeigt beispielhaft vor, wie eine interkulturelle Öffnung des bestehenden Gesundheitssystems möglich ist. Das positive

Echo beweist ein hohes Interesse der MigrantInnenbevölkerung am Thema Gesundheitsvorsorge, wenn Angebote zielgruppengerecht aufbereitet werden. Der Einsatz muttersprachlicher Kommunikation erhöht die Inanspruchnahme der Vorsorgeuntersuchung durch MigrantInnen, sodass kostenintensive Erkrankungen rechtzeitig erkannt und behandelt werden können. Es ist zu vermuten, dass der Einsatz sprach- und kultursensibler Mitarbeiterinnen auch die Compliance von PatientInnen mit Migrationshintergrund steigert, sodass die Anzahl häufiger Arztwechsel und Fehlbehandlungen sinkt. Eine Ausweitung dieses interkulturellen Ansatzes auf andere Gesundheitseinrichtungen erscheint daher erstrebenswert und sinnvoll.

**Literatur**

BMGF/Bundesministerium für Gesundheit und Frauen (Hrsg.) (2006). *Österreichischer Frauengesundheitsbericht 2005/2006*. Wien.
Fassmann, H. & Stacher, I. (Hrsg.). (2003). *Österreichischer Migrations- und Integrationsbericht. Demographische Entwicklungen – sozioökonomische Strukturen – rechtliche Rahmenbedingungen*. Klagenfurt: Drava.
Kickbusch, I. (2006). *Die Gesundheitsgesellschaft*. Gamburg: Verlag Gesundheitsförderung.
Nauck, B. (1993). Erwerbstätigkeit und gesundheitliches Wohlbefinden ausländischer Frauen in der Bundesrepublik Deutschland. In: Ruprecht-Karls-Universität Heidelberg (Hrsg.), *Erfahrung des Fremden. Vorträge im Sommersemester 1992*, 57–76. Heidelberg: Heidelberger Verlagsanstalt.
Nutbeam, D., & Kickbusch, I. (2002). Health literacy: a search for new categories. *Health Promotion International, 15 (3)*, 183–185.
Robert Koch-Institut (Hrsg.). (2008). *Schwerpunktbericht: Migration und Gesundheit*. Berlin.
Stadt Wien (Hrsg.). (1997). *Die gesundheitliche Situation von Migrantinnen in Wien*. Dokumentationsreihe des WHO-Projektes Wien – Gesunde Stadt. Wien.
Stadt Wien (Hrsg.). (2002). *Mikrozensus 1999 – Ergebnisse zur Gesundheit in Wien*. Wien.
Stadt Wien (Hrsg.). (2004). *Psychische Gesundheit in Wien*. Wien.
Stadt Wien (Hrsg.). (2005). *Gesundheitsbericht Wien 2004*. Wien.
Stadt Wien (Hrsg.) (2006). *Wiener Frauengesundheitsbericht 2006*. Wien.
Ulmer. H., Diem, G., Bischof, H.P., Ruttmann. E. & Concin, H. (2001). Recent trends and sociodemographic distribution of cardiovascular risk factors: Results from two population surveys in the Austrian WHO CINDI Demonstration Area. *Wiener klinische Wochenschrift, 113, 15/16*, 573–579.
Wimmer-Puchinger, B., Gartner, D. & Wolf, H. (1998). *Die Lebens- und Gesundheitssituation von Frauen im 10. Wiener Gemeindebezirk. Eine Studie des Ludwig Boltzmann Instituts für Frauengesundheitsforschung*. Wien.

## Autorinnen

**Mag.ª Kathleen Löschke-Yaldiz**
Studium der Psychologie an den Universitäten Dresden und Wien, postgraduelle Ausbildung zur Klinischen und Gesundheitspsychologin. Während des Studiums Mitarbeiterin am Ludwig Boltzmann Institut für Frauengesundheitsforschung, anschließend wissenschaftliche Mitarbeit. Seit 1999 im FEM Süd, stellvertretende Leitung. Arbeitsschwerpunkte: Gesundheitsförderung für Migrantinnen und sozial benachteiligte Frauen.

**Mag.ª Serpil Özsoy**
Studium der Pharmazie und Apothekerin in der Türkei, anschließend in Berlin. Nebenberufliche Tätigkeit als muttersprachliche Sozialberaterin der Magistratsabteilung Berlin Kreuzberg. Tätigkeit als muttersprachliche Gesundheitsberaterin in Baden, Wiener Neustadt, St. Pölten (NÖ), seit 1999 im FEM Süd. Tätigkeitsbereiche: türkischsprachige Beratung, Programmerstellung, Öffentlichkeitsarbeit, Projektentwicklung.

**Mag.ª Ekim San**
Studium der Psychologie an der Universität Wien, postgraduelle Ausbildung zur Klinischen und Gesundheitspsychologin. Mitarbeiterin des FEM Süd seit 2006. Themenschwerpunkte: Psychologische Beratung und Behandlung für türkischsprachige Migrantinnen im Einzel- und Gruppensetting, Projektleitung.

**Seher Ünsal**
Akademische Referentin für Interkulturalität und Kommunikation, telefonische Beratung bei der Frauenhelpline gegen Männergewalt, Startcoaching – Niederlassungsbegleitung für die MA 17, seit 2008 im FEM Süd. Tätigkeitsbereiche: Sozialberatung und Öffentlichkeitsarbeit.

**Nuray Sümbültepe Keegan**
Übersetzerin/Dolmetscherin für Türkisch/Deutsch/Englisch in Ausbildung. Übersetzen und Dolmetschen für verschiedenste soziale Einrichtungen, seit 2008 im FEM Süd. Tätigkeitsbereiche: Projektkoordination, muttersprachliche Beratung und Begleitung in der Gesundenuntersuchungsstelle der Stadt Wien im 10. und 15. Bezirk, Organisation, Öffentlichkeitsarbeit.

# Weibliche Genitalverstümmelung
## Ein Gesundheitsrisiko für Frauen
*Hilde Wolf, Umyma ElJelede*

## Einleitung

In den letzten Jahren wurde weibliche Genitalverstümmelung als Thema, über dem lange der Deckmantel des Schweigens lag, von Medien, von politischen AkteurInnen, von Angehörigen des Gesundheitswesens aufgegriffen und erlangt zunehmend Aufmerksamkeit von Seiten der Öffentlichkeit. Ein Grund dafür liegt darin, dass im Zusammenhang mit Migrationsbewegungen und Flüchtlingsströmen betroffene Frauen – vor allem aus afrikanischen Ländern und arabischsprachigen Regionen – nach Europa und auch nach Österreich kamen und somit das Thema weibliche Genitalverstümmelung auch bei uns Aktualität erlangt. Beginnend mit Waris Dirie haben in weitere Folge etliche betroffene Frauen ihre Leidensgeschichte einer großen LeserInnenschaft zugänglich gemacht. Schließlich sieht sich auch das Gesundheitswesen – hier in erster Linie die Gynäkologie und Geburtshilfe – mit den gesundheitlichen Folgen von weiblicher Genitalverstümmelung konfrontiert. Betroffene Frauen leiden aber nicht nur an einer Vielzahl von körperlichen Beschwerden, sondern auch an den psychosozialen Folgen der Verstümmelung, und dafür braucht es „spezialisierte" Beratungs- und Betreuungsangebote. Im folgenden Beitrag wird zunächst auf die Datenlage und die Hintergründe der weiblichen Genitalverstümmelung eingegangen, im zweiten Teil wird ein maßgeschneidertes Gesundheitsprojekt des Frauengesundheitszentrums FEM Süd vorgestellt, das sich seit 2007 der Unterstützung betroffener Frauen und bedrohter Mädchen verschrieben hat.

## Definition und Formen von weiblicher Genitalverstümmelung

Gemäß der Definition der Weltgesundheitsorganisation (WHO) versteht man unter weiblicher Genitalverstümmelung (FGM, Female Genital Mutilation) alle Prozeduren, die die teilweise oder völlige Entfernung der externen weiblichen Genitalien oder andere Verletzungen der weiblichen Genitalien – aus kulturellen oder anderen nicht therapeutischen Gründen – umfassen. (WHO 2008).

In weiterer Folge werden vier Formen der Genitalverstümmelung unterschieden:
- Typ 1: „Sunna" = Klitoridektomie: Entfernung der ganzen oder eines Teils der Klitoris und/oder der Vorhaut.

- Typ 2: „Exzision": Entfernung der ganzen oder eines Teils der Klitoris und der kleinen Schamlippen (mit oder ohne Entfernung der großen Schamlippen).
- Typ 3: „Infibulation" oder „Pharaonische Beschneidung": Verengung der Scheidenöffnung bis auf eine minimale Öffnung durch Entfernung der kleinen und/oder der großen Schamlippen mit oder ohne Entfernung der Klitoris (Anmerkung: Praxiserfahrungen zeigen, dass in den allermeisten Fällen die Klitoris entfernt wird).
- Typ 4: Alle anderen schädigenden Eingriffe an den weiblichen Genitalien aus nicht medizinischen Gründen: z. B. Stechen, Piercing, Einschneiden oder Einreißen der Klitoris.

Laut WHO ist die Exzision mit ca. 80% die häufigste Form der genitalen Verstümmelung. Heute wird der Eingriff meist von „traditional birth attendants" durchgeführt, die eine medizinische Grundausbildung besitzen, bzw. häufig auch in Kliniken von Hebammen und ÄrztInnen durchgeführt (Euler 2002). Das bedeutet, dass sich die hygienischen Bedingungen gegenüber jenen Zeiten, als hauptsächlich „Beschneiderinnen" mit untauglichen Mitteln wie beispielsweise Rasierklingen am Werk waren, in den meisten Fällen verbessert haben; die langfristigen gesundheitlichen Folgen bleiben aber weitgehend die gleichen.

Genitalverstümmelung wird mittlerweile einhellig als Menschenrechtsverletzung verurteilt. Dabei handelt es sich demnach um eine massive Diskriminierung von Frauen(-rechten) und Kinderrechten (Kalthegener 2000). Die WHO sieht noch weitere Menschenrechte verletzt: "The practice also violates the rights to health, security and physical integrity of the person, the right to be free from torture and cruel, inhuman or degrading treatment, and the right to life when the procedure results in death." (WHO 2008, S. 1)

## Prävalenz von weiblicher Genitalverstümmelung

Laut Angaben der Weltgesundheitsorganisation werden in 28 afrikanischen Ländern jährlich etwa 3 Millionen Mädchen genital verstümmelt. Dies ergibt 6000 Genitalverstümmelungen pro Tag an Mädchen im Alter von wenigen Wochen bis zu 18 Jahren. Nach Schätzungen der WHO sind weltweit insgesamt 100–140 Millionen Mädchen und Frauen betroffen (WHO 2008).

Das Vorkommen ist von Land zu Land sehr unterschiedlich, in einigen Ländern ist nur ein kleiner Prozentsatz der weiblichen Bevölkerung betroffen, in anderen Ländern wie z. B. Sudan, Somalia, Djibuti, Eritrea, Ägypten, Mali oder Guinea sind es 90–100% aller Frauen.

FGM wird aber auch in Asien (z. B. Oman, Saudi-Arabien, Dubai, Irak, Indien, Indonesien, Malaysien, Pakistan, ...), Australien, Brasilien und Peru ausgeübt.

Für Europa wird angenommen, dass 270.000 Mädchen gefährdet sind, FGM zu erleiden. (African Women's Organisation 2005). Für Österreich geht man – aufgrund der Zuwanderung – von 8.000 betroffenen Frauen aus, in Wien weisen ca. 1.900 Frauen, die aus einem Land mit häufigem Vorkommen von FGM stammen, somit ein potenzielles Risiko auf (Wiener Frauengesundheitsbericht 2006).

## Zur historischen Entwicklung von Genitalverstümmelung

Die Anfänge der Genitalverstümmelung liegen bereits Tausende von Jahren zurück. So ist nachgewiesen, dass bereits im frühen Ägypten Eingriffe an den Genitalien von Frauen und Männern vorgenommen wurden (Schnüll 2003). Dort glaubte man an die Doppelgeschlechtlichkeit der äußeren Genitalien, wonach der männliche Anteil der Seele der Frau in der Klitoris und der weibliche Teil der Seele des Mannes in der Vorhaut lokalisiert seien. Die Entfernung des „störenden" Teils war somit wichtig für die Geschlechtsidentität.

Operative Manipulationen an den weiblichen Genitalien gab es jedoch auch in Europa und den USA im Mittelalter sowie bis ins 19. Jahrhundert. Mittels Klitorektomie sollte beispielsweise „weibliche Hypersexualität" behandelt und Mädchen so vom Masturbieren abgehalten werden (Lightfood-Klein 2003), was als höchst schädlich erachtet wurde. Mit derselben „Behandlungsmethode" ging man auch gegen „Hysterie" und „Nervosität", aber auch bei Epilepsie und „lesbischen Neigungen" vor. Nach Lightfood-Klein berichteten selbst renommierte Journale wie der *Lancet* über die „Erfolge" dieser neuen Operationen.

## Begründungen für die Verstümmelung weiblicher Genitalien

Die **„kulturelle Tradition"** ist die am häufigsten angeführte Begründung für die Verstümmelung weiblicher Genitalien (Euler 2002). In jenen Ländern, in denen weibliche Genitalverstümmelung weit verbreitet ist, fungiert diese als soziale Konvention, die von Männern wie Frauen mitgetragen wird, meist ohne diese zu hinterfragen. Wer aus der Norm fällt, wird mit Verachtung und Ausgrenzung bestraft (WHO 2008).

Aspekte der **„Reinheit und Ästhetik"** spielen für die Verstümmelung ebenfalls eine wichtige Rolle. Bei manchen Ethnien werden weibliche Genitalien als „schmutzig" oder „hässlich" empfunden (vgl. Lightfood-Klein 2003;

Schnüll 2003). Im Sudan spricht man im Zusammenhang mit Genitalverstümmelung von *tahur* oder *tehara*, der arabischen Bezeichnung von Reinigung bzw. Reinheit (Ismail 2000). „Unbeschnittene" Mädchen und Frauen gelten somit als „unrein" und finden im Normalfall auch keinen männlichen Partner. Viele Mädchen sehen diesem Ereignis, das häufig mit einem Fest begangen wird, daher in freudiger Erwartung entgegen, da sie damit die Hoffnung verknüpfen, Ansehen als Frau zu bekommen und belohnt zu werden.

Der **Religion** kommt ebenfalls große Bedeutung für die Aufrechterhaltung dieser Praktik zu.

Häufig wird angenommen, dass Genitalverstümmelung nur im Islam existiert, tatsächlich wird diese in verschiedensten Religionen praktiziert, so auch im Christentum oder Judentum (Schnüll 2003). Keine heilige Schrift dieser Religionen schreibt die Verstümmelung der weiblichen Genitalien vor, häufiger ist die Zugehörigkeit zu einer bestimmen Volksgruppe ausschlaggebend (Asefaw 2008).

Ein weiterer Zweck, den die weibliche Genitalverstümmelung erfüllen soll, ist die **Kontrolle über die Sexualität der Frau.** Insbesondere die Infibulation soll die Treue der Frau gewährleisten sowie einen Lustgewinn beim Mann während des Geschlechtsverkehrs herbeiführen. Das Gegenteil ist wohl in den meisten Fällen der Fall, wenn Sexualität zwischen den PartnerInnen nicht oder nur unter großen Schmerzen bei der Frau überhaupt möglich ist. Die Frau soll sich also ohne bzw. nur mit eingeschränkter sexueller Appetenz in ihre Rolle als Frau und Mutter einfinden (Schnüll 2003).

Schließlich werden mit der Verstümmelung sogar positive Wirkungen auf die **Frauengesundheit** in Verbindung gebracht, was angesichts der weit reichenden gesundheitlichen Konsequenzen (siehe nachstehendes Kapitel) beinahe zynisch erscheint.

Die Genitalverstümmelung wirkt sich nicht positiv auf gesundheitliches Befinden, Schwangerschaft und Geburt aus, das Gegenteil ist der Fall und statt der erwarteten höheren Fruchtbarkeit ist häufig Sterilität die Folge.

## Gesundheitliche Folgen von Genitalverstümmelung

Als Auswirkung der Verstümmelungen, die meist bei Mädchen im Alter von 4–8 Jahren vorgenommen werden, sind eine Vielzahl an akuten Komplikationen sowie schwerwiegenden Langzeitfolgen dokumentiert (vgl. Rymer & Momoh 2009; WHO 2008). Die unmittelbaren und langfristigen Folgen hängen dabei vom Typ und der Schwere des vorgenommenen Eingriffs ab sowie von der Qualität der hygienischen Standards und der Wundversorgung.

Im Hinblick auf **akute Komplikationen** der Genitalverstümmelung führen vor allem Infektionen (Lokal- oder Allgemeininfektionen, HIV, Tetanus, ...)

und starke Blutungen (Hämorrhagie, Schock, Anämie, ...) zu mitunter lebensbedrohenden Zuständen bei betroffenen Mädchen. Das Schmerzausmaß ist kaum vorstellbar, da das äußere Genitale stark mit Nerven versorgt ist (Bauer & Hulverscheidt 2003). Dazu kommen häufig Probleme beim Urinieren, und nicht selten bedingt gewaltsames Fixieren der Mädchen die Verletzung benachbarter Organe bis hin zu Frakturen. Auch ein psychisches Akuttrauma kann die Folge sein

**Langfristige Komplikationen** reichen von sexuellen Funktionsstörungen, häufigen Infektionen im Genitalbereich und der Harnwege sowie chronischen Schädigungen der Niere bis hin zu Sterilität, höherer Komplikationsrate bei Geburten und erhöhter Säuglingssterblichkeit. Nicht zuletzt können schwere, lebenslange psychische Traumen die Folge sein (WHO 2008). Die Menstruation wird von sehr vielen betroffenen Frauen als sehr schmerzhaft empfunden, bei infibulierten Frauen kann das Blut nur schwer abfließen, wodurch die Menstruation verlängert wird und Probleme bereitet (Dysmenorrhoe). Auch im Bereich des Narbengewebes kann es zu Komplikationen kommen, wenn z. B. durch Keloidbildung (Narbenwülste) die Vagina noch weiter verengt wird und dadurch zu zusätzlichen Erschwernissen beim Urinieren, bei der Sexualität und bei Entbindungen führt.

Eine WHO-Studie in afrikanischen Ländern, an der 28.000 Frauen teilgenommen haben, bestätigte, dass Frauen nach einer Genitalverstümmelung ein signifikant erhöhtes Risiko für Geburtskomplikationen haben. So zeigten sich höhere Frequenzen an Kaiserschnitten sowie an postpartalen Blutungen, die besonders schwerwiegende Konsequenzen für die Frauen haben können, wenn die medizinische Versorgung unzureichend oder in weiter Ferne ist (WHO Study Group on Female Genital Mutilation and Obstetric Outcome 2006). Besonders erschütternd ist das Ergebnis, dass auch die Neugeborenensterblichkeit deutlich erhöht ist. 1–2 Kinder pro 100 Neugeborene sterben während oder kurz nach der Geburt als Folge der Genitalverstümmelung der Mutter.

Die **psychischen Folgen** einer Genitalverstümmelung sind oft nachrangig gegenüber den physischen und erhalten erst in jüngster Zeit zunehmend Aufmerksamkeit. Da nicht jede Verstümmelung gleich verläuft und heutzutage schon häufig in Kliniken bzw. mit Anästhesie und Schmerzbekämpfung durchgeführt wird, sind die psychischen Auswirkungen sehr variabel. In der Extremform entspricht die Verstümmelung jedoch einem massiven Trauma und die Folgen gleichen häufig jenen einer posttraumatischen Belastungsstörung. Neben Angstzuständen und Depressionen sind weitere häufige Symptome Schlaf- und Essstörungen, Konzentrations- und Lernschwierigkeiten, Panikattacken und Alpträume (Goesmann & Kentenich 2006; Schnüll 2003). Bei manchen Frauen kommt es zur Dissoziation, was bedeutet, dass das traumatisierende Erlebnis „abgespalten" wird und sie sich an nichts mehr im

Zusammenhang mit der Verstümmelung erinnern können, ja mitunter gar nicht wissen, ob sie verstümmelt sind oder nicht (vgl. Asefaw 2008; Bauer & Hulverscheidt 2003). Zudem gibt es aufgrund der Tabuisierung des Themas bislang nur sehr wenig Forschung zu den psychischen Folgen von FGM, in den Herkunftsländern der betroffenen Frauen sind auch Psychotherapie und psychologische Behandlung kaum bekannt.

## Konsequenzen für die Sexualität

Bei betroffenen Frauen sind Störungen des sexuellen Erlebens vielfach die Regel. Vor allem nach einer Infibulation wird die Hochzeitsnacht für Frauen zu einem angstbesetzten Thema, da meist mit großen Schmerzen verbunden. In einer Untersuchung berichteten 50 von 153 infibulierten Frauen, dass aufgrund der Schmerzen kein Geschlechtsverkehr in der ersten Nacht möglich war (Asefaw 2008). Vielfach ist zuerst eine Öffnung (Deinfibulation) nötig.

Insgesamt ist Sexualität ein großes Tabuthema, daher ist auch wenig bekannt, wie es um das tatsächliche sexuelle Erleben dieser Frauen steht. Obwohl eine Herabsetzung der sexuellen Empfindsamkeit durch die Entfernung der äußeren Anteile der Klitoris evident ist, gibt es Frauen, die nach eigener Aussage orgasmusfähig sind (vgl. Lightfood-Klein 2003, Asefaw 2008). Nach wie vor fehlt es bei vielen – auch MedizinerInnen – an dem Wissen, dass der größere Teil der Klitoris nicht von außen zugänglich ist und daher trotz Genitalverstümmelung intakt ist. Eine Studie, bei der 137 von Genitalverstümmelung betroffene Frauen in Italien zu ihrer Sexualität befragt wurden, kam zum überraschenden Ergebnis, dass der Großteil der Frauen berichtete (86%), einen Orgasmus zu erleben. Die StudienautorInnen attestieren, dass kulturelle Einflüsse das sexuelle Erleben beeinflussen können und soziale Erwünschtheit hier auch eine Rolle spielen mag. Gleichzeitig wird die Wichtigkeit der Behandlung von sexuellen Dysfunktionen bei Frauen, die von FGM betroffen sind, hervorgehoben und eine Verbesserung des Wissensstands bei den zuständigen FachärztInnen gefordert (Catania, Abdulcadir, Puppo, Verde, Abdulcadir & Abdulcadir 2007).

## Rechtliche Situation

In vielen afrikanischen Ländern existieren bereits seit mehreren Jahren gesetzliche Regelungen, die weibliche Genitalverstümmelung unter Strafe stellen (Kalthegener 2003). Diese Gesetze haben jedoch nur mäßige Erfolge verzeichnet bzw. auch dazu geführt, dass die Verstümmelungen „heimlich" weiter durchgeführt werden.

In Österreich steht weibliche Genitalverstümmelung ebenfalls unter Strafe, FGM erfüllt den Tatbestand schwerer Körperverletzung und gilt als grobe Menschenrechtsverletzung. Das Strafrecht sieht dazu vor, dass in „eine Verstümmelung oder sonstige Verletzung der Genitalien, die geeignet ist, eine nachhaltige Beeinträchtigung des sexuellen Empfindens herbeizuführen", nicht eingewilligt werden kann (§ 90 Abs. 3 StGB). Somit dürfen weder Eltern für ihre Kinder noch eine volljährige Frau für sich selbst einer Genitalverstümmelung zustimmen. Die Tat ist auch bei Begehung im Ausland strafbar, womit Mädchen davor geschützt werden sollen, z. B. in den Schulferien in die Heimatländer gebracht zu werden, um den „Eingriff" vornehmen zu lassen.

Gesetze alleine führen jedoch zu keinem Umdenken in der Bevölkerung, und kultursensible Bewusstseinsbildung sowie Bildungsförderung scheinen sehr viel eher die Methoden der Wahl zu sein. Denn nicht zuletzt ist Genitalverstümmelung sehr stark verknüpft mit sozialer Benachteiligung und geringer Bildung im familiären Umfeld. Untersuchungen haben gezeigt, dass Töchter von Eltern mit hohem Bildungsgrad entweder gar nicht beschnitten werden oder zumindest einer „milderen" Form der Verstümmelung – „Sunna" oder „Exzision" – unterzogen werden (vgl. Asefaw 2008; El Dareer 1982). Auch in urbanen Gebieten erhöht sich die Chance für ein Mädchen, unversehrt zu bleiben.

## Praxiserfahrungen in der Betreuung betroffener Frauen

Trotz der Vielzahl an gesundheitlichen und psychosozialen Probleme, die Frauen infolge einer Genitalverstümmelung erleiden, scheint die Hemmschwelle gegenüber der Inanspruchnahme von Gesundheits- und Beratungseinrichtungen sehr hoch zu sein. Die Tabuisierung des Themas dürfte hier ein wesentlicher Grund sein. Das Frauengesundheitszentrum FEM Süd ist deshalb seit 2007 mit Unterstützung der Stadt Wien (Frauen- und Integrationsabteilung) bemüht, möglichst niederschwellige Anlaufstelle zu sein, um Unterstützung für von FGM betroffene Frauen und bedrohte Mädchen zu ermöglichen.

Dazu wurde ein Projektteam implementiert, das – neben sprachlicher und kultureller Kompetenz – auch über Fachwissen im Bereich von Medizin und psychosozialen Belangen verfügt. Die frauenspezifische Beratung wird in erster Linie in den Sprachen Arabisch, Englisch und Französisch angeboten und steht allen Frauen und Mädchen aus afrikanischen Ländern sowie aus arabischsprachigen Regionen offen, unabhängig davon, ob sie von FGM betroffen sind oder nicht. Vorrangiges Ziel ist die Unterstützung von Frauen bei gesundheitlichen und psychosozialen Problemen und Anliegen sowie „Empowerment", wobei in diesem Zusammenhang gemeint ist, dass von FGM betroffene Frauen oder bedrohte Mädchen unterstützt werden sollen, ein selbstbestimmtes Leben zu führen. Durch Informationen über die bestehende Gesetzeslage und die gesundheitlichen Konsequenzen von Genitalverstümmelung wird eine Sensibilisierung und Bewusstseinsbildung bei betroffenen Frauen angeregt.

Im Hinblick auf das Thema genitale Verstümmelung soll der bestehenden Tabuisierung bei den Betroffenen und in den „Communities" entgegengewirkt werden. Frauen, die FGM erlitten haben, können im Rahmen von FEM Süd in einer vertrauensvollen Atmosphäre individuelle Hilfestellung erfahren; gleichzeitig kommt der Prävention zentrale Bedeutung zu, wobei insbesondere bei Müttern Bewusstseinsbildung und Überzeugungsarbeit im Vordergrund stehen. Die gesundheitlichen Folgen von FGM erweisen sich in diesem Zusammenhang als das wichtigste Argument.

## Frauenspezifische Gesundheitsberatung im FEM Süd

Etwa 800 medizinische sowie psychosoziale Beratungsgespräche mit 126 Frauen haben im Frauengesundheitszentrum FEM Süd bereits stattgefunden – diese Frauen kamen aus 21 verschiedenen Ländern, vor allem aus Somalia, Ägypten und Nigeria. Der Großteil der Klientinnen war selbst von FGM betroffen.

Im Zusammenhang mit Female Genital Mutilation hat sich erwartungsgemäß gezeigt, dass hier nach wie vor eine starke Tabuisierung besteht, weshalb betroffene Frauen nicht in erster Linie mit diesem Problem in die Beratung kommen. Hinzu kommt noch, dass das Thema „Genitalverstümmelung" leider ein „alltägliches" Problem von betroffenen Frauen ist, dass sie mit vielen anderen Frauen ihres Umfelds teilen. Nicht selten kommt es vor, dass betroffene Mädchen und Frauen ihre gesundheitlichen Beschwerden nicht mit der Genitalverstümmelung in Zusammenhang bringen, die Symptome sind für sie „normal" im Leben einer Frau.

So sind oft psychosoziale Probleme Anlass der Beratung, die mitunter als existenzbedrohlich erlebt werden und die gesundheitlichen Probleme „überlagern". Hier sind insbesondere Sprachprobleme, Arbeitslosigkeit, aufenthaltsrechtliche Belange, finanzielle Probleme sowie Erfahrungen mit Rassismus und Diskriminierungen zu nennen. Sind die vordringlichsten Lebensprobleme bearbeitet und ist eine Vertrauensbasis hergestellt, so ist es für viele Frauen möglich, auch ihre gesundheitlichen Probleme anzusprechen.

Insgesamt wurden im Rahmen der Gesundheitsberatung vor allem Fragen zu den Themen *Menstruation, Verhütung* sowie zu *Problemen bei und nach der Geburt* gestellt, d. h. dass die „klassischen" Frauengesundheitsthemen bei den Klientinnen vorrangig waren. Im konkreten Zusammenhang mit der genitalen Verstümmelung waren Behandlungsmöglichkeiten und operative Möglichkeiten von großem Interesse, insbesondere jene der Deinfibulation. Schließlich kamen im Zuge der Beratung auch *sexuelle und psychische Probleme* von Frauen zur Sprache. Wesentliche Belastungen erleben afrikanische Frauen häufig im psychischen Bereich – nicht nur ausgelöst durch Genitalverstümmelung, sondern beispielsweise durch schwere Traumatisierungen im Heimatland aufgrund von Kriegs- und Verlusterlebnissen. Aber auch aktuelle konfliktreiche Partnerschaften machen psychologische Begleitung notwendig. Viele Frauen leiden auch unter Depressionen da sie niemand haben, dem sie sich anvertrauen können, häufig nur zu Hause sind und sehr unter dieser Isolation leiden, die verbunden ist mit wenig Perspektive auf Veränderung. Zwei exemplarische Fallbeschreibungen sollen im Folgenden einen Auszug aus der Beratungstätigkeit vermitteln, die meist auf mehreren Ebenen (psychologisch, medizinisch, sozial) stattfindet:

**Fall 1**

Ein Paar aus Somalia kam in die Beratung, als die Frau im dritten Monat schwanger war. Die Frau ist von FGM betroffen, bei ihr wurde im Alter von fünf Jahren eine Infibulation („pharaonische Beschneidung") vorgenommen. Das Anliegen an die Beratung war der Wunsch der Frau nach einer normalen vaginalen Geburt. Sehr häufig wird bei dieser Form der Genitalverstümmelung die Indikation für einen Kaiserschnitt gestellt, um etwaige Geburtskomplikationen zu vermeiden. Frau S. berichtete allerdings, dass ihre Schwester und eine Freundin nach einer Entbindung durch Kaiserschnitt gesundheitliche Probleme hatten. Im Zuge der Beratung wurde sie über Vor- und Nachteile von Kaiserschnitt bzw. Deinfibulation aufgeklärt. Frau S. blieb bei ihrer Haltung, indem sie sagte: „Ich weiß schon, dass mir nichts passiert, viele Frauen in unserer Heimat sind in dieser Situation und bekommen ihre Kinder dennoch auf normalem Weg". Sie wurde zu einer Gynäkologin verwiesen, die kompetent in der Betreuung von FGM-Betroffenen ist, zur medizinischen Betreuung während der Schwangerschaft bis hin zur Geburt.

**Fall 2**

Bevor Frau M. in die psychologische Beratung kam, war sie bereits seit längerer Zeit wegen massiver Migräne in neurologischer Behandlung. Da die Medikation allein nicht die erwünschte Wirkung zeigte, wurde sie zur Psychologin überwiesen. Fr. M. berichtete über eine Vielzahl an körperlichen Beschwerden wie Rücken- und Bauchschmerzen und v. a. Migräne, die sie nachts stundenlang wach hielt. Sie litt unter massiven Schlafstörungen, Herzrasen, Konzentrationsschwäche, Schreckhaftigkeit und Nervosität. In der psychologischen

Behandlung wurde deutlich, dass die körperlichen Schmerzen Ausdruck der psychischen Überforderung und Folge der Traumata war, die Fr. M erlebt hatte. Sie war vor fünf Jahren aus Somalia geflüchtet, einem Land, in dem seit Jahren Bürgerkrieg herrscht und in dem sie Verfolgung, sexuelle Gewalt und Bedrohungen erlitten hatte und zusehen musste, wie ein naher Verwandter umgebracht wurde. Sie flüchtete alleine und ließ Mann und Kind zurück. Geplant war, dass die beiden so schnell wie möglich nachkämen. Der schwierige und seltene telefonische Kontakt riss bald ab, da ihre Familie aufgrund des Bürgerkriegs oftmals den Wohnort wechseln musste. Sechs Monate bevor sie ins FEM Süd kam, erfuhr sie, dass ihr Sohn an Tuberkulose gestorben war. Seitdem wurden die körperlichen Beschwerden unerträglich, besonders vor und während der Menstruation. Sie erzählte, dass sie beschnitten war und die Schmerzen bei Menstruation und Geschlechtsverkehr für sie „normal", aber schwer erträglich seien.

Im FEM Süd konnte sie ihre Traumata bearbeiten, der fehlende Abschied von ihrem Sohn konnte nachgeholt werden und sie lernte, mit der überfordernden Situation des Neubeginns in einem unbekannten, aber sicheren Land umzugehen. Langsam begann sie, die Stadt ohne Angst zu erkunden und es zu genießen, sich ohne Todesangst frei bewegen zu können – auch alleine als Frau. Sie schloss sich einer Gruppe somalischer Frauen in Wien an und knüpfte dort Freundschaften. Es konnte auch eine Gynäkologin ausfindig gemacht werden, die mit der Problematik von FGM vertraut war und den notwendigen sensiblen Umgang damit zeigte.

Neben der Beratungstätigkeit liegt ein weiterer Arbeitsschwerpunkt im Bereich der Gesundheitsinformation und -bildung. In aufsuchender Arbeit werden Gesundheitsvorträge für Frauen in mehreren Sprachen und an verschiedensten Orten in den jeweiligen „Lebenswelten" abgehalten. Das können Kirchen oder Moscheen sein, aber auch Einrichtungen für AsylwerberInnen oder Kulturvereine; die Themenpalette ist dabei vielfältig und reicht von „Gesundheitsvorsorge" über „Gynäkologie" bis hin zu „Gesunder Ernährung" und PatientInnenrechten.

Diese Vortragstätigkeit dient einerseits der Informationsvermittlung, andererseits als vertrauensbildende Maßnahme. Frauen der Zielgruppe können so Mitarbeiterinnen des Frauengesundheitszentrums in „geschütztem" Rahmen kennen lernen, wodurch die Hemmschwelle, selbst in die Beratungsstelle zu kommen, gesenkt werden kann. Dieses Angebot erfreut sich großer Akzeptanz. Das Frauengesundheitszentrum FEM Süd wird erfreulicherweise nach bereits relativ kurzer Projektlaufzeit als Anlaufstelle von Frauen verschiedenster afrikanischer und arabischer „Communities" wahrgenommen, die Rückmeldungen der Klientinnen sind durchwegs positiv. So bezeichnen viele FEM Süd als einen Ort der Unterstützung und des Vertrauens.

Auf struktureller Ebene werden schließlich Ansätze zur Verbesserung der medizinischen Betreuung betroffener Frauen im Gesundheitswesen verfolgt. Hier erfolgt Vernetzungsarbeit sowohl mit niedergelassenen ÄrztInnen als auch mit Krankenhäusern. In diesen finden auch interdisziplinäre Fortbildungen für Krankenhauspersonal – vor allem an gynäkologisch/geburtshilflichen Abteilungen – statt, mit dem Ziel einer adäquateren Versorgung der Frauen, die von FGM betroffen sind. Fortbildungen werden aber auch für Betreuungspersonal in Einrichtungen für AsylwerberInnen, für PädagogInnen in Kindergärten etc. angeboten. Insgesamt sollen damit Sensibilisierung und „Awareness" für dieses Thema gestärkt und gemeinsame Anstrengungen im Sinne der Prävention von Genitalverstümmelung möglich gemacht werden.

## Resümee

Die deutsche Bundesärztekammer hat Empfehlungen für die Betreuung von Frauen herausgegeben, die eine Genitalverstümmelung erlitten haben. Diese Empfehlungen fordern eine ganzheitliche Betrachtung und können aus diesem Grund als wegweisend gelten:

> Die Tradition einiger afrikanischer Kulturen kann nicht nur historisch, politisch und ethisch-moralisch bewertet werden; sondern den betroffenen Frauen ist entsprechend ihrem Leidensdruck und ihrem Beschwerdebild zu helfen, und zwar sozial, psychologisch und medizinisch kompetent. Insbesondere bei gynäkologischen und geburtshilflichen Behandlungen müssen sowohl die anatomischen Besonderheiten nach der Verstümmelung wie auch die Wünsche der Patientinnen bei Geburt, Operation sowie Wundversorgung funktional, medizinisch und psychologisch berücksichtigt werden (Goesmann & Kentenich 2006, S. 285).

Begegnet man zudem betroffenen Frauen mit Respekt, Sensibilität und Empathie, kann ihnen wirklich adäquate Hilfestellung zuteil werden. So kann auch eine geeignete Vertrauensbasis hergestellt werden, die nicht zuletzt das Thema der Prävention von FGM bei den Töchtern dieser Frauen „ansprechbar" machen. Das Bewusstsein, dass auch die so genannte „westliche" Welt, in der der Markt an kosmetischen Eingriffen am weiblichen Genital („Designervagina") regelrecht boomt, in der Entwicklung nicht weit voraus ist, erleichtert ein Gegenübertreten auf Augenhöhe.

Als beste Prävention von weiblicher Genitalverstümmelung wie auch von „kosmetischen Genitalkorrekturen" erscheinen neben Bewusstseinsbildung und Aufklärung schließlich gesellschaftliche Veränderungsprozesse, die zu wirtschaftlicher Unabhängigkeit und Selbstvertrauen bei Frauen führen.

## Literatur

African Women's Organisation (2005). *Training Kit. Prevention and Elimination of Female Genital Mutilation among Immigrants in Europe*. EU-Daphne Project.
Asefaw F. (2008). *Weibliche Genitalbeschneidung. Hintergründe, gesundheitliche Folgen und nachhaltige Prävention*. Königstein/Taunus: Ulrike Helmer.
Bauer, Ch. & Hulverscheidt, M. (2003). Gesundheitliche Folgen der weiblichen Genitalverstümmelung. In Terre des Femmes (Hrsg.), *Schnitt in die Seele. Weibliche Genitalverstümmelung – eine fundamentale Menschenrechtsverletzung* (S. 65–81). Frankfurt am Main: Mabuse.
Catania, L., Abdulcadir, O., Puppo, V., Verde, J.B., Abdulcadir, J. & Abdulcadir, D. (2007). Pleasure and Orgasm in Women with Female Genital Mutilation/Cutting (FGM/C). *The Journal of Sexual Medicine*, Volume 4, Number 6, 1666–1678.
Goesmann, C. & Kentenich, H. (2006). Empfehlungen zum Umgang mit Patientinnen nach weiblicher Genitalvertümmelung (female genital mutilation). *Deutsches Ärzteblatt*, Jahrgang 103, Heft 5, 285–287.
El Dareer, A. (1982). *Woman, Why Do You Weep? Circumcision and Its Consequences*. Bath: The Pitman Press.
Euler, M. (2002). *Genitale Verstümmelung von Mädchen und Frauen. Situationsbericht aus dem Sudan*. Missio. Internationales Katholisches Missionswerk e.V. Band 8. Aachen: Fachstelle Menschenrechte.
Ismail, E. (2000). Kampf der sudanesischen Frauen. In C. Hermann (Hrsg.), *Das Recht auf Weiblichkeit. Hoffnung im Kampf gegen die Genitalverstümmelung*, 91–100. Bonn: J.H.W. Dietz.
Kalthegener, R. (2000). Genitalverstümmelung (k)ein Asylgrund? In C. Hermann (Hrsg.), *Das Recht auf Weiblichkeit. Hoffnung im Kampf gegen die Genitalverstümmelung*, 115–128. Bonn: J.H.W. Dietz.
Kalthegener, R. (2003). Rechtliche Regelungen gegen Genitalverstümmelung in Afrika. In Terre des Femmes (Hrsg.), *Schnitt in die Seele. Weibliche Genitalverstümmelung – eine fundamentale Menschenrechtsverletzung*, 203–214. Frankfurt am Main: Mabuse.
Lightfood-Klein, H. (2003). *Der Beschneidungsskandal*. Berlin: Orlanda.
Rymer, J. & Momoh, C. (2009). Managing the reality of FGM in the UK. In C. Momoh (Hrsg.), *Female Genital Mutilation*, 21–28. Abingdon: Radcliffe Publishing Ltd.
Schnüll, P. (2003). Weibliche Genitalverstümmelung in Afrika. In Terre des Femmes (Hrsg.), *Schnitt in die Seele. Weibliche Genitalverstümmelung – eine fundamentale Menschenrechtsverletzung*, 23–64. Frankfurt am Main: Mabuse.
WHO/World Health Organization (2008). *Eliminating Female genital mutilation. An interagency statement*. Genf: World Health Organization.
WHO Study Group on Female Genital Mutilation and Obstetric Outcome (2006). Female genital mutilation and obstetric outcome: WHO collaborative prospective study in six African countries. *The Lancet 2006; 367;* 1835–1841.
Stadt Wien (Hrsg.). (2006). *Wiener Frauengesundheitsbericht 2006*. Wien.

## Autorinnen

**Mag.[a] Hilde Wolf**
Studium der Psychologie an den Universitäten Wien und Salzburg, postgraduelle Ausbildung zur Klinischen und Gesundheitspsychologin; Mitbegründung des Frauengesundheitszentrums FEM Süd im Kaiser-Franz-Josef-Spital (SMZ Süd) und Leitung seit 1999. Vorstandsmitglied des Instituts für Frauen- und Männergesundheit. Mitglied im wissenschaftlichen Beirat der Österreichischen Akademie für Psychologie (ÖAP). Arbeitsschwerpunkte: Gesundheitsförderung für Migrantinnen und sozial benachteiligte Frauen.

**Umyma ElJelede, Bakk.[a]**
geboren im Sudan, Medizinstudium in Libyen, Bachelor's degree in Medizin und Allgemeiner Chirurgie; Tätigkeit an der chirurgischen Abteilung des Tripolis Central Hospitals von 2000–2002 sowie an der pädiatrische Abteilung der Algaher Clinic in Sebha 2002–2003. Seit 2007 als Gesundheitsberaterin und Referentin im FEM Süd beschäftigt. Arbeitsschwerpunkte: Frauengesundheit und Weibliche Genitalverstümmelung.

## „Women at Work"
### Interkulturelle betriebliche Gesundheitsförderung für Frauen in Niedriglohnbranchen

*Huberta Haider, Karin Korn, Slavica Blagojević*

Der folgende Artikel beschreibt wesentliche Faktoren der betrieblichen Gesundheitsförderung für Frauen in Niedriglohnbranchen am Beispiel des FEM Süd-Projektes „Gesund arbeiten ohne Grenzen" und geht sowohl auf gesundheitliche als auch auf psychosoziale Belastungen von weiblichen Reinigungskräften näher ein.

Steigende Belastungen am Arbeitsmarkt und psychosoziale Stressoren sowie die damit verbundenen vermehrten Krankenstände führen dazu, dass betriebliche Gesundheitsförderung am Arbeitsplatz einen immer breiteren Raum einnimmt und auch seitens der ArbeitgeberInnen unterstützt wird.

Die Luxemburger Deklaration zur betrieblichen Gesundheitsförderung in der EU (1997) definiert den Begriff wie folgt: „Betriebliche Gesundheitsförderung zielt darauf ab, Krankheiten am Arbeitsplatz vorzubeugen – einschließlich arbeitsbedingte Erkrankungen, Arbeitsunfälle, Berufskrankheiten und Stress – Gesundheitspotentiale zu stärken und das Wohlbefinden am Arbeitsplatz zu verbessern."

Trotz zahlreicher Erhebungen und Praxisansätze im Bereich der betrieblichen Gesundheitsförderung werden frauenspezifische Themen selten angesprochen. Die betriebliche Gesundheitsförderung als „Männerdomäne" geht von eindeutig messbaren Größen wie Arbeitsdauer, Grad der körperlichen Belastung, ergonomischen Faktoren etc. aus. Psychosoziale Faktoren finden in der Praxis oft wenig Berücksichtigung. Doch ist es unter dem Gesichtspunkt der zunehmenden Diversität im Arbeitskontext wesentlich, gender- und kulturspezifische Aspekte in die betriebliche Gesundheitsförderung zu integrieren. Bislang gibt es kaum Projekte, die explizit auf die die Bedürfnisse von Frauen unter Einbeziehung ihres Migrationshintergrundes eingehen. Bei herkömmlichen Gesundheitsförderungsprojekten haben viele Migrantinnen vor allem aufgrund von sprachlichen Barrieren keinen Zugang. Dies betrifft insbesondere Frauen in Niedriglohnbranchen.

### Frauen und Arbeit – die Situation am Arbeitsmarkt

Der Großteil der Frauen in Österreich, ob mit oder ohne Kinder, ist erwerbstätig. Laut Statistischem Zentralamt (2009) liegt die Beschäftigungsquote bei Frauen im erwerbsfähigen Alter derzeit bei 66,3%, die der Männer bei 75,4%.

Der nähere Blick auf die geschlechtsspezifische Situation am Arbeitsmarkt macht deutliche Unterschiede sichtbar: Frauen sind besonders häufig teilzeit- oder atypisch beschäftigt, belegt der Bericht des Rechnungshofes (2008, S. 17): In den Jahren 2006 und 2007 waren in Österreich 39% aller erwerbstätigen Frauen (4% aller erwerbstätigen Männer) teilzeitbeschäftigt. Neun von zehn Teilzeitbeschäftigungen werden von Frauen ausgeführt.

Hamann und Linsinger (2008, S. 32) weisen darauf hin, dass sich Frauen in Österreich und Deutschland „stärker als im Durchschnitt der EU-Länder auf wenige Berufe konzentrieren". Genannt werden hier Büroberufe, nicht ärztliche Gesundheitsberufe wie Krankenpflege oder Arzthelferinnen, weiters Tätigkeiten im Verkauf und im sozialen Bereich wie zum Beispiel Altenpflegerinnen sowie Berufe in der Reinigung und Entsorgung.

Wie hier bereits durchklingt, ist auch die vertikale Verteilung geschlechtsspezifisch geprägt. Frauen sind deutlich seltener in höheren Hierarchiestufen vertreten: Pirolt und Schauer (2005, S. 6) zeigen auf, dass in Österreich „56% aller Angestellten weiblich sind, der Frauenanteil bei führenden Tätigkeiten 25% beträgt, bei Hilfstätigkeiten jedoch 70%". Diesbezüglich resümiert der aktuelle EU-Gleichstellungsbericht (2009): „Je höher die Position, desto seltener ist sie durch eine Frau besetzt."

Die Geschlechtszugehörigkeit schlägt sich besonders deutlich im Verdienst nieder. Die plakative Initiative des „Equal pay day" der Business and Professional Women Austria (2009) macht die Gehaltsschere klar erkennbar: Im Jahr 2008 mussten Frauen in Österreich bis zum 16. April des Folgejahres arbeiten, um den gleichen Jahresverdienst wie ein Mann zu erwerben. Laut aktuellem EU-Gleichstellungsbericht belegt Österreich unter den 27 EU-Ländern diesbezüglich den vorletzten Platz – lediglich in Estland ist die Einkommensschere größer.

## (Un-)Vereinbarkeit von Berufstätigkeit und Partnerschaft/ Familie/Kindern

„Wir leben nicht mehr in einer ‚Entweder-oder'- sondern in einer ‚Sowohl- als auch'-Welt", äußert sich Marilyn Carlson Nelson, Chairman and Chief Executive Officer, Carlson Companies, Inc., am Women World Congress (Wien, Rathaus, 4. März 2009) in ihrem Vortrag pointiert über weibliche Lebensplanung. Die Vereinbarkeit von Beruf und Familie zählt zu den zentralen Herausforderungen der weiblichen Biografie.

Nach wie vor wird die Zuständigkeit für Kindererziehung und den häuslichen Bereich sowie die – ebenfalls unbezahlte – Pflege Angehöriger Frauen zugeschrieben: Hamann und Linsinger (2008) machen ebenso deutlich wie schon Alfermann (1996), dass den Hauptanteil bei den kind- und haushaltsbezogenen Aufgaben nach wie vor Frauen tragen – unabhängig von der eigenen Berufstätigkeit.

Das „Unter-einen-Hut-Bringen" beider Bereiche ist die „neue" Rollenanforderung an Frauen – und erweist sich in der Realität oft als schwierig bis unmöglich. Erwerbs- und Reproduktionsarbeit, wie Haushalt im Gegensatz zur Erwerbsarbeit im Wirtschaftssektor genannt wird, sind zwei Tätigkeitsbereiche, die sich oftmals widersprechen und miteinander nur unter hoher Anstrengung vereinbar sind. Diesen Kraftakt übernehmen Frauen und interpretieren die reale Unvereinbarkeit oft als eigenes Versagen, was zu einer Abwertung der eigenen Leistungsfähigkeit und Person führt.

## Weibliche Migrantinnen häufig in Niedriglohnbranchen

Ist klassische Frauenarbeit bereits stärker dem Niedriglohnsektor zuzuordnen, spitzt sich die Situation für Frauen mit Migrationshintergrund noch deutlich zu. Geringe Bildung, fehlende oder nicht anerkannte Ausbildungen führen zu schlecht bezahlter, körperlich oftmals sehr anstrengender Arbeit an der untersten Stufe der Hierarchie. Diese Kennzeichen der Arbeitssituation sind mit besonderen gesundheitlichen, aber auch psychischen Belastungen verbunden und können in Zusammenhang mit hohen Fehlzeiten und vermehrten Krankenständen gebracht werden.

Bei Beschäftigten mit Migrationshintergrund werden durchschnittlich mehr Berufskrankheiten, Arbeitsunfälle und Arbeitsunfähigkeit beobachtet. Erklärungen für Unterschiede im Gesundheitszustand sowie im Inanspruchnahmeverhalten von in- und ausländischen Beschäftigten werden u. a. in verschiedenen beruflichen Belastungen, aber auch im Gesundheitsverhalten und -verständnis sowie in auf Kulturphänomene gründenden betrieblichen Kommunikationsproblemen gesehen (Bödeker, Harms & Salman 2009).

Eine Nische für Erwerbstätigkeit für Frauen mit Migrationshintergrund ist der Reinigungssektor. Reinigungsarbeiten sowohl im informellen Sektor (Hausarbeit) als auch im formellen Sektor (Reinigungsfirmen, Krankenhäuser etc.) werden überwiegend von Frauen ausgeführt, besonders hoch ist hier der Anteil an Migrantinnen. Auffällig ist, dass oftmals Frauen mit qualifizierten Ausbildungen sowohl im formellen, allerdings wahrscheinlich auch im informellen Sektor Tätigkeiten wie zum Beispiel Reinigung oder Pflege nachgehen. Hamann und Linsinger (2008, zit. nach Lutz 2007) beschreiben diese Tatsache wie folgt: „Die wichtigste Differenzkategorie zwischen ArbeitgeberInnen und ArbeitnehmerInnen ist nicht die soziale Klasse, sondern die ethnische Herkunft". Während bereits qualifizierte Studien über den formellen Sektor rar sind, existieren Statistiken über den informellen Sektor kaum.

## „Gesund arbeiten ohne Grenzen" – geschlechtssensible und interkulturelle betriebliche Gesundheitsförderung für Reinigungspersonal im Wiener Krankenanstaltenverbund

Gezielte Gesundheitsförderungsaktivitäten für MitarbeiterInnen in Krankenhäusern des Wiener Krankenanstaltenverbundes sind weit verbreitet, dennoch fand bisher die Berufsgruppe der Reinigungskräfte („Hausarbeiterinnen") vor allem aufgrund von Sprachbarrieren kaum Zugang. Diese multikulturelle Zielgruppe, oft mit geringer Bildung und sozial benachteiligt, ist von erheblichen gesundheitlichen und psychosozialen Belastungen betroffen. Reinprecht und Kienzl-Plochberger (2005) zeigen, dass im Wiener Krankenanstaltenverbund die größte Gruppe an weiblichem Personal mit Migrationshintergrund beim Betriebspersonal beschäftigt ist, wozu auch Reinigungskräfte zählen. Hier hat jede fünfte Mitarbeiterin (569 Frauen) eine Staatsbürgerschaft aus den Ländern des ehemaligen Jugoslawien. Die bereits „eingebürgerten" Mitarbeiterinnen werden in diesen Zahlen nicht berücksichtigt.

Aus den bisherigen Erhebungen in Spitälern des Wiener Krankenanstaltenverbundes durch das Projektteam wird deutlich, dass im Reinigungssektor zu 65% Migrantinnen beschäftigt sind. Die Herkunftsländer sind primär Bosnien, Kroatien, Serbien und Mazedonien (50%), 6% der Hausarbeiterinnen kommen von den Philippinen, 5% aus der Türkei, 4% aus anderen Ländern.

Mit der Durchführung von „Gesund arbeiten ohne Grenzen" wird erstmals die Gesundheit der Hausarbeiterinnen in den Mittelpunkt gestellt. Der Wiener Krankenanstaltenverbund nimmt hier eine innovative Vorreiterrolle ein. Seit dem Jahr 2006 wird hier vom Frauengesundheitszentrum FEM Süd das erste gender- und kultursensible Projekt der betrieblichen Gesundheitsförderung in Österreich durchgeführt. Mit finanzieller Unterstützung des Fonds Gesundes Österreich, des Wiener Programms für Frauengesundheit und der Wiener Gebietskrankenkasse erfolgten mittlerweile Projektdurchgänge in vier Krankenhäusern sowie einem zuarbeitenden Betrieb. Grundlegendes Projektziel ist die (Weiter-)Entwicklung und Umsetzung gender- und kultursensibler betrieblicher Gesundheitsförderung für gering qualifizierte Mitarbeiterinnen. Ziel aller Vorhaben sind die Sensibilisierung und Bewusstseinsbildung für Gesundheitsvorsorge, eine Verbesserung des Gesundheitsbewusstseins und der Arbeitsplatzzufriedenheit sowie das Empowerment der Hausarbeiterinnen. Ausgegangen wird von einem umfassenden Gesundheitsbegriff, der psychosoziale Aspekte sowie Wohlbefinden mit einbezieht. Innerbetriebliche Prozesse und Strukturen finden außerdem besondere Berücksichtigung.

Folgende Methoden kamen im Projekt zur Anwendung:

**Miteinbeziehung der Führungsebene** sowie „Ins-Boot-Holen" von Vertrauenspersonen des Reinigungspersonals: Um Frauen dieser Zielgruppe zu erreichen, ist die Einladung zur Teilnahme durch die direkte Führungsebene unabdingbar. Ängste und Befürchtungen können weiters durch Miteinbeziehung von Vertrauenspersonen abgebaut werden – besonders in der Gruppe engagierte Hausarbeiterinnen werden gebeten, den Informationstransfer zur Zielgruppe zu unterstützen und auch als Präsentatorinnen der Ergebnisse vor der Führungsebene zu fungieren.

**Fragebogenerhebung des gesundheitlichen Lebensstils** und der Arbeitsbedingungen der Hausarbeiterinnen: Im Zuge des Projektes wurden herkömmliche Erhebungsinstrumente der betrieblichen Gesundheitsförderung (Fragebogen etc.), die bisher die Dimensionen Gender und Diversity wenig bis gar nicht berücksichtigen, einer Adaptierung unterzogen. Die bestehenden Erhebungsinstrumente der betrieblichen Gesundheitsförderung wurden im Hinblick auf ihre Anwendbarkeit für die Zielgruppe untersucht und der IMPULS-Test (AUVA, WKO, AK, IV & ÖGB 2007) wurde als geeignetes Instrument herangezogen. Um frauenspezifische gesundheitliche Belastungsfaktoren (Doppel- und Mehrfachbelastung, Pflege von Angehörigen, psychische Belastungen ...) zu erheben, entwickelte das Frauengesundheitszentrum FEM Süd einen zusätzlichen Fragebogen. Die Fragebogenbatterie wurde in die Sprachen Bosnisch, Serbisch, Kroatisch, Englisch und Türkisch übersetzt und in leicht verständlicher Sprache abgefasst.

**Durchführung von muttersprachlichen und genderspezifischen Gesundheitszirkeln** (bei Bedarf auch in den Sprachen Bosnisch, Serbisch, Kroatisch, Türkisch und Englisch), um gesundheitsbezogene Belastungen und Ressourcen zu ermitteln.

Der partizipative Ansatz der Gesundheitszirkel eignet sich besonders gut, um Frauen, die bisher wenig Mitspracherecht hatten, den erforderlichen Raum zu geben, selbst über Problemlösungen nachzudenken. Die mehrsprachige und interkulturelle Arbeit des Frauengesundheitszentrums FEM Süd ermöglicht es, muttersprachliche und nach Geschlechtern getrennte Gesundheitszirkel und -maßnahmen durchzuführen. Somit entfallen sprachliche Barrieren und es entsteht eine vertrauensvolle Atmosphäre, in der auch sensible Problematiken wie sexuelle Übergriffe oder geschlechtsspezifische Benachteiligungen besser angesprochen werden können. Nach Geschlechtern getrennte Gruppen sind auch sinnvoll, weil das Redeverhalten von Frauen und Männern unterschiedlich ist – Frauen neigen in gemischtgeschlechtlichen Gruppen eher dazu, ihre Redezeit zugunsten der der Männer „zurückzuschrauben". Wesentlich ist hier die integrative Komponente, die bei „Gesund arbeiten ohne Grenzen" dadurch erreicht wird, dass die Gruppen für die letzten Sitzungen zusammengeführt werden und somit der interkulturelle Austausch über die oft gleichartigen Problematiken in der Berufsgruppe gefördert wird. Außerdem wurden sämtliche Moderationsmethoden der Gesundheitszirkel an die Zielgruppe angepasst (Methodenwechsel, Pausen, Vermeiden hochschwelliger Sprache etc.). Der explizit genderspezifische Ansatz des Projektes öffnet zum Beispiel den Blick auf die Doppel- und Mehrfachbelastung von Frauen. Die Balance zwischen beruflichen und familiären Anforderungen zu halten zählt zu den wesentlichen gesundheitsbelastenden Faktoren von Frauen. Demzufolge wird in den Gesundheitszirkeln nicht ausschließlich auf die Arbeitssituation eingegangen, sondern es werden auch private und familiäre Themen sowie die Schnittstellenproblematik miteinbezogen.

**Durchführung von Gesundheitscoachings für direkte Vorgesetzte** („Hausaufsicht"): Ziel ist es, den Führungskräften eine Reflexion des eigenen Gesundheitsverhaltens und der Arbeitssituation zu ermöglichen und Ansätze zur Förderung der Arbeitsfähigkeit aufzuzeigen.

Auf Basis der Ergebnisse der Erhebungen und der Gesundheitszirkel werden gemeinsam mit den Reinigungskräften **maßgeschneiderte gesundheitsförderliche Angebote** für den jeweiligen Betrieb entwickelt und umgesetzt. Lösungsansätze finden sowohl auf der Verhaltens- als auch auf der Verhältnisebene statt. Auf der Verhaltensebene kann aus mehreren gesundheitsförderlichen Angeboten gewählt werden (Wirbelsäulengymnastik, Pilates, Ernährungs- und Bewegungskurs, psychologische Beratung etc.). Inhalte weiterer Angebote wie Erziehungsberatung oder Konfliktmanagement werden mit den Teilnehmerinnen partizipativ entwickelt. Mit Hilfe der Führungsebene des jeweiligen Betriebes können strukturelle Veränderungen im Arbeitsprozess (Arbeitsablaufoptimierung, vermehrte MitarbeiterInnenorientierungsgespräche, Einführung von Teambesprechungen etc.) umgesetzt werden.

**Niederschwelligkeit**: Bei allen Gesundheitskursen wurde auf die Möglichkeit der Abhaltung während der Arbeitszeit geachtet. Zeitmangel ist aufgrund der Doppel- und Mehrfachbelastung ein zentraler Faktor in der Gesundheitsförderung bei Frauen. Die Angebote sind außerdem für die Teilnehmerinnen kostenlos.

Um **Nachhaltigkeit** zu gewährleisten, wird pro Institution mindestens eine Person zur „Gesundheitsbeauftragten" ausgebildet, die als Ansprechpartnerin für weiterführende gesundheitsförderliche Aktivitäten fungiert (zum Beispiel Laufgruppe, Gymnastik in der Pause etc.).

Um den **Wissenstransfer** zu ermöglichen, wird auf Basis der in den Projektdurchgängen erworbenen Erfahrungen ein Manual für geschlechtssensible und interkulturelle betriebliche Gesundheitsförderung erstellt.

## Gesundheitliche Belastungen von Frauen im Reinigungssektor

Im Zuge des Projektes erfolgten Erhebungen an 204 Frauen. Im Durchschnitt waren die Frauen zum Erhebungszeitpunkt 45 Jahre alt, die Hälfte hatte einen Pflichtschulabschluss (53%), ebenfalls 50% kommen aus Ländern des ehemaligen Jugoslawien. Folgende körperliche und seelische Hauptbelastungen wurden identifiziert:

Infolge der oft langjährigen einseitigen körperlichen Belastung leidet ein sehr hoher Anteil der Frauen (72,2%) an Wirbelsäulenproblemen (siehe hierzu auch Schauer & Pirolt 2001). Als Folge des hohen Belastungsgrades der Frauen und des häufigen Hantierens mit Putz- und Reinigungsmitteln ist der hohe Grad an Kopfschmerzen (63,8%) interpretierbar. Nach eigenen Angaben sind über die Hälfte der befragten Frauen (50,6%) übergewichtig und geben an, dadurch belastet zu sein. Auch Bluthochdruck wurde mit 47,9% häufig genannt. Weiters ist der Anteil an chronischen Erkrankungen hoch: 35,7% der befragten Reinigungskräfte werden wegen rheumatischer Krankheiten behandelt. Außerdem wurden häufig Allergien (22,4%), Bronchitis/Asthma (12,2%) und chronischer Husten (11,2%) genannt.

Die Erfahrungen von „Gesund arbeiten ohne Grenzen" zeigen, dass körperliche Belastungsfaktoren nicht allein im Fokus stehen, sondern auch psychosoziale Belastungen wie zum Beispiel Stress in hohem Ausmaß genannt werden.

Schauer und Pirolt (2001) identifizierten in ihrem Projekt „Spagat" außerdem folgende „Dauerbrenner" für Frauenarbeitsplätze:
- Psychosoziale Belastungen, wie zum Beispiel Arbeitsplatzunsicherheit, Probleme in Arbeitsorganisation und -ablauf, geringer Handlungsspielraum und fehlende Mitsprachemöglichkeit;
- Probleme bezüglich der Arbeitszeit, wie der Wunsch nach mehr Teilzeitvarianten oder willkürliche Überstundenregelungen;
- Umgebungsbelastungen, wie zum Beispiel fehlende Einschulung im Umgang mit Desinfektions- und Putzmitteln, Belastungen durch Lärm, Kälte usw.

Im Projekt „Gesund arbeiten ohne Grenzen" erwiesen sich Stress sowie das subjektive Gefühl, zu wenig Zeit zu haben, als psychosoziale Hauptbelastung. 42% der Frauen gaben an, darunter zu leiden. Ähnliche Symptome wie Schwäche/Müdigkeit (29,5%) sowie Nervosität/Unruhe (26,4%) sind ebenfalls häufig.

Neben der Vollzeit-Erwerbsarbeit der Frauen, die im Schichtdienst ausgeführt wird, sind die befragten Frauen – wenig überraschend – auch für die Hausarbeit zuständig. So gut wie alle Frauen putzen und kochen auch zu Hause (92,6% und 92,3%). Weiters fiel in den subjektiven Aufgabenbereich der Frauen die Beziehungsarbeit: 66% sehen das „Anhören von Problemen und Freuden der Familienangehörigen" in ihrem Zuständigkeitsbereich. Das Aussprechen, Organisieren und Durchführen von Einladungen und (Familien-)Besuchen, die im interkulturellen Kontext oftmals einen weitaus größeren Zeitaufwand und intensivere Zuwendung bedeuten als in Österreich üblich, liegt zu knapp 66% hauptsächlich an den Frauen. Die vergleichsweise geringe Anzahl an Frauen, die sich für Kindererziehung hauptverantwortlich sieht (50%), ist eher durch das Alter der Frauen, deren Kinder zum Großteil bereits älter bzw. außer Haus sind, erklärbar als durch partnerschaftliche Arbeitsteilung. Diese Zahlen spiegeln die gesellschaftliche Rollenverteilung wider und sind mit ziemlicher Sicherheit auf andere Berufsgruppen übertragbar.

Häufig übersehen wird die starke psychische Belastung, die bei vielen Frauenarbeitsplätzen gegeben ist. Pirolt und Schauer (2005) nennen als Beispiel die Frisörin, die wie selbstverständlich nebenher auch als Zuhörerin und Ratgeberin fungiert und wie bei zahlreichen Berufen im Dienstleistungssektor stets einen freundlichen Gesichtsausdruck und gute Laune zeigen muss – unabhängig von der eigenen Befindlichkeit. Auch zeichnen sich Frauenarbeitsplätze oft dadurch aus, dass die Gefahr von abwertenden und diskriminierenden Grundhaltungen hoch ist (geringerer Lohn, sexuelle Belästigung etc.). Diese Belastungen werden oftmals von den Betroffenen selbst als „jobimmanent" beschrieben und bleiben somit in Erhebungen oftmals unsichtbar. Auch, weil psychosoziale Belastungen in herkömmlichen Erhebungsinstrumenten keine eigene Kategorie bilden.

Bei den Reinigungsmitarbeiterinnen im Projekt wurden ebenfalls psychische Belastungen identifiziert: Das Arbeiten am untersten Ende der Hierarchie führt zu einer als belastend erlebten „Unsichtbarkeit" der Reinigungsfrau als Person und ihrer Tätigkeit – mitunter nicht begrüßt zu werden oder selbstverständlich mit „Du" und dem Vornamen angesprochen zu werden, wurden als störende Arbeitsbedingungen genannt. Auch die Titulierung als „Putzfrau" oder „Bedienerin" wird als wenig wertschätzend erlebt. Die geringe Anerkennung führt oftmals zu mangelnder Identifikation mit der eigenen Tätigkeit und der Berufsgruppe.

Von vielen Hausarbeiterinnen wurden erhöhter Informationsfluss über arbeitsspezifische Inhalte sowie mehr Mitsprachemöglichkeit gewünscht. Ein wesentliches Kriterium der Arbeit „am untersten Ende der Hierarchie" besteht weiters im Mangel an Entwicklungsmöglichkeiten und Aufstiegschancen, was ebenfalls als belastend genannt wurde. Dazu gibt es Personalent-

wicklungsansätze von Seiten des Krankenanstaltenverbundes, die allerdings von den Frauen selbst aufgrund geringen Selbstwertes nur in geringem Ausmaß genutzt werden.
Andererseits gab es auch eine Reihe positiver Aspekte im Arbeitskontext. Immer wieder angeführt wurde beispielsweise die Zusammenarbeit mit anderen (Reinigungs-)Frauen. Der informelle Austausch und die Freundschaften, die im Zuge der oft jahrelangen Betriebszugehörigkeit entstanden waren, erwiesen sich als „gesunderhaltend". Auch die Tatsache, einen sicheren Arbeitsplatz bei der Stadt Wien zu haben und über eigenes Geld zu verfügen, war ein zentraler Faktor, der als gesunderhaltend genannt wurde.

## Individuelle und strukturelle Veränderungen

Einerseits wurden in den vier Krankenhäusern und dem zuarbeitenden Betrieb strukturelle Veränderungen initiiert, wie Verbesserung der Dienstabläufe und -übergaben, MitarbeiterInnenorientierungsgespräche, Optimierung der Informationsmöglichkeiten, Optimierung der Urlaubsplanung, regelmäßige arbeitsinterne Besprechungen usw. Diskriminierung und „Unsichtbarkeit" der Hausarbeiterinnen wurden bei krankenhausinternen Qualitätskonferenzen angesprochen.

Zusätzlich kam es zu Veränderungen auf der Verhaltensebene bei den teilnehmenden Frauen. Es fanden vielfältige zweisprachige und kostenlose Gesundheitsangebote statt: Gymnastikkurse (Wirbelsäulen- und Tanzgymnastik, Pilates), Vorträge über gesunde Ernährung und Stress, Entspannungsübungen und Kommunikationskurse.

Die Zielgruppe konnte durch das Projekt erfreulicherweise sehr gut erreicht werden. Die Gesundheitszirkel wurden von den Mitarbeiterinnen gut angenommen, wobei die Zweisprachigkeit immer wieder als besonders hilfreich hervorgehoben wurde. Die Feedbackbögen zeigten, dass die Teilnehmerinnen durch die Zirkelsitzungen subjektiv viel für sich dazulernen konnten. Positiv erwähnt wurde die „Möglichkeit der Aussprache" beziehungsweise „Raum und Platz für eigene Themen" zu haben. Die gesundheitsfördernden Maßnahmen auf der Verhaltensebene wurden von den Mitarbeiterinnen ebenfalls sehr gut angenommen, sie waren mit großer Begeisterung dabei – dies bestätigten auch die direkten Vorgesetzten oder BetriebsärztInnen. Das vermehrte Mitspracherecht und das eigenständige Erarbeiten von Lösungsschritten führten zu einer Steigerung des Selbstbewusstseins. Eine Steigerung des körperlichen und seelischen Wohlbefindens konnte durch die Evaluation bestätigt werden.

## Fazit

Dass geschlechtssensible und interkulturelle betriebliche Gesundheitsförderung möglich ist, ist an der Zielgruppe der Hausarbeiterinnen deutlich erkennbar. Galt diese Gruppe bisher als für Gesundheitsförderungsprojekte schwierig zu erreichen, konnte mit „Gesund arbeiten ohne Grenzen" ein Weg dorthin aufgezeigt werden.

Für das Frauengesundheitszentrum FEM Süd ist betriebliche Gesundheitsförderung eine der Möglichkeiten, Angebote der Gesundheitsförderung für Frauen mit Mehrfachbelastungen zu öffnen. Gerade für Frauen in Niedriglohnbranchen, die aufgrund zeitlicher und finanzieller Barrieren oftmals ihrer eigenen Gesundheit kaum Platz in ihrem Leben einräumen (können), erwies sich diese Zugangsweise als zielführend.

Hier können wir ansetzen und in Kooperation mit den Betrieben unseren Beitrag leisten, um das Wohlbefinden der Mitarbeiterinnen zu steigern. Der Optimalfall ist eine „Win-win-Situation" für alle Beteiligten: die Reinigungskräfte sind im Mittelpunkt der Aufmerksamkeit und haben die Möglichkeit, eigene Lösungsschritte für ihr Wohlbefinden im Betrieb zu erarbeiten. Das führt zu einer Steigerung des Selbstvertrauens, die von einem Vorgesetzten wie folgt beschrieben wurde: „Seit dieses Projekt läuft, sind die Frauen um 10 cm größer!"

Auf der Seite des Betriebs zeigt sich der Gewinn durch motivierte Mitarbeiterinnen, die konstruktiv über Problemlösungen nachdenken. Nicht zuletzt führt der Blickwinkel der Frauen, ihre Bereitschaft zu Kooperation und Partizipation zu einer Ausweitung des Feldes der betrieblichen Gesundheitsförderung und ist eine Bereicherung für die hier tätigen AkteurInnen.

Als wesentlich erscheint den Autorinnen, dass betriebliche Gesundheitsförderung oftmals von solchen ArbeitgeberInnen durchgeführt wird, die per se eine Bereitschaft für positive Veränderungen der betrieblichen Strukturen aufweisen. Der Wiener Krankenanstaltenverbund nimmt hier eine innovative Rolle ein. Die Spitäler, mit denen wir bisher zusammengearbeitet haben, erwiesen sich als sehr unterstützend und engagierten sich für die Mitarbeiterinnen der Reinigung in hohem Maße. Wünschenswert wäre eine Ausweitung dieses Projekts mit Modellcharakter auf alle Spitäler sowie auf weitere Niedriglohnbranchen. Um allerdings dauerhafte und nachhaltige Veränderungen herbeiführen zu können, braucht es weiter reichende gesellschaftspolitische Prozesse. Die Mehrfachbelastung der Frau, die auch am Beispiel der Reinigungskräfte deutlich wurde, ist nicht rein individuell oder innerbetrieblich lösbar.

Die Motivation aller Beteiligten, das große Interesse, das dieses Projekt auf Kongressen und Tagungen immer wieder weckt, sowie der Gesundheitspreis der Stadt Wien (2.Platz in der Kategorie „Gesundheitsförderung und

Prävention" ) zeigen uns, dass wir auf dem richtigen Weg sind – und geben uns die Motivation, weiterhin in der betrieblichen Gesundheitsförderung mit dem Fokus „Gender" und „Diversity" tätig zu sein.

**Literatur**

Alfermann, D. (1996). *Geschlechterrollen und geschlechtstypisches Verhalten.* Stuttgart, Berlin, Köln: Kohlhammer.

Allgemeine Unfallversicherungsanstalt, Wirtschaftskammer Österreich, Bundesarbeitskammer, Industriellenvereinigung & Österreichischer Gewerkschaftsbund. (Hrsg.). (2007). *IMPULS-Test.* Redaktion: Institut für Gesundheit, Sicherheit und Ergonomie im Betrieb.

Bödeker, W., Harms, M. & Salman, R. (2009). Interkulturelles Betriebliches Gesundheitsmanagement. *BZgA Infodienst Migration,* 1/2009, 30.

Business & Professional Women Austria (2009). *Bekommen Sie, was Sie verdienen?* [www-Dokument]. Verfügbar unter http://www.bpw.at [Datum des Zugriffs: 08.07.09].

Hamann, S. & Linsinger, E. (2008). *Weißbuch Frauen, Schwarzbuch Männer.* Wien: Deuticke.

Kommission der Europäischen Gemeinschaften (2009). *Bericht der Kommission an den Rat, das europäische Parlament, den europäischen Wirschafts- und Sozialausschuss und den Ausschuss der Regionen zur Gleichstellung von Frauen und Männern* [www-Dokument]. Verfügbar unter http://www.gleichstellungsbeauftragte-rlp.de/ 19263/19389/EU%20Gleichstellungsbericht%202009_21780.pdf [Datum des Zugriffs: 10.07.09].

Nelson, M. C., Chairman and Chief Executive Officer, Carlson Companies (2009). *Women and career* [Vortrag am Women's World Congress Perspektiven der Gleichstellung, Wien, Rathaus, 4. und 5. März].

Pirolt, E. & Schauer, G. (2005). *Gender Mainstreaming in der betrieblichen Gesundheitsförderung.* ppm forschung + beratung: Linz.

Rechnungshof (2008). *Bericht des Rechnungshofes über die durchschnittlichen Einkommen der gesamten Bevölkerung gemäß Art. 1 § 8 abs. 4 des Bezügebegrenzungsgesetzes, BGBl. I Nr. 64/1997, für die Jahre 2006 und 2007* [www-Dokument]. Verfügbar unter: http://www.parlament.gv.at/PG/DE/XXIV/III/III_00013/imfname_146584. pdf [Datum des Zugriffs: 16.07.09]

Reinprecht, C. & Kienzl-Plochberger, K. (2005). *IIS – IntegrationsInfoService von MigrantInnen für MigrantInnen,* 11ff.

Schauer, G. & Pirolt, E. (2001). *Projekt Spagat – innovative Gesundheitsförderung berufstätiger Frauen: Erfahrungen, Ergebnisse und Reflexion eines Gesundheitsförderungsprojektes.* ppm forschung + beratung: Linz.

Statistisches Zentralamt (2009). *Erwerbstätige* [www-Dokument]. Verfügbar unter: www.statistik.at/web_de/statistiken/arbeitsmarkt/erwerbstaetige/index.html [Datum des Zugriffs: 08.07.09]

## Autorinnen

**Mag.[a] Huberta Haider**
Studium der Psychologie, postgraduelle Ausbildung zur Klinischen und Gesundheitspsychologin. Mitarbeiterin des FEM Süd seit 2002. Arbeitsschwerpunkte: Projektleitung von „Gesund arbeiten ohne Grenzen" 1 & 2 – gendersensible und interkulturelle Betriebliche Gesundheitsförderung sowie „Frauenassistenz" – Clearing und Beratung für Frauen mit Behinderung; psychologische Beratung und Behandlung für Frauen.

**Mag.[a] Karin Korn**
Studium der Psychologie, postgraduelle Ausbildung zur Klinischen und Gesundheitspsychologin. Mitarbeiterin des FEM Süd seit 2006 und der ÖSB Consulting GmbH seit 2007. Arbeitsschwerpunkte: gendersensible und interkulturelle Betriebliche Gesundheitsförderung, Gesundheitsförderung sozial benachteiligter Menschen, Arbeit suchender Menschen sowie der psychologischen Beratung für Mädchen und Frauen.

**Slavica Blagojević**
pädagogische Ausbildung in Kroatien und Wien. Mitarbeiterin des FEM Süd seit 2002. Arbeitsschwerpunkte: muttersprachliche Beratung in Bosnisch, Kroatisch und Serbisch; Gesundheitsförderung für Migrantinnen, Sozialberatung, Kindererziehung, Schwangerschaftskonfliktberatung, gendersensible und interkulturelle Betriebliche Gesundheitsförderung sowie Betreuung und Begleitung von Frauen mit Behinderung.

# Gesundheitliche Situation Arbeit suchender Frauen in Wien und Möglichkeiten gesundheitsfördernder Interventionen am Beispiel von (f)itworks

Birgit Pichler, Karin Korn

## Hintergrund

Gesundheit und Lebenserwartung werden neben Lebensstilfaktoren und Umweltbelastungen in hohem Maße von Geschlecht, sozialer Lage und Bildungsniveau beeinflusst (Robert Koch-Institut 2006). Je geringer Bildungsgrad, Einkommen und berufliche Position (Sozioökonomischer Status), desto schlechter ist der Gesundheitszustand und desto höher ist das Krankheitsrisiko (Robert Koch-Institut 2006). Arbeit suchende Menschen sind häufig multiplen sozioökonomischen Risikofaktoren ausgesetzt und verfügen damit insgesamt über ungünstigere Gesundheitschancen (Robert Koch-Institut 2006). So sind Arbeit suchende Menschen laut Berechnungen des EU SILC 2005 (Statistics on Income and Living Conditions) häufiger von Armut betroffen bzw. armutsgefährdet, verfügen öfter über einen geringen Bildungsgrad und sind von starken Einschränkungen in Lebensführung und gesellschaftlicher Teilhabe betroffen (Statistik Austria 2007). Ein besonders hohes Verarmungsrisiko haben Frauen sowie langzeitbeschäftigungslose Menschen (Bundesministerium für soziale Sicherheit und Generationen 2002). Frauen sind zudem überproportional häufig von dauerhafter Erwerbslosigkeit betroffen und können dieses Risiko nicht in gleichem Maße wie Männer durch die Höhe des Qualifikationsniveaus minimieren. Außerdem haben sie nach Phasen der Kinderbetreuung geringe Wiedereinstiegschancen (Otto & Mohr 2009). Da aufgrund der anhaltend schwierigen wirtschaftlichen Rahmenbedingungen die Zahl der Arbeit suchenden Frauen und damit auch die Ungleichverteilung der Gesundheitschancen weiter ansteigt, besteht für diese Bevölkerungsgruppe besonders hoher Förderbedarf.

## Zusammenhänge zwischen Arbeitslosigkeit und Gesundheit im Geschlechtervergleich

„Seine Arbeit zu verlieren ist kränkend." So bringt Prof. Kastner von der Universität Dortmund den durch zahlreiche Studien belegten Zusammenhang zwischen Arbeitslosigkeit und Gesundheit auf den Punkt (Kastner, o. J., S. 3). Diese konstatieren Arbeit suchenden Menschen im Vergleich zu Erwerbstätigen einen deutlich schlechteren Gesundheitszustand mit häufigeren und längeren Krankenhausaufenthalten (Robert Koch-Institut 2006), gehäuftem Auftreten psychischer Beschwerden (Lange & Lampert 2005) und erhöhter Sterblichkeit (Robert Koch-Institut 2003). Und nicht zuletzt stehen gesundheitliche Einschränkungen häufig einer Vermittlung in eine neue Beschäftigung im Weg (Rosenbrock & Grimmeisen 2009).

Jenseits der Diskussion um die Frage, ob Arbeitslosigkeit krank macht (Kausalitätshypothese) oder ob Arbeitslosigkeit die Folge eines schlechten Gesundheitszustandes ist (Selektionshypothese), ist eine Kumulation von psychischen und physischen Morbiditäten sowie eine höhere Sterblichkeit bei Arbeit suchenden Menschen erkennbar. Obwohl sich keine typische Arbeitslosenkrankheit erkennen lässt, liegt eine Häufung der Krankheiten im psychosomatischen und psychiatrischen Bereich vor (Rosenbrock & Grimmeisen 2009).

Arbeitslosigkeit geht für die Betroffenen häufig mit finanziellen Einbußen und verstärkten psychosozialen Belastungen einher. Hierzu zählen neben dem Verlust von Tagesstrukturierung, sozialer Einbindung und externen Anforderungen insbesondere Zukunftsängste, Verlust von Sicherheit sowie soziale Stigmatisierung (Kieselbach & Beelmann 2006). Familiäre Probleme stehen ebenfalls oft in Zusammenhang mit dem Arbeitsplatzverlust und werden etwa von einem Fünftel der Betroffenen angegeben (Stelzer-Orthofer, Kranewitter & Kohlfürst 2006).

Während die Zusammenhänge zwischen Arbeitslosigkeit und Krankheit v. a. für Männer belegt sind, ist der Forschungsstand in Bezug auf Frauen uneinheitlich und lückenhaft (Lange & Lampert 2005). Die früher allgemein gültige These, dass Frauen weniger unter Arbeitslosigkeit leiden, da sie aufgrund gesellschaftlicher Alternativrollen sowie geringerer Erwerbsbeteiligung Sinn und Selbstwert nicht in so hohem Ausmaß über Erwerbsarbeit gewinnen wie Männer, blieb in den letzten Jahrzehnten nicht unwidersprochen (Paul & Moser 2009). Zum einen haben im Zuge der Angleichung der Geschlechterrollen die Erwerbsbeteiligung sowie die Berufsorientierung von Frauen stark zugenommen. Zum anderen wird argumentiert, dass die Alternativrolle (Hausfrau, Versorgung kleiner Kinder) im Vergleich zur Erwerbstätigkeit durch vielfältige Nachteile wie etwa geringem Ansehen oder sozialer Isolierung gekennzeichnet ist und damit nicht die erwartete gesundheitliche Ressource darstellt (Paul & Moser 2009). Darüber hinaus wirken im Kontext von Haushalt und Familie auftretende Belastungen (Konflikte, finanzielle Probleme, Stress) bei einem Verlust der Erwerbsarbeit meist weiter oder werden im Falle von Arbeitslosigkeit oft noch verstärkt (Stadt Wien 2006). Frauen sind außerdem nicht nur durch die eigene Arbeitslosigkeit betroffen, sondern tragen auch zur Bewältigung der Probleme bei, die sich aufgrund von Arbeitslosigkeit bei Familienangehörigen (Partner, Kinder) ergeben (Stadt Wien 2006). In ihrer metaanalytischen Analyse schlussfolgern Paul und Moser (2009) daher, dass Männer derzeit zwar noch mehr als Frauen von der Erwerbstätigkeit profitieren, bei Verlust der Arbeit jedoch beide Geschlechter gleichermaßen leiden und somit auch gleichermaßen unterstützungsbedürftig sind.

## Gesundheitszustand und -verhalten von Arbeit suchenden Frauen

Im Jahr 2007 startete die ÖSB Consulting GmbH in Kooperation mit dem Frauengesundheitszentrum FEM Süd „(f)itworks", ein zweijähriges Modellprojekt zur Gesundheitsförderung Arbeit suchender Menschen im arbeitsmarktpolitischen Setting. Fonds Gesundes Österreich, Wiener Programm für Frauengesundheit, Arbeitsmarktservice Wien und Wiener Gebietskrankenkasse förderten das Projekt mit dem Ziel, Arbeit suchende Menschen in dieser sozial, psychisch, aber auch physisch belastenden Lebenssituation gesundheitlich zu unterstützen und sie zu einer gesundheitsförderlichen Lebensweise zu befähigen. Besondere Beachtung fanden dabei langzeitbeschäftigungslose Frauen sowie Menschen mit Migrationshintergrund.

Um einen detaillierten und aktuellen Überblick über die gesundheitlichen Bedürfnisse, Gesundheitszustand und -verhalten von Arbeit suchenden Menschen im arbeitsmarktpolitischen Setting zu erlangen, wurde im Rahmen des Projektes der (f)itworks Gesundheitsfragebogen konzipiert, erhoben und ausgewertet. Die ausgewählten Ergebnisse, die hier in einer Kurzfassung dargestellt werden, legen den Schwerpunkt auf Arbeit suchende Frauen in Wien (Korn, Pichler, Willerstorfer & Hager 2009). Die Erhebung wurde im Zeitraum Oktober 2007 bis Dezember 2009 in der gemeinnützigen Arbeitskräfteüberlassung itworks Personalservice GmbH vorgenommen, in der langzeitbeschäftigungslose Menschen geschult werden, mit dem Ziel, sie langfristig in den Arbeitsmarkt zu reintegrieren. Die Befragung fand auf freiwilliger Basis, anonym und vertraulich statt.

An der vorliegenden Studie nahmen 827 Befragte, davon 43% Frauen, teil. Insgesamt sind 85% aller Befragten österreichische StaatsbürgerInnen. Die Stichprobe besteht aus einem Viertel Frauen ohne Migrationshintergrund sowie rund einem Fünftel Frauen mit Migrationshintergrund, d. h. keine österreichische Staatsbürgerschaft und/oder Geburtsland nicht in Österreich. Die Befragten sind im erwerbsfähigen Alter zwischen 18 und 64 Jahren, das Durchschnittsalter liegt bei Frauen bei rund 40 Jahren. Rund 60% der befragten MigrantInnen lebt in Haushalten mit drei und mehr Personen, unter den Frauen ohne Migrationshintergrund wohnt ein Drittel in Mehr-Personen-Haushalten. Analog dazu sind unter den befragten MigrantInnen auch weniger kinderlose Personen: 80% der Migrantinnen haben Kinder. Befragt nach den Betreuungspflichten, gibt nahezu ein Fünftel aller befragten Frauen und Männer an, alltäglich für ältere bzw. pflegebedürftige Angehörige verantwortlich zu sein.

Hinsichtlich des höchsten Bildungsabschlusses kann folgendes Bild gezeigt werden: Insgesamt besitzen rund 30% der Frauen mit oder ohne Migrationshintergrund lediglich einen Pflichtschulabschluss. 52% der Frauen ohne Migrationshintergrund haben eine Berufsbildende Mittlere Schule oder Lehre abgeschlossen, von den Migrantinnen lediglich ein Drittel. Demgegenüber haben rund 25% der Frauen mit Migrationshintergrund Matura, bei den Nicht-Migrantinnen sind es 10%. Mit 14% sind Frauen mit Migrationshintergrund mit einem Uni- bzw. Fachhochschul-Abschluss zahlreicher vertreten.

Betrachtet man die Anzahl der Episoden von Arbeitslosigkeit, so kann gesagt werden, dass 19% Frauen ohne und 14% Frauen mit Migrationshintergrund bereits das dritte Mal arbeitslos sind. Viermal oder öfter arbeitslos sind 25% der Frauen ohne Migrationshintergrund und 20% der Migrantinnen.

Die Frage nach der subjektiven Einschätzung des eigenen Gesundheitszustandes liefert einen guten Indikator für das allgemeine Wohlbefinden der Befragten. Dafür wurde die Freiburger Beschwerdeliste in einer Kurzform verwendet (Leitner, o. J.). Nahezu ein Drittel der Frauen mit sowie ein Fünftel der Frauen ohne Migrationshintergrund gibt an, sich „schlecht bis sehr schlecht" zu fühlen. Rund ein Fünftel der Frauen ohne Migrationshintergrund (22%) und lediglich 11% der Migrantinnen geben keine körperlichen Beschwerden an. Hingegen klagen 73% aller befragten Frauen über fast tägliche Nervosität und Müdigkeit. Unter Muskel- und/oder Kopfschmerzen leiden 66% der Migrantinnen fast täglich oder alle paar Tage. 40% der Frauen mit Migrationshintergrund haben mehr als sechs körperliche Beschwerden, die sie fast täglich bis alle paar Tage verspüren. In erster Linie ist das Geschlecht dafür ausschlaggebend, ob mehr oder weniger körperliche Beschwerden genannt werden, in weiterer Folge auch die Migrationserfahrung: Frau und zusätzlich Migrantin zu sein, bedingt eine höhere subjektive Betroffenheit durch die genannten Beschwerden.

Mehrheitlich besteht die Ansicht, dass ein Arbeitsplatz wichtig für das allgemeine Wohlbefinden sei: Dieser Meinung sind rund 85% der befragten Frauen, unabhängig vom Migrationshintergrund. 38% der Frauen geben an, dass ihr Gesundheitszustand vor der Arbeitslosigkeit „viel bzw. etwas besser" war. Ebenso viele Frauen schätzen ihre seelischen Belastungen am letzten Arbeitsplatz als „eher bzw. sehr hoch" ein.

Im Folgenden werden einige Daten zum Gesundheits- und Risikoverhalten von Arbeit suchenden Frauen dargestellt:
- 56% der befragten Frauen gehen nicht regelmäßig zur Vorsorgeuntersuchung.
- 60% der befragten Frauen betreiben so gut wie gar keinen Sport.
- 60% der befragten Frauen ohne Migrationshintergrund rauchen täglich.
- 82% der befragten Frauen trinken einige Male im Jahr Alkohol.

In der Erhebung wurden auch umfassende Ergebnisse zur seelischen Gesundheit von Arbeit suchenden Menschen in Wien gewonnen. Einige der prägnantesten Erkenntnisse für Frauen werden im Folgenden dargestellt:
- 38% der Frauen geben an, dass ihre seelischen Belastungen am letzten Arbeitsplatz „eher bzw. sehr hoch" waren.
- 72% der Frauen haben häufig bis immer das Gefühl, soziale Unterstützung zu bekommen.
- 22% der Frauen mit Migrationshintergrund sagen, dass sie sich nie auf ihre Mitmenschen verlassen können.
- Knapp 40% der Frauen mit Migrationshintergrund geben an, sich häufig bis immer hilflos zu fühlen.
- 27% der Frauen mit Migrationshintergrund leiden häufig bis immer unter negativen Gefühlen.
- Unter Angstgefühlen leiden 40% der befragten Frauen.
- Rund ein Viertel der Frauen schämt sich wegen ihres Aussehens.
- 30% der Frauen ohne Migrationshintergrund zweifeln an ihren fachlichen Fähigkeiten. Am stärksten trifft dies Migrantinnen: Knapp die Hälfte (44%) dieser Gruppe zweifelt an ihrer fachlichen Kompetenz.
- Rund ein Drittel der Befragten fühlt sich ungerecht behandelt, hier bilden Migrantinnen eine Ausnahme: Nahezu die Hälfte dieser Gruppe fühlt sich ungerecht behandelt.
- 40% der Migrantinnen fühlen sich selbst unter Leuten einsam und knapp die Hälfte grübelt ständig über die eigene Situation nach.

Tendenziell geben Frauen vermehrt negative Gefühle an als Männer (insbesondere Angst und Traurigkeit). Frauen mit Migrationshintergrund nehmen laut eigenen Angaben psychische Beeinträchtigung am stärksten wahr. Hinsichtlich der Skala Sinnerleben und Zukunftsperspektive wird deutlich, dass die Gruppe der Frauen mit Migrationshintergrund durchschnittlich zufriedener mit ihrer Lebenssituation ist und etwas optimistischer in die Zukunft blickt. Zwei Drittel der Stichprobe geben an, ihr Leben ändern zu wollen, unter den Migrantinnen sind es fast drei Viertel.

## Gesundheitsfördernde Interventionen für Arbeit suchende Frauen am Beispiel von (f)itworks

Der deutlich schlechtere Gesundheitszustand Arbeit suchender Menschen, ihre stärkere gesundheitliche Belastung bei gleichzeitig geringeren gesundheitlichen Ressourcen, die wechselseitige Verstärkung von Arbeitslosigkeit und Gesundheit sowie die unterdurchschnittliche Erreichbarkeit durch Gesundheitsförderung machen den Bedarf an entsprechenden Angeboten für

Arbeit suchende Menschen evident (Rosenbrock & Grimmeisen 2009). Trotzdem ist Gesundheitsförderung bis dato nicht in die Lebenswelten Arbeit suchender Menschen integriert, sondern vielmehr sporadisch und pilothaft anzutreffen. Häufig stehen dabei verhaltensorientierte Einzelmaßnahmen der Betroffenen im Vordergrund (Hollederer 2009). Ausgangspunkt von (f)itworks war es, im Rahmen eines Modellprojekts Gesundheitsförderung umfassend, geschlechtersensibel, partizipativ und bedürfnisorientiert in eine arbeitsmarktpolitische Einrichtung zu integrieren.

Zentraler Projektbestandteil von (f)itworks waren bedürfnisgerechte, niederschwellige, wöchentlich in der gemeinnützigen Arbeitskräfteüberlassung itworks Personalservice GmbH in Wien stattfindende Gesundheitskurse. Die Teilnahme an den Kursen war kostenlos und freiwillig, der Einstieg jederzeit möglich, es gab keinerlei Teilnahmevoraussetzungen und es war keine Ausrüstung notwendig. Materialien wie Bälle, Matten und Therabänder wurden ebenfalls zur Verfügung gestellt. Die Angebote waren in den Bereichen Seelische Gesundheit, Empowerment, Entspannung/Stressabbau und Bewegung angesiedelt, die Inhalte wurden auf Basis der Ergebnisse von Gesundheitsbefragung und Gesundheitszirkeln laufend an die Bedürfnisse der Zielgruppe angepasst.

Zur Bedürfniserhebung sowie zur partizipativen Entwicklung von Maßnahmen wurden mit langzeitbeschäftigungslosen Menschen Gesundheitszirkel durchgeführt. Gesundheitszirkel sind in der Betrieblichen Gesundheitsförderung die Methode der Wahl zur Partizipation der MitarbeiterInnen. Im vorliegenden Projekt wurden Eignung und Durchführbarkeit dieses Instruments in der Arbeit mit langzeitbeschäftigungslosen Menschen zunächst im Rahmen von Pilotgesundheitszirkeln überprüft. Ein oder zwei TrainerInnen arbeiteten über drei Wochen zu je fünf Einheiten mit den TeilnehmerInnen zu gesundheitsbezogenen Themen, wobei die letzte Einheit, der sogenannte „Gesundheitswurlitzer", auf die Wünsche der TeilnehmerInnen abgestimmt war.

Die Gesundheitssprechstunde war eine zweistündige, wöchentlich stattfindende Beratung im vertraulichen Einzelsetting. Sie wurde alternierend von einem Allgemeinmediziner und einer Klinischen und Gesundheitspsychologin durchgeführt. Die medizinische Beratung konnte auf Wunsch in Türkisch bzw. Bosnisch/Kroatisch/Serbisch abgehalten werden. Neben einem direkten Beratungsangebot hatten die Gesundheitssprechstunden zum Ziel, als Drehscheibe für gesundheitsfördernde Angebote im Raum Wien zu fungieren.

In monatlichen Abständen wurden in der itworks Personalservice GmbH jeweils ganztägige Gesundheitstage abgehalten. Diese boten der Zielgruppe eine niederschwellige, unverbindliche Möglichkeit, vor Ort gesundheitsförderliche Angebote auszuprobieren und sich rund um das Thema „Gesundheit" zu informieren. Mit monatlich wechselnden Angeboten, welche partizipativ und auf Basis der laufend erhobenen Bedürfnisse entwickelt wurden, sollten möglichst viele Menschen angesprochen werden. Darüber hinaus boten diese Aktionstage den NetzwerkpartnerInnen die Möglichkeit, sich und ihre Angebote dieser ansonsten schwer erreichbaren Zielgruppe zu präsentieren. Gleich zu Projektbeginn wurde vor Ort eine Gesundheitsinsel für die Zielgruppe eingerichtet, welche mit mehrsprachigen Informationsmaterialien wie Plakaten, Broschüren, Foldern, Aufklebern etc. von Beratungseinrichtungen im Raum Wien bestückt wurde. Die Gesundheitsinsel bot so für die Zielgruppe eine niederschwellige und einfache Möglichkeit, rund um die Uhr Informationen zu Gesundheitsangeboten im Raum Wien zu bekommen. Für die Kooperations- und NetzwerkpartnerInnen entstand die Möglichkeit, über das Auslegen von Informationsmaterialien dieser an sich schwer erreichbaren Zielgruppe ihre Angebote zu präsentieren.

Alle genannten Angebote für Arbeit suchende Menschen waren freiwillig und kostenlos, gesundheitsbezogene Daten wurden streng vertraulich behandelt und nicht mit vermittlungsrelevanten Daten zusammengeführt.

Die Daten aus dem Projektbericht (Pichler, Korn, Willerstorfer & Weber 2009) belegen eindrücklich, dass es sehr gut gelungen ist, das Modellprojekt in der itworks Personalservice GmbH zu implementieren und langzeitbeschäftigungslose Menschen im arbeitsmarktpolitischen Setting mit Gesundheitsförderung zu erreichen. Die Inanspruchnahme der unterschiedlichen Angebote durch die Zielgruppe ist als äußerst hoch zu bewerten, wobei zu einem größeren Anteil Frauen, insbesondere jene mit Migrationshintergrund, teilgenommen haben. Die Befragung der TeilnehmerInnen zeigte insgesamt einen hohen Zufriedenheitsgrad mit den angebotenen Maßnahmen sowie eine deutlich erkennbare Motivation zur weiteren Inanspruchnahme von Gesundheitsförderungsangeboten. Durch geschlechtersensible Arbeit und die systematische Berücksichtigung ihrer Bedürfnisse konnten Frauen wie Männer erreicht werden. Besonders bewährt hat sich die große Bandbreite an Angeboten aus den Bereichen Seelische Gesundheit, Empowerment, Bewegung und Entspannung sowie Ernährung. In allen Maßnahmen wurden die tagesaktuellen Bedürfnisse der TeilnehmerInnen berücksichtigt und die Inhalte entsprechend ausgerichtet. Die intensive, aufsuchende Arbeit bei der Maßnahmenbewerbung, die kontinuierliche Information von Zielgruppe und Schlüsselarbeitskräften sowie Flexibilität und Engagement der TrainerInnen und die Unterstützung der Schlüsselarbeitskräfte waren wesentliche Faktoren zur erfolgreichen TeilnehmerInnengewinnung. Basierend auf den Erfahrungen aus der Umsetzung des Modellprojekts (f)itworks lassen sich nach unserem derzeitigen Wissensstand folgende Leitsätze für die Umsetzung von Gesundheitsförderungsprojekten für Arbeit suchende Menschen ableiten:

## Leitsätze für die Gesundheitsförderung Arbeit suchender Menschen

- Aufgrund der multiplen gesundheitlichen Belastungen Arbeit suchender Menschen müssen Gesundheitsförderungsangebote für diese Bevölkerungsgruppe neben rein körperlichen Aspekten auch psychische, psychosomatische sowie soziale Aspekte umfassen.
- Salutogene Konzepte, die sich an Ressourcen und Potenzialen der Menschen orientieren, scheinen gerade bei dieser Gruppe mit hoher Belastungsdichte geeigneter als an Risiken und Defiziten ausgerichtete Konzepte.
- Mit einem aufsuchenden Gesundheitsangebot, das dort stattfindet, wo sich die Arbeit suchenden Menschen täglich aufhalten, können auch jene erreicht werden, die in ihrem Alltag bis dato kaum gesundheitsförderlichen Aktivitäten nachgegangen sind.
- Bildungs- und Qualifizierungsträger scheinen ein geeignetes Setting für die Implementierung von Gesundheitsförderungsmaßnahmen zu sein, da hier Arbeit suchende Menschen in organisierter Form anzutreffen sind.
- Die Verzahnung von Beschäftigungs- und Gesundheitsförderung sowohl auf institutioneller als auch auf programmatischer Ebene scheint Erfolg versprechend.
- Die Akzeptanz gesundheitsförderlicher Maßnahmen durch die Zielgruppe kann gefördert werden, wenn Angebote in der Dienstzeit stattfinden und so in den Maßnahmen- bzw. Arbeitsalltag der TeilnehmerInnen integrierbar sind.
- Die Berücksichtigung von Genderaspekten und Bedürfnissen von Menschen mit Migrationshintergrund leistet gerade in diesem Setting einen wichtigen Beitrag zur Förderung gesundheitlicher Chancengleichheit.
- Freiwilligkeit sowie die vertrauliche Handhabung gesundheitsbezogener Daten sind im arbeitsmarktpolitischen Umfeld unabdingbare Voraussetzung für die Inanspruchnahme durch die Zielgruppe.
- Niederschwellige, partizipativ entwickelte Maßnahmen orientieren sich an den zielgruppenspezifischen Bedürfnissen und stellen eine Grundvoraussetzung für die Akzeptanz durch die Zielgruppe dar.
- Um auch unspezifische gesundheitliche Bedürfnisse der Zielgruppe zu berücksichtigen, sollten thematisch fokussierte, bedürfnisorientierte Gesundheitsangebote um „offene" Angebote erweitert werden.
- Eine den gängigen Qualitätsstandards entsprechende, externe Prozess- und Ergebnisevaluation kann einen wichtigen Beitrag zur Verbesserung der Evidenzlage leisten.

## Vernetzungsstrategien im Rahmen des Netzwerks Gesundheitsförderung und Arbeitsmarktintegration

Im Modellprojekt (f)itworks konnte gezeigt werden, dass Gesundheitsförderung im arbeitsmarktpolitischen Setting angenommen wird, wenn die Angebote geschlechtersensibel, partizipativ entwickelt, niederschwellig und aufsuchend sind. So kann es gelingen, das Gesundheitsverhalten Arbeit suchender Menschen positiv zu beeinflussen und sie in dieser schwierigen Lebensphase zu unterstützen. Um Arbeit suchende Menschen jedoch nachhaltig zu einer gesundheitsförderlichen Lebensweise zu befähigen, ist eine Fokussierung auf die Verhältnisebene notwendig. Denn nur wenn unterstützende Strukturen und Rahmenbedingungen geschaffen werden, wirkt Gesundheitsförderung umfassend und nachhaltig. Netzwerk- und Lobbyarbeit ist ein vielversprechender Ansatz der Gesundheitsförderung, um physische, soziale und/oder ökonomische Lebensbedingungen zu beeinflussen. Mittels Vernetzung kann gesundheitliche Chancenungleichheit auf strategischer und politischer Ebene aufgegriffen werden, um Veränderungen „von oben nach unten" zu bewirken.

Neben Angeboten für die Zielgruppe wurde im Rahmen von (f)itworks daher das Wiener Netzwerk Arbeitslosigkeit und Gesundheit implementiert. Dieses Netzwerk vereint öffentliche und Non-Profit-Institutionen, die in den Bereichen Arbeit, Arbeitslosigkeit und Gesundheit sowie Gesundheitsförderung im Raum Wien tätig sind. Ziel war neben dem Austausch und der Vernetzung im Rahmen von Netzwerktreffen eine Sensibilisierung der lokalen AkteurInnen für die Zusammenhänge von Arbeitslosigkeit und Gesundheit. Daneben wurden der Zielgruppe konkrete Angebote der NetzwerkpartnerInnen zugänglich gemacht. Bis zum Zeitpunkt des Verfassens dieses Beitrags sind bereits 26 namhafte Institutionen dem Netzwerk beigetreten, drei erfolgreiche Netzwerktreffen wurden durchgeführt und die Ergebnisse in einer Charta festgehalten. Diese wurde im Rahmen der Konferenz „GESUNDHEIT fördert BESCHÄFTIGUNG" am 24. März 2009 im Wiener Rathaus in einem Festakt feierlich unterzeichnet. Die NetzwerkpartnerInnen dokumentierten damit ihren Willen, sich in ihrem Wirkungsbereich aktiv für die gesundheitliche Unterstützung Arbeit suchender Menschen einzusetzen. Aufgrund der äußerst positiven Resonanz und der großen Aktualität des Themas Arbeitslosigkeit wird die erfolgreiche Arbeit des Netzwerks fortgesetzt und inhaltlich sowie regional weiter entwickelt. Dabei soll in Zukunft neben gesundheitlichen Bedürfnissen und Besonderheiten Arbeit suchender Menschen das Augenmerk auch auf von Arbeitslosigkeit bedrohte bzw. unsicher beschäftigte Personen gerichtet werden. So sollen Menschen vor drohender Arbeitslosigkeit, während der Arbeitslosigkeit sowie im Rahmen arbeitsmarktintegrativer Maßnahmen gesundheitliche Unterstützung finden. Das Netzwerk wird unter dem Titel „Netzwerk Gesundheitsförderung und Arbeitsmarktintegration" weiter von der ÖSB Consulting GmbH koordiniert, fortgeführt und erweitert.

## Resümee

In einer sowohl sozial als auch gesundheitlich besonders herausfordernden Lebenssituation müssen Arbeit suchende Frauen nachhaltig und umfassend unterstützt werden. Dabei gilt es, Gesundheitsförderung auf Basis der gesundheitlichen Bedürfnisse und Besonderheiten von Frauen zu konzipieren, um sie erfolgreich und nachhaltig in ihre Lebenswelten zu integrieren. (f)itworks wurde von der ÖSB Consulting GmbH in Kooperation mit dem Frauengesundheitszentrum FEM Süd in einer gemeinnützigen arbeitsmarktpolitischen Einrichtung umgesetzt. Dank der Unterstützung von Fonds Gesundes Österreich, Wiener Programm für Frauengesundheit, Arbeitsmarktservice Wien und Wiener Gebietskrankenkasse ist es gelungen, das Projekt auf eine breite Basis zu stellen. Langfristiges Ziel ist es, Gesundheits- und Beschäftigungsförderung systematisch zu verzahnen, um Arbeit suchende Menschen erfolgreich und nachhaltig gesundheitlich zu unterstützen.

## Literatur

Bundesministerium für soziale Sicherheit und Generationen (Hrsg.). (2002). *Soziale Ungleichheit und Gesundheit*. Autorinnen: Pochobradsky, E., Habl, C. S. & Schleicher, B. Wien: Österreichisches Bundesinstitut für Gesundheitswesen.

Hollederer, A. (2009). Gesundheit und Krankheit von Arbeitslosen sowie Chancen und Grenzen arbeitsmarktintegrativer Gesundheitsförderung. In A. Hollederer (Hrsg.), *Gesundheit von Arbeitslosen fördern!*, 12–38. Frankfurt am Main: Fachhochschulverlag.

Kastner, M. (o. J.). *Gesundheitsorientierte Beratung für Arbeitslose und instabil Beschäftigte: Ein Instrument zur Förderung der Gesundheit, Lebensqualität und Leistungsfähigkeit*. Universität Dortmund.

Kieselbach, T. & Beelmann, G. (2006). Psychosoziale Risiken von Arbeitsplatzverlust und Arbeitslosigkeit. Effekte und Prävention. *Psychotherapeut, 51*, 452–459.

Korn, K., Pichler, B., Willerstorfer, T. & Hager, I. (2009). *Ohne Arbeit bei schlechter Gesundheit? Gesundheitszustand, -verhalten und -bedürfnisse Arbeit suchender Menschen in Wien*. Wien: ÖSB Consulting GmbH.

Lange, C. & Lampert, T. (2005). Die Gesundheit arbeitsloser Frauen und Männer. Erste Auswertungen des telefonischen Gesundheitssurveys 2003. In *Bundesgesundheitsblatt – Gesundheitsforschung – Gesundheitsschutz, 48*, 1256–1264.

Leitner, K. (o. J.). *Freiburger Beschwerdeliste in der Kurzfassung der AIDA-Studie*, FBL-K-Fassung. TU Berlin.

Otto, K. & Mohr, G. (2009). Programme zur Förderung der psychosozialen Gesundheit von Langzeiterwerbslosen. In A. Hollederer (Hrsg.), *Gesundheit von Arbeitslosen fördern!*, 135–154. Frankfurt am Main: Fachhochschulverlag.

Paul, K. & Moser, K. (2009). Metaanlytische Moderatoranalysen zu den psychischen Auswirkungen der Arbeitslosigkeit – Ein Überblick. In A. Hollederer (Hrsg.), *Gesundheit von Arbeitslosen fördern!*, 39–61. Frankfurt am Main: Fachhochschulverlag.

Pichler, B., Korn, K., Willerstorfer, T. & Weber, F. (2009). *Projektbericht (f)itworks – Modellprojekt zur Gesundheitsförderung Arbeit suchender Menschen im arbeitsmarktpolitischen Setting.* Wien: ÖSB Consulting GmbH.

Robert Koch-Institut (Hrsg.). (2003). *Arbeitslosigkeit und Gesundheit. Gesundheitsberichterstattung des Bundes, Heft 13.* Autoren: Grobe, T. & Schwartz, F. Berlin: Robert Koch-Institut.

Robert Koch-Institut. (2006). Soziale Lage und Gesundheit. In *Gesundheit in Deutschland. Gesundheitsberichterstattung des Bundes,* 83–90. Berlin: Robert Koch-Institut.

Rosenbrock, R. & Grimmeisen, S. (2009). Gesundheitsförderung bei Arbeitslosen – Herausforderungen und Qualitätskriterien. In A. Hollederer (Hrsg.), *Gesundheit von Arbeitslosen fördern!*, 83–95. Frankfurt am Main: Fachhochschulverlag.

Stadt Wien (Hrsg.). (2006). *Wiener Frauengesundheitsbericht 2006.* Autorinnen: Baldaszti, E. & Urbas, E., 296–301. Wien: Stadt Wien.

Statistik Austria. (2007). *Einkommen, Armut und Lebensbedingungen. Ergebnisse aus EU-SILC 2005.* Wien: Statistik Austria.

Stelzer-Orthofer, C., Kranewitter, H. & Kohlfürst, I. (2006). *Lebens- und Problemlagen arbeitsloser Menschen in Oberösterreich. Endbericht.* Linz: Institut für Gesellschafts- und Sozialpolitik.

## Autorinnen

### Mag.ª Birgit Pichler

Beraterin, Trainerin und Projektleiterin im Bereich Betriebliche Gesundheitsförderung und alternsgerechtes Arbeiten. Ihre inhaltlichen Schwerpunkte liegen in der Gesundheitsförderung sozial benachteiligter Menschen, frauenspezifischer und betrieblicher Gesundheitsförderung sowie alternsgerechtem Arbeiten. Mitarbeiterin der ÖSB Consulting GmbH, Projektleiterin für (f)itworks und Lektorin an der FH Pinkafeld.

### Mag.ª Karin Korn

Studium der Psychologie, postgraduelle Ausbildung zur Klinischen und Gesundheitspsychologin. Mitarbeiterin des FEM Süd seit 2006 und der ÖSB Consulting GmbH seit 2007. Ihre Arbeitsschwerpunkte liegen in der gendersensiblen und interkulturellen betrieblichen Gesundheitsförderung, Gesundheitsförderung sozial benachteiligter Menschen, Arbeit suchender Menschen sowie der psychologischen Beratung für Mädchen und Frauen.

# Gesundheitsförderung für wohnungslose Frauen
## Ein Wiener Modellprojekt
*Daniela Kern, Julia Karinkada*

Weibliche Wohnungslosigkeit ist zum Unterschied zur männlichen weitgehend unsichtbar, man spricht daher von „verdeckter Wohnungslosigkeit". Frauen versuchen Wohnungslosigkeit so lange wie möglich zu vermeiden bzw. verdecken diese, indem sie in prekären Wohnverhältnissen leben und Zweckgemeinschaften eingehen. Scham, Angst und Schuldgefühle bringen sie dazu, bei FreundInnen oder Fremden, vorwiegend Männern, unterzukommen. Diese privaten Lösungen führen Frauen wiederum oft in neue Abhängigkeiten und letztendlich nicht selten in die offene, sichtbare Wohnungslosigkeit.

Wohnungslosigkeit von Frauen ist eng verknüpft mit struktureller Armut und den spezifisch weiblichen Armutsrisiken. Oftmals ist weibliche Wohnungslosigkeit die Folge von Gewaltbedrohung und Gewalterfahrungen. Andere vorherrschende Problemlagen sind schlechte wirtschaftliche bzw. finanzielle Verhältnisse, keine eigene Wohnung, keine oder unzureichende familiäre und soziale Bindungen, physische und psychische Beeinträchtigungen, Sucht, Straffälligkeit sowie Arbeitslosigkeit durch mangelnde berufliche Qualifikation (Loibl & Corazza 2003). Eine deutsche Studie (Greifenhagen & Fichter 1997) stellte fest, dass 56% der wohnungslosen Frauen ausgeraubt, 34% körperlich angegriffen, zwei Drittel sexuell missbraucht sowie ein Drittel vergewaltigt worden sind.

Die Zahl der Frauen, die in Wien auf der Straße leben, in unsicheren Wohnverhältnissen oder in zweckorientierten Partnerschaften, ist weitgehend unbekannt. In Einrichtungen der Wiener Wohnungslosenhilfe werden jährlich auf den rund 3.700 geförderten Wohn- und Schlafplätzen etwa 4.800 Personen betreut. Der Anteil der Frauen liegt hier zwischen 20 und 25% (mündliche Auskunft des Fonds Soziales Wien 2009). Das Bild der Wohnungslosenhilfe ist zumeist nach wie vor ein von Männern dominiertes und geprägtes. Frauen treffen in Einrichtungen der Wohnungslosenhilfe zumeist auf an männlichen Bedürfnissen orientierte Strukturen und Wohnkonzepte.

Der Frauenarbeitskreis der österreichweiten Bundesarbeitsgemeinschaft Wohnungslosenhilfe (BAWO) postuliert folgende frauengerechte Qualitätsstandards:
1. Grundlage jeder frauenspezifischen Arbeit ist das Prinzip der Parteilichkeit. Parteilichkeit setzt die Akzeptanz der Lebenssituation der Betroffenen voraus. Parteilich sein meint in diesem Zusammenhang, die Lebenssituation der Einzelnen sowohl aus ihrer persönlichen Sicht als auch im

strukturellen gesellschaftlichen Kontext zu betrachten. Diese Sichtweise soll es Frauen ermöglichen, die persönliche Versagensebene und die der eigenen Schuldzuschreibung zu verlassen. Parteilichkeit bedeutet in diesem Zusammenhang auch, Frauen in der Entwicklung selbstbestimmter weiblicher Identität zu unterstützen.

2. Frauen haben einen Bedarf an ungeteilter professioneller Kompetenz von Mitarbeiterinnen, um sich umfassend mitteilen zu können, insbesondere über ihre Erfahrungen mit männlicher Gewalt.
3. Frauen haben einen Bedarf an eigenen Räumen als Orte der Versorgung, der Wiederherstellung der körperlichen Integrität durch Körperpflege in an ihren Bedürfnissen orientierten sanitären Einrichtungen, die Schutz, Intimität und Würde gewährleisten.
4. Frauen haben einen Bedarf an einem eigenen Raum im übertragenen Sinn zum individuellen und gemeinschaftlichen Austausch, zur „Ermutigung" (Empowerment) und als Alternative zu den traditionellen Geschlechterrollen, um sich neu zu orientieren in Bezug auf sich selbst, die Familie, Erwerbstätigkeit, Kultur und die Teilnahme an Geselligkeit und Gemeinschaft (Loibl & Corazza 2003, S. 10).

## Die Gesundheit wohnungsloser Frauen

Die hohe Korrelation von gesundheitlichen Problemen, Armut und Wohnungslosigkeit ist hinreichend bekannt. Wohnungslose Menschen gehören zur Gruppe der am stärksten von Armut Betroffenen und weisen eine Vielzahl an gesundheitlichen Belastungen auf. Berücksichtigt man darüber hinaus auch noch den Faktor Geschlecht, so zeigen sich spezifische Zugänge zu Gesundheit bzw. dem Umgang mit Erkrankungen von Frauen und Männern (Hurrelmann & Kolip 2002). So halten sich Männer ganz allgemein in der Regel für gesünder, nehmen seltener Gesundheitsvorsorge in Anspruch, haben eine im Schnitt um sieben Jahre geringere Lebenserwartung und führen einen allgemein riskanteren Lebensstil. Frauen sind grundsätzlich offener medizinischen und psychosozialen Dienstleistungen gegenüber, werden jedoch stärker pathologisiert und medikalisiert. Die Medizin ist vielfach männlich geprägt.

Der Gesundheitszustand wohnungsloser Menschen hängt eng mit der Dauer der Wohnungslosigkeit sowie mit dem körperlichen und psychischen Stress, dem sie ausgesetzt sind, zusammen. Bis zu 90% der wohnungslosen Menschen benötigen dringend ärztliche Behandlung, bis zu 70% haben mindestens zwei Erkrankungen gleichzeitig (Armut und Gesundheit in Deutschland e. V., 2000). Wesentlich erscheint, dass bei wohnungslosen Menschen eine große Diskrepanz zwischen dem subjektiv erlebten Gesundheitszustand und dem objektiven Krankheitsstatus besteht, was als Zufriedenheitsparadoxon bezeichnet wird (Uexküll 1996). Trotz schlechter Lebensbedingungen fällt die subjektive Bewertung der Situation eher positiv aus.

Zur spezifischen Gesundheitssituation von wohnungslosen Frauen gibt es derzeit kaum konkrete wissenschaftliche Daten. Die besondere Situation der weiblichen verdeckten Wohnungslosigkeit, die von Abhängigkeiten, Gewalterfahrungen, Angst und damit verbunden von hohem psychischem und physischem Stress geprägt ist, führt dazu, dass die Frauen in ständiger Anspannung leben. Ihr Körper reagiert mit Symptomen von Stress, die zum Auftreten von psychiatrischen Erkrankungen, Traumata, Depressionen, Suchterkrankungen, Angstzuständen und zur Chronifizierung anderer bestehender Krankheiten führen. Weiters wirkt sich das Leben auf der Straße durch die mangelhaften Hygienemöglichkeiten, schlechte Ernährung sowie Witterungseinflüsse äußerst negativ auf die Gesundheit aus. Viele der Frauen leiden unter Mehrfacherkrankungen mit chronischen Verläufen. Zumeist liegen Erkrankungen der Atmungsorgane, der Verdauungsorgane, Herz-Kreislaufsowie psychische Erkrankungen und Suchtkrankheiten vor (Trabert 1995).

Der Verein Neunerhaus dokumentierte im Rahmen des Projekts Team neunerHAUSARZT im Jahr 2006 die häufigsten Krankheitsbilder der Menschen in Einrichtungen der Wiener Wohnungslosenhilfe. Zu den häufigsten Erkrankungen gehören demnach psychiatrische Störungsbilder, gefolgt von Problemen mit der Verdauung, Herz-Kreislauf-Beschwerden, Erkrankungen der Atemwege und des Skelettapparates. Eine Analyse der Diagnosen zeigte, dass wohnungslose Menschen in Wien im Schnitt fünf Diagnosen aufweisen. Frauen liegen mit sechs Diagnosen sogar noch über dem männlichen Durchschnitt. 16% der betreuten PatientInnen weisen mehr als 15 Krankheitsbilder gleichzeitig auf. Diese Multimorbidität liegt signifikant über der der normalen Wohnbevölkerung. Drei Viertel der wohnungslosen Menschen haben bereits im ersten Jahr ihrer Wohnungslosigkeit keine Hausärztin/keinen Hausarzt (mehr), die/der sie betreut (Verein neunerHAUS 2009).

Als Hauptgründe dafür, die regulären ambulanten und stationären Versorgungsangebote nicht zu nutzen, nennen wohnungslose Menschen Schamgefühl und Angst vor Abweisung. Auch schlechte Erfahrungen mit medizinischem Personal oder mangelndes Vertrauen zu ÄrztInnen führen zur Ablehnung von Standardangeboten. Die Betroffenen haben durch ihren Wohnungsverlust und den damit einhergehenden Verlust an Sicherheit und Stabilität oftmals auch das Vertrauen in ihre Umgebung verloren. Viele ignorieren ihren schlechten Gesundheitszustand und sehen für eine Konsultation der Ärztin/des Arztes keine Notwendigkeit. Auch wissen sie oft nicht über die gesetzlichen Ansprüche ihrer Gesundheitsversorgung Bescheid, obwohl über 90% der wohnungslosen Menschen regulär krankenversichert sind. Es sind demnach sowohl subjektive als auch objektive Barrieren, die den Zugang der wohnungslosen Menschen zu Gesundheitsangeboten erschweren oder verhindern.

Menschen mit unregelmäßigem Tagesablauf und hohen Unsicherheiten hinsichtlich ihrer Existenzsicherung sind oftmals nicht imstande fixe Termine einzuhalten, Wartezeiten in Kauf zu nehmen oder längerfristige Behandlungen und Therapien durchführen zu lassen. Auch erschweren die Mehrfachdiagnosen eindeutige ärztliche Zuständigkeiten und führen dazu, dass die Menschen von Abteilung zu Abteilung weiterüberwiesen werden, ohne dass sich eine medizinische Disziplin für zuständig erklärt.

## Gesundheitsförderung für wohnungslose Frauen

Für die Gesundheitsarbeit für obdach- und wohnungslose Frauen ist eine multiprofessionelle Herangehensweise unerlässlich. Es gilt, eine ganzheitliche Gesundheitsförderung unter Einbeziehung physischer, psychischer und sozialer Komponenten zu bewerkstelligen und die besondere Situation weiblicher Wohnungslosigkeit zu berücksichtigen. Die unterschiedlichen Lebensphasen, Lebenswelten und Lebensrealitäten von Frauen müssen in Beratung, Betreuung und Behandlung systematisch berücksichtigt werden.

Wohnungslosigkeit ist vielschichtig, sowohl hinsichtlich ihrer Problemlagen als auch ihrer Erscheinungsformen. Sie ist heute aufgrund der komplexen KlientInnenstruktur mehr denn je mit Leistungen aus anderen Angebotsbereichen verbunden. Es scheint nicht mehr auszureichen, reine Existenz- und Wohnsicherung zu leisten; wohnungslose Frauen und Männer bedürfen auch Leistungen aus anderen sozialarbeiterischen, psychosozialen und medizinischen Fachbereichen. Hier müssen bereichsübergreifende Kooperationen eingegangen werden, die wiederum zu einer Professionalisierung der Wohnungslosenhilfe führen.

Die Schnittstellen zum Gesundheitssystem werden dabei immer wichtiger. Trabert nennt fünf Grundsätze der Gesundheitsarbeit mit wohnungslosen Menschen:
1. die interdisziplinäre Kooperation mit den drei Säulen Sozialarbeit, Pflege und Medizin als ganzheitlicher Betreuungsansatz
2. die Vernetzung bestehender und neuer Versorgungsstrukturen unter besonderer Berücksichtigung der vor Ort etablierten Wohnungslosenhilfe
3. die Behandlung „vor Ort", wo sich die Betroffenen in der Regel aufhalten, als niederschwellige „Eingangstür" in das medizinische Regelsystem
4. die medizinische Versorgungsstruktur als komplementäres Hilfsangebot mit dem Ziel der Implementierung ins bestehende Versorgungssystem und der Reintegration der Betroffenen in das Gesundheitssystem
5. die Einbeziehung der Betroffenen bei Aufbau und Weiterentwicklung medizinischer Versorgungskonzepte (Trabert 2000, S. 41–42)

Ein bedarfsgerechtes Angebot in der Gesundheitsversorgung für Frauen unter Berücksichtigung der besonderen Bedingungen weiblicher Wohnungslosigkeit bedeutet weiters:
- Frauen werden von Frauen betreut und beraten: Psychologinnen, Therapeutinnen, Ärztinnen, Gynäkologinnen
- Die Möglichkeit getrenntgeschlechtlicher Gruppenangebote
- Der Wunsch nach Anonymität wird gewahrt
- Eigene Sprechstunden mit getrennten Wartebereichen werden angeboten
- Die Lebensphasen, Lebenswelten und Lebensrealitäten der Frauen werden in Beratung, Betreuung und Behandlung systematisch berücksichtigt
- Besondere Angebote in Form von Einzeltherapie und therapeutischer Gruppenarbeit

(Loibl & Corazza 2003, S. 14–16)

Trotz guter Ansätze, Modelle und Einzelinitiativen gibt es noch keine etablierten Strukturen für Gesundheitsförderung und -versorgung wohnungsloser Menschen innerhalb der Wiener Wohnungslosenhilfe. Eine Recherche und Analyse von Gesundheitsleistungen innerhalb der Wohnungslosenhilfe in Österreich (Schoibl & Schoibl 2006) zeigt verschiedene Formen von Angeboten auf: Konsiliarvereinbarungen mit niedergelassenen ÄrztInnen, medizinische Sprechstunden in der Einrichtung, Kooperationsvereinbarungen mit einzelnen Krankenhäusern und Ambulanzen, Pflegeeinrichtungen für pflegebedürftige Wohnungslose, Medikamentenvergabe im Haus etc. Es existieren aber auch Einrichtungen, in denen die medizinischen Dienste ins Betreuungssystem der Einrichtung integriert sind.

Die interdisziplinäre Zusammenarbeit (Medizin, Pflege, Psychologie, Sozialarbeit), wie sie in Deutschland bereits durch verschiedene Modelle (Mainzer Modell, Arztpraxis der Katholischen Männerfürsorge in München) zumindest teilweise erprobt wurde, schafft die Möglichkeit einer effizienten Behandlung dieser KlientInnen im niedergelassenen Bereich und erweist sich somit langfristig als kostengünstiger.

Auch sind niederschwellige aufsuchende Angebote der Gesundheitsförderung und -versorgung vonnöten, die einen Abbau der subjektiven und objektiven Barrieren bewirken, die den Zugang der wohnungslosen Menschen zu Gesundheitsangeboten erschweren oder verhindern.

## Das Projekt „Gesundheit für wohnungslose Frauen in Wien" (GWF)

Das Projekt „Gesundheit für wohnungslose Frauen in Wien – GWF" umfasst die Entwicklung und Umsetzung von gesundheitsförderlichen Maßnahmen für die spezifische Zielgruppe wohnungsloser Frauen. Im Herbst 2005 konzipierte das Frauengesundheitszentrum FEM im Auftrag des Wiener Frauengesundheitsprogramms ein Maßnahmenpaket zur aufsuchenden Gesundheitsarbeit für wohnungslose Frauen in Wien. Die Finanzierung erfolgt über die Stadt Wien. Wesentlicher Projektpartner von Anbeginn an ist der Verein neunerHAUS mit seinem Team neunerHAUSARZT.

Derzeit werden in 14 Einrichtungen der Wiener Wohnungslosenhilfe gynäkologische, psychosoziale sowie psychologische und therapeutische Angebote gesetzt, je nach Bedarf der jeweiligen Einrichtung und ihrer Bewohnerinnen. Die Angebote werden für jede Einrichtung maßgeschneidert. Die Planung erfolgt partizipativ, d. h. unter Einbeziehung der EinrichtungsmitarbeiterInnen, aber vor allem auch der wohnungslosen Frauen selbst. Es wird besonders darauf geachtet, bestehende interne und externe Ressourcen des Hauses zu nützen bzw. gemeinsam nach Synergien zu suchen.

Die Gesundheitsangebote sind so konzipiert, dass sie die Anliegen und Bedürfnisse von wohnungslosen Frauen in den Vordergrund rücken und damit eine hohe Akzeptanz bei den Frauen erreichen. Ziel ist es, bestehende Barrieren zum Medizin- und Gesundheitssystem abzubauen und den Frauen die Inanspruchnahme von Gesundheitsdiensten außerhalb ihrer Einrichtung zu erleichtern bzw. zu ermöglichen.

Das Projekt „Gesundheit für wohnungslose Frauen – GWF" richtet sich an alle Frauen und Mädchen, die in Übergangs- und Dauerwohneinrichtungen der Wiener Wohnungslosenhilfe leben oder Notschlafstellen in Anspruch nehmen.

Projektziele sind:
- Ermöglichung der Inanspruchnahme eines ganzheitlichen Gesundheitsangebotes zur Stabilisierung der psychischen und physischen Gesundheit von wohnungslosen Frauen
- Krisenintervention im psychologisch/psychiatrischen Bereich
- Übermittlung zu weiterführenden Maßnahmen im regulären Wiener Versorgungssystem mit entsprechender Nachsorge
- Frühzeitige Interventionen, um stationäre Behandlungen und Einlieferungen in Notfallsambulanzen zu vermindern
- Stärkung der eigenen gesundheitlichen Ressourcen durch medizinische, sozialarbeiterische und psychotherapeutische Unterstützung, um autonom über die Inanspruchnahme des gesundheitlichen Regelsystems entscheiden zu können
- Aufbau eines multiprofessionellen Netzwerkes innerhalb des regulären Versorgungssystems
- Unterstützung beim Erkennen von Ressourcen und Möglichkeiten der unterschiedlichen Einrichtungen für die Gesundheitsförderung und -versorgung der Bewohnerinnen

- Förderung der Zusammenarbeit und des gegenseitigen Verständnisses zwischen Gesundheits- und Sozialbereich

Von Jänner 2006 bis Dezember 2008 fanden im Rahmen der aufsuchenden Gesundheitsangebote 3.132 Kontakte mit wohnungslosen Frauen statt. Inhaltliche Schwerpunkte der Beratungen und Gruppenangebote sind:
- Konflikte im Umfeld Familie und Partnerschaft
- Erziehungsfragen
- Arbeitslosigkeit
- Gewalterfahrungen
- Alkoholismus
- Depression
- Überforderungssituationen und Mehrfachbelastung
- Verhütung, Schwangerschaft
- Menstruation
- Gynäkologische Beschwerden (Infektionen, Brustprobleme, Unterleibsbeschwerden)
- Fragen zu körperlichen Beschwerden, Untersuchungen, Befunden, Medikamenten
- Information zu Gesundheitseinrichtungen und -leistungen
- Unterstützung bei der Suche nach Therapiemöglichkeit etc.

Im Rahmen der gesundheitlichen Betreuung und Begleitung der Bewohnerinnen finden laufend Überweisungen zu anderen Angeboten statt, die das aktuelle Betreuungsangebot ergänzen und die weiterführend nötig erscheinen. Es wird speziell darauf geachtet, zunächst die bestehenden Ressourcen innerhalb des Hauses zu nützen. Ein wesentliches Anliegen ist es dabei, die Frauen in den niedergelassenen Gesundheitsbereich bzw. in Ambulanzen und Spitäler der regulären Wiener Gesundheitsversorgung überzuführen. Zu 48% verlaufen die Überweisungen zu externen Hilfssystemen erfolgreich. Aber auch die Überweisungen innerhalb des internen Gesundheitsnetzes zeigen eine signifikant positive Wirkung: in 73% der Fälle ist die Überweisung erfolgreich.

Für die optimale Gesundheitsversorgung wohnungsloser Frauen ist eine berufsgruppenübergreifende Zusammenarbeit unerlässlich. Der regelmäßige Dialog mit der Hausleitung und den SozialarbeiterInnen/-betreuerInnen, der Austausch und die enge Zusammenarbeit mit anderen GesundheitsdienstleisterInnen in den Einrichtungen, wie dem Team neunerHAUSARZT, dem Psychosozialen Dienst und dem Männergesundheitszentrum MEN garantieren eine ganzheitliche und umfassende Betreuung der Klientinnen. Dies wirkt sich vor allem förderlich auf die Compliance der Bewohnerinnen hinsichtlich Behandlungen und Therapien aus. Die so entstandenen Gesundheitsteams sehen die Vernetzung als einen elementaren Auftrag in ihrer Arbeit in den Einrichtungen. Es wurden fixe Gesundheitsteam-Treffen installiert, bestehend aus FEM, MEN und Team neunerHAUSARZT, die auch der besseren strukturellen Verankerung in den Häusern dienen.

Im Rahmen einer umfangreichen internen Selbstevaluation nach dem ersten Projektjahr konnte gezeigt werden, dass die Angebote des Projekts durchwegs positiv aufgenommen werden und mehrheitlich als Entlastung erlebt werden. Das vernetzte Arbeiten des FEM-Teams stößt auf positive Resonanz. Die gesundheitsförderlichen Angebote werden hinsichtlich der Zielsetzungen des Projekts als sinnvoll und notwendig erachtet. FEM wird als Partnerin in Sachen Gesundheit betrachtet. 100% der Befragten sprechen sich für eine Weiterführung des Projekts aus.

Durch den ganzheitlichen, interdisziplinären und gendersensiblen Ansatz ist das Projekt „Gesundheit für wohnungslose Frauen – GWF" im deutschsprachigen Raum in dieser Form einzigartig. Erfolgselemente des Projekts „Gesundheit für wohnungslose Frauen in Wien – GWF" sind

- die Verschränkung von Sozialarbeit, Medizin und psychosozialer Versorgung
- die interdisziplinäre Herangehensweise, die der komplexen Gesundheitssituation der Zielgruppe gerecht wird
- die frauenspezifische Konzeptausrichtung mit dem Arbeitsschwerpunkt Empowerment (Stärkung der Selbstbestimmung von Frauen)
- der partizipative Ansatz bei Entwicklung, Durchführung und Bewertung des Projekts (Mitsprache von betroffenen Frauen bei Planung und Umsetzung von Gesundheitsförderungsmaßnahmen)
- der Schwerpunkt Vernetzung: fächerübergreifend, institutionenübergreifend, ressortübergreifend
- die Nutzung bestehender Ressourcen und der Respekt vor dem Knowhow und den Erfahrungen der anderen Berufsgruppen
- die Verbindung von Top-down- und Bottom-up-Strategien
- die Sicherung von Kontinuität und Nachhaltigkeit (innovative Projektideen in bestehende Strukturen integrieren)

## Beispiele gelungener Gesundheitsförderung im Rahmen des Projekts

Frau K., 42 Jahre, lebt seit etwa 1,5 Jahren in der Einrichtung. Sie ist geschieden und hat eine Tochter, die zurzeit bei ihrer Großmutter lebt. Sie besucht sie regelmäßig.

Frau K. sucht den Arzt des Teams neunerHAUSARZT wegen Schlafstörungen und Unruhegefühlen auf. Nach einem Anamnesegespräch lädt der Arzt

Frau K. ein, mit ihm in den Nebenraum zur Psychologin des FEM-Teams zu gehen. Er erklärt der Frau, dass er ihr zur Unterstützung ein leichtes Beruhigungsmittel und Schlafmittel verschreiben wird, es jedoch sinnvoll wäre, mit der Psychologin über etwaige Gründe für ihr Befinden zu sprechen. Frau K. willigt ein. Nach einem kurzen Gespräch zu dritt entscheidet sich Frau K. dazu, einige Termine bei der Psychologin wahrzunehmen. Während dieser Gespräche wird die Klientin dabei unterstützt, die Gründe für ihre Unruhegefühle und ihre Schlafstörungen zu identifizieren und für sie nötige Veränderungen in ihrem Umfeld vorzunehmen. Frau K. hat Gewalterfahrungen und Prostitution hinter sich. Nach einigen Beratungsterminen vor Ort in der Einrichtung äußert Frau K. den Wunsch, die psychologische Beratung im Frauengesundheitszentrum FEM weiterzuführen. Frau K. fährt seitdem regelmäßig ins FEM in den 18. Bezirk zur Beratung und meistert ihren Alltag und ihre persönlichen Zielsetzungen unabhängig und sicher. Ihr nächstes Ziel ist der Bezug einer eigenen Wohnung.

Frau U., 52 Jahre, hat ein erwachsenes Kind und ist in Pension. Frau U., die in ihren Beziehungen viel Gewalt erlebt hat und lange Jahre alkoholkrank war, besucht die FEM-Frauengruppe regelmäßig und genießt sichtlich die Möglichkeit, kreativ zu gestalten und über ihre Probleme, aber auch einfach über ihr Leben zu erzählen und sich auszutauschen. Nach einer Vergewaltigung beginnt die abstinente Alkoholikerin wieder zu trinken. Es werden Kontakte zu einem Psychiater und zu einer Psychotherapeutin hergestellt. Die FEM-Psychologin begleitet sie zum ersten Termin bei der Psychotherapeutin, die spezialisiert ist auf Sucht und Traumata. Frau U. wird auch zu einer gynäkologischen Untersuchung begleitet, um mögliche körperliche Verletzungen durch die Vergewaltigung abzuklären. Frau U. geht regelmäßig in Psychotherapie und ist in psychiatrischer Behandlung. Die Gruppe besucht sie jede Woche. Sie hat diese Krise noch nicht ganz bewältigt, doch durch ihre Fähigkeit, die Angebote kontinuierlich zu nutzen und an sich und dem Erlebten zu arbeiten, ist Frau U. auf einem guten Weg.

Frau S., 29 Jahre, kommt in die vom FEM eingerichtete gynäkologische Sprechstunde in ihrer Einrichtung, da sie vermutet schwanger zu sein. Sie ist alleinstehend und nicht krankenversichert. Frau S. ist verunsichert, sie weiß nicht, was sie machen soll und welche Entscheidungsmöglichkeiten sie überhaupt als wohnungslose, nicht versicherte Frau hat. Die Frauenärztin lädt sie ein, zu ihr in die Ambulanz des Krankenhauses zu kommen, um die notwendigen Untersuchungen durchführen zu lassen und dann entsprechende Informationen einzuholen. Sie erscheint wie besprochen zum Termin und wird von der Frauenärztin, die sie ja bereits aus dem Haus kennt, untersucht. Sie ist schwanger. Nach eingehenden Gesprächen und Abwägen der Möglichkeiten entscheidet sich die Frau, die Möglichkeit einer anonymen Geburt zu nutzen.

## Literatur

Armut und Gesundheit in Deutschland e.V. (2000). Die Gesundheitssituation wohnungsloser Menschen. In R. Geene & C. Gold (Hrsg.), *Gesundheit für alle! Wie können arme Menschen von präventiver und kurativer Gesundheitsversorgung erreicht werden?* Berlin: b_books Verlag.

Greifenhagen, A. & Fichter, M.M. (1997). Mental illness in homeless women: an epidemiological study in Munich, Germany. *European Archives Psychiatry and Clinical Neuroscience, 247,* 162–172.

Hurrelmann, K. & Kolip, P. (2002). *Geschlecht, Gesundheit und Krankheit,* Bern: Hans Huber

Schoibl, H. & Schoibl, A. (2006). *Gesundheit. Ein Thema für die Wohnungslosenhilfe.* Österreichbericht 2006.

Loibl, E. & Corazza, E. (2003). *Frauengerechte Qualitätsstandards.* [www-Dokument]. Verfügbar unter http://www.bawo.at. [Datum des Zugriffs: 20.7.2009]

Trabert, G. (1995). *Gesundheitssituation und Gesundheitsverhalten von alleinstehenden, wohnungslosen Menschen im sozialen Kontext ihrer Lebenssituation.* Bielefeld: VHS Verlag Soziale Hilfe GmbH.

Trabert, G. (2000). Entwicklungen/Daten/Erkenntnisse der letzten Jahre zur Thematik der Medizinischen Versorgung von wohnungslosen Menschen in Deutschland. In R. Geene & C. Gold (Hrsg.), *Gesundheit für alle! Wie können arme Menschen von präventiver und kurativer Gesundheitsversorgung erreicht werden?* Berlin: b_books Verlag.

Uexküll, T. (1996). *Lehrbuch der psychosomatischen Medizin.* München, Wien, Baltimore: Urban & Schwarzenberg.

Verein neunerHAUS (2009). *Projektdokumentation.* [www-Dokument]. Verfügbar unter: http://www.neunerhaus.at/KonzeptGesundheitsversorgungVereinneunerHAUS_002.pdf.pdf [Datum des Zugriffs: 20.7.2009]

## Autorinnen

**Mag.[a] Daniela Kern**
Studium der Psychologie an der Universität Wien, postgraduelle Ausbildung zur Klinischen und Gesundheitspsychologin, Ausbildung in Supervision, Coaching und Organisationsberatung, Leitung des Frauengesundheitszentrums FEM seit 1999, Vorstandsmitglied des Instituts für Frauen- und Männergesundheit, freiberuflich tätig als Coach und Organisationsberaterin.

**Mag.[a] Julia Karinkada**
Studium der Psychologie an der Universität Salzburg, postgraduelle Ausbildung zur Klinischen und Gesundheitspsychologin, seit Herbst 2003 Beratung und Projektmanagement im Frauengesundheitszentrum FEM, Projektleitung „GWF – Gesundheit für wohnungslose Frauen" und „LOLA – Sexualität von Frauen, Mädchen und Paaren".

# Männergesundheitsförderung in der Praxis
## Ein Balanceakt von emanzipatorischem Anspruch und Ressourcen-Orientierung
*Romeo Bissuti*

## Einleitung

Seit den neunziger Jahren ist vorwiegend im Kielwasser des Frauengesundheitsthemas auch die Männergesundheit in den Blick der Öffentlichkeit und der Fachleute gerückt (Hurrelmann & Kolip 2002; Altgeld 2004). Einmal mehr wiederholt sich hier das Phänomen, dass Gender-Themen aus Männer-Sicht auf breiterer Ebene einerseits über den „Umweg" der Frauenbewegung sichtbar, benannt oder aktiviert werden, und dass andererseits jene Bereiche, in denen homosexuelle Männer zu den Vorreitern zählen (v. a. im Zuge der Thematisierung von HIV/AIDS) im gesellschaftlichen Mainstream ausgeblendet bleiben. Diesen Mangel an „Basis-Bewegung" für Männergesundheit konstatiert Faltermair (2004) wie folgt:

> Damit hat es mehr als 20 Jahre gedauert, bis nach der Entstehung einer Frauengesundheitsforschung, die seither eine produktive Entwicklung genommen hat, nun auch die Gesundheit des anderen Geschlechts explizit zum Thema gemacht wird. Diese Verzögerung ist sicher kein Zufall und sie ist keineswegs durch einen geringeren Bedarf der Männer in diesem Feld zu rechtfertigen. Vielmehr dokumentiert sich darin bereits ein Symptom des Problems: Während die wissenschaftliche Auseinandersetzung mit der Gesundheit von Frauen auch durch ein deutliches Interesse und einen Druck von der gesellschaftlichen Basis her geprägt war, sie in diesem Sinne ein Teil der Frauenbewegung war, gab es auf der Seite der Männer bisher keine vergleichbaren Entwicklungen. Das hat vermutlich viel damit zu tun, dass sich Männer offenbar bisher wenig für ihre Gesundheit interessieren und dass es keine allgemeine gesellschaftliche Benachteiligung von Männern gibt, die Anlass für eine Emanzipationsbewegung auf diesem Feld gäbe (Faltermair 2004, S. 11).

Damit sind implizit zwei Pole genannt, die in der Männergesundheitsarbeit zu berücksichtigen sind. Den einen Pol stellt die Frage nach dem emanzipatorischen Gehalt von Männergesundheitsarbeit dar. Im Zentrum steht dabei das Anliegen, in welcher Weise Männer *und* Frauen davon profitieren können (gesamtgesellschaftliche Ebene), und zugleich, inwiefern eine gesundheitsrelevante Emanzipation von riskanten Männlichkeitszumutungen für Männer möglich scheint. Den anderen Pol stellt die Erfahrung aus der Praxis der Männerarbeit dar, dass eine Defizitorientierung nur in einem begrenzten Feld und unter bestimmten Voraussetzungen (etwa der Bereich der Täter-Arbeit, vgl. dazu Logar, Rösemann & Zürcher 2002) das Mittel der Wahl sein kann. Vielmehr ist ein ressourcenorientierter und salutogenetischer Blick wichtig und erforderlich, gerade bei einer Zielgruppe, bei der aus Gründen der scheinbaren Unvereinbarkeit von Männlichkeitsanforderungen und Gesundheitsvorsorge große Widerstände zu erwarten sind – die im Falle sozialer Benachteiligung im Zuge hegemonialer Männlichkeitskonstruktionen Gefahr laufen, noch weiter verschärft zu werden (s.u.). Ich möchte im Folgenden einen kurzen Einblick in die Datenlage zur Männergesundheit geben, um anschließend die beiden Aspekte Emanzipation bzw. Ressourcenorientierung näher auszuführen und ein balanciertes Modell dazu skizzieren (vgl. hier Winter 2004 und auch das Wertequadrat bei Schulz von Thun 1984 ).

## Daten zur Männergesundheit

Einen wichtigen Baustein für die Entwicklung einer Männergesundheitsarbeit liefern epidemiologische Daten sowie die sozialwissenschaftliche Gesundheitsforschung, die deutliche Geschlechtsunterschiede in Mortalität und Morbidität aufzeigen. Sowohl auf nationalem (siehe Wiener Männergesundheitsbericht von Schmeiser-Rieder & Kunze, 1999 sowie 1. Österreichsicher Männergesundheitsbericht von Habl, Birner, Hlava & Winkler, 2004) als auch auf internationalem Gebiet gleichen sich die Daten in den westlichen Industrieländern.

Der Wiener Männergesundheitsbericht zeigte dabei,
- dass die Lebenserwartung von Männern um etwa sieben Jahre hinter der von Frauen zurückbleibt und sowohl der Gesundheitszustand als auch die Mortalität besonders eng mit sozialen Faktoren verknüpft sind.
- dass Herz-Kreislauf-Erkrankungen, Krebs und Unfälle die drei häufigsten Todesursachen von Männern sind.
- dass Lebensstilfaktoren einen ganz entscheidenden Einfluss auf die Männergesundheit haben. Bei der Sterblichkeit an Leberzirrhose etwa (die in engem Zusammenhang zum Alkoholkonsum steht) ist Österreich hinter Ungarn europaweit an zweiter Stelle. Auch die Zunahme der männlichen Osteoporose steht in einer engen Wechselwirkung zum Alkoholkonsum.
- dass 40% der Männer laut eigenen Angaben an Stress leiden, auf den vor allem mit problematischen Coping-Strategien wie Rauchen, Alkoholkonsum oder Überernährung reagiert wird.
- dass Männer Vorsorgeeinrichtungen seltener als Frauen nützen und so weniger von vorsorgemedizinischen Leistungen profitieren.

Diese Daten sind auch weitgehend auf Österreich ausweitbar, wie der Österreichische Männergesundheitsbericht zeigt. Österreichweit wurde hier eine um 5,7 Jahre kürzere Lebenserwartung konstatiert. Auch andere Befunde sind für ganz Österreich belegbare Sachlagen, wie die um etwa das Dreifache erhöhte Selbstmordrate von Männern (Frauen weisen gleichwohl eine dreifach höhere Selbstmordversuchsrate auf) oder dass sich Männer im Durchschnitt gesünder fühlen als Frauen.

Der Blick auf Europa liefert ähnliche Ergebnisse. Eine von Alan White und Keith Cash (2003) durchgeführte und vom European Men's Health Forum (EMHF) herausgegebene Studie befindet anhand des Vergleiches von 17 europäischen Ländern, dass die Lebenserwartung von Männern in den letzten Jahrzehnten schneller als jene der Frauen gestiegen ist, sie aber dennoch erst im Jahr 2020 ungefähr jene von Frauen in den 80er-Jahren des letzten Jahrhunderts erreichen wird. Neben vielen anderen Parallelen zu den oben genannten österreichischen Berichten (etwa hinsichtlich der Herz-Kreislauf-Mortalität, Krebserkrankungen oder Suizid) wird auch hier die Diskrepanz zwischen persönlichem Gesundheitsempfinden und den aus den Daten ersichtlichen Gesundheitsrisiken konstatiert, ebenso wie ein erhöhtes Risikoverhalten von Männern.

Ausgehend von diesen internationalen Studien widmen sich Organisationen und Zusammenschlüsse wie das bereits erwähnte EMHF und auch die International Society for Men's Health (ISMH) der Aufgabe, dem Thema Männergesundheit auf der Ebene der persönlichen wie auch der politischen Entscheidungsprozesse mehr Gewicht zu geben. Zu den zentralen Forderungen gehören dabei unter anderem:

- Vermehrte gendersensible Forschung bezogen auf Gesundheitsdaten bei Frauen und Männern. Dabei wird ein kritischer Blick auf jene Daten geworfen, die zwar Männer geschlechtsblind als Norm setzen, ohne aber den Faktor Geschlecht bewusst in die Theorien oder Ergebnisauswertungen mit einzubeziehen. Genau diese bräuchte es aber, um Prozesse von Morbidität und Mortalität besser verstehen zu können.
- Verbesserte männersensible Gesundheitsangebote, die im Konzept (Öffentlichkeitsarbeit, Themen etc.) und in der Struktur (Öffnungszeiten, Erreichbarkeit etc.) auf Männer ausgerichtet sind.
- Thematisieren der kulturellen Normen von Männlichkeit, die eine Gesundheitssensibilität von Männern mehr oder weniger offen abwertet, diffamiert und lächerlich macht. Darüber hinaus ist Gender jeweils im Kontext von weiteren gesundheitlich relevanten sozialen Merkmalen zu sehen, wie etwa soziale Benachteiligung, soziokulturelle Identitäten, Migration etc.

## Männergesundheit und emanzipatorischer Anspruch

Die Fakten zur Männergesundheit verweisen in vieler Hinsicht auf eine Lebenspraxis einer erheblichen Anzahl von Männern, die ein riskantes Gesundheitsverhalten als Zeichen von „Männlichkeit" lebt und somit in dem Paradoxon gefangen ist, dass eine robuste Gesundheit gerade im Kontext von ungesundem und riskantem Verhalten unter Beweis zu stellen ist (Hinz 2008):

> Unverkennbar ist, dass die Rücksichtslosigkeit gegenüber dem eigenen Körper und die dadurch bewiesene Leistungsfähigkeit mit besonderer Männlichkeit verknüpft werden. (...) Zur Inszenierung der eigenen „Männlichkeit" gehören die Schönfärbung des eigenen Gesundheitszustandes, die Behauptung der geringeren Anfälligkeit gegenüber Krankheiten bis hin zur Unverwundbarkeitsideologie, die demonstrative Nichtbeachtung der eigenen Gesundheit, fehlende Gesundheitsvorsorge und gesundheitsriskante Verhaltensweisen (Hinz 2008, S. 238).

Damit sind die Geschlechtsrollenerwartungen an Männer sowie deren (immer auch als widerständig zu denkende) Aneignung, Gestaltung und Konstruktion im Sinne des *Doing Gender* angesprochen, die einen wesentlichen Kern und Ansatzpunkt für die Männergesundheitsarbeit bilden. Der Begriff der Emanzipation bezieht sich also zum einen auf die Loslösung und kritische Hinterfragung von Männerrollenbildern, die ganz offensichtlich gesundheitsschädigende Folgen für Männer selbst haben. Hier gibt es inhaltliche und strukturelle Verbindungen zur Männerforschung und Männerberatungsarbeit, die genau diesen Sachverhalt im deutschsprachigen Raum etwa seit den 80er-Jahren fokussiert (Walter 1996; Meuser 2006).

Ausgehend von vor allem forensischen Arbeitsfeldern wird dort auch der zweite Aspekt eines emanzipatorischen Anspruches sichtbar, in welchem die gesellschaftliche Ungleichverteilung von Macht zwischen Männern und Frauen zum Thema wird. Dazu ist insbesondere die Arbeit mit Männern im Rahmen von Gewalt in Beziehungen (Logar, Rösemann & Zürcher 2002) zu nennen, oder die Arbeit mit Sexualtätern (Brem 2004). Darüber hinaus gibt es eine Vielzahl an Befunden etwa hinsichtlich Familien- und Erwerbsarbeit (Resch 2002) oder der Gestaltung privater Lebensformen (Höpflinger 2002), dass Frauen- und Männergesundheit in einem engen Wechselverhältnis zueinander stehen, in welchem sich unterschiedliche gesellschaftliche Ressourcen und Machtverhältnisse spiegeln. Emanzipation bedeutet also sowohl mit Männern hinsichtlich der Loslösung und Reflexion von impliziten Männlichkeitsnormen zu arbeiten, als auch Männer und Frauen in ihrer gesellschaftlichen Stellung zueinander zu betrachten und die Konzepte daraufhin abzustimmen.

Für den Umgang mit dieser komplexen Materie gibt es zwei wichtige Zugänge. Einerseits ist dies Robert Connell (1999/2006) mit seiner Theorie der „hegemonialen Männlichkeit". Geschlecht wird dabei nicht nur als Rollenidentität gefasst, sondern in gesamtgesellschaftlicher Perspektive vor allem in seiner Ausgrenzungs- und Privilegierungsfunktion benannt. Dabei geht es um Praktiken und kulturelle Bezüge, die eine reale wie symbolische Überlegenheit von Männern über Frauen und auch über abgewertete Formen von „abweichender" Männlichkeit – homosexuell, nicht weiß, sozial schwach, behindert etc. – durchzusetzen versucht. Connell differenziert weiters in marginalisierte, untergeordnete und komplizenhafte Männlichkeiten, die in unterschiedlicher Weise von einer allfälligen „patriarchalen Dividende" profitieren können und in einem vielschichtigen Konkurrenzverhältnis zueinander stehen. Hier lassen sich die erwähnten Bezüge zu sozial benachteiligten Männern finden, die durch einen riskanten Lebensstil eine symbolische Teilhabe an dieser Dividende inszenieren bzw. durch das Gesundheits-Leitbild einer „unerschütterlichen Manneskraft" einen drohenden Verlust von ebendiesem Ansehen abzuwenden versuchen.

Andererseits hat Pierre Bourdieu (1987) mit seinem Habitus-Konzept das sozial vermittelte „Einverleiben" von Leistung, Erfolg, Überlegenheit und Macht angesprochen, welches einerseits den Männerkörper einer instrumentellen Nutzung unterwirft (siehe dazu auch Brandes 2003) und andererseits weit reichende Konsequenzen hinsichtlich der Machtverteilung zwischen den Geschlechtern mit sich bringt (Bourdieu 2006).

Vor diesem Hintergrund sind die Daten zur Männergesundheit weniger im Sinne einer allgemeinen gesellschaftlichen Benachteiligung von Männern zu sehen (andere Diskriminierungen wie Migration, soziale Benachteiligung, marginalisierte Männlichkeiten etc., die quer dazu liegen, bleiben hier unberücksichtigt) als vielmehr als Ausdruck eines Risiko-Verhaltens, welches im Kontext einer Teilhabe an dominanten Formen von Männlichkeit zu verstehen ist.

Die zentrale Bedeutung dieses Diskurses zeigt sich etwa anhand der Diskussion und politischen Vertretung von Männergesundheitsanliegen in der Männerbewegung (Karoski 2007), bei der sich genau um die Frage von individueller und gesellschaftlicher Betroffenheit kontroverse Positionen und möglicherweise elementare Problembereiche in der Männergesundheitsarbeit verorten lassen:

> Whether the men in the men's movement desire it or not however, economic rationalism in health and other services means that funding men's health services may well lead to a reduction in funding for women's health services. Therefore, more generic and specialised men's health services are likely to compete with women's health services and the outcome could well be the maintenance of the status quo. (...) Hence, health could become a backlash issue for the men's movement and (...) adversion from other men's movement issues (Karoski 2007, S. 218–219).

Wenn sich Männergesundheitsarbeit nicht dem Vorwurf aussetzen will, machtblinde Reparaturarbeit am Patriarchat durchzuführen, so braucht es Ansätze, die

- Männergesundheit mit einer kritischen Reflexion von Machtverhältnissen verbinden. Feministische Ansätze und Thesen sind hier genauso zu berücksichtigen wie die erwähnten Konzepte von hegemonialer Männlichkeit oder männlichen Habituskonzepten.
- wo immer möglich eine organisatorische Vernetzung mit Frauengesundheitsanliegen anstreben und einen lebendigen Diskurs über spezifische Zugänge und Dringlichkeiten führen. Dazu bedarf es einer gemeinsamen Reflexion der gegebenen Rahmenbedingungen verschärfter Konkurrenz auf dem Arbeitsmarkt, auf dem auch die AnbieterInnen von Gesundheitsförderung unter dem stummen Zwang der ökonomischen Verhältnisse miteinander im Wettbewerb stehen. Es droht ansonsten die Gefahr, dass gegenderte Praxisansätze und Forschungsvorhaben, die eine sensible Herangehensweise sowie die Fähigkeit erfordern, eine komplexe Materie auch in ihren Widersprüchlichkeiten zu bearbeiten, zu paradigmatischen „Gender-Trumpfkarten" im Wettbewerb um Fördergelder verkürzt werden.
- sich um die Partizipation vielfältiger Männer und Männlichkeiten in den Projekten bemühen, um eine verkürzte Wahrnehmung und Überhomogenisierung der Gruppe „Männer" zu vermeiden. Dabei können etwa Ansätze aus der Männer-Migrationsforschung (Toprak 2007), der sozialen Benachteiligung (Schröder 1996) oder einer Männerforschung aus heteronormativitätskritischer Perspektive fruchtbar gemacht werden (Bauer, Hoenes & Woltersdorff 2007).
- die Selbstreflexion der Akteure bezüglich des eigenen *Doing Gender* innerhalb der gegebenen Geschlechterverhältnisse zu einem unverzichtbaren Gütekriterium machen.

Problematisch aus emanzipatorischer Perspektive sind diesbezüglich jene Bereiche der Männergesundheitsarbeit, in denen Absatzinteressen ganz unmittelbar auf die thematische Aufbereitung durchschlagen. Beispielhaft sei der Markt rund um Potenzmittel für Männer genannt, in welchem in der Aufmachung und Bewerbung vielfach an hegemonial männlichen Leistungsnormen angeknüpft wird und technisch-vereinfachende Lösungsmodelle in den Vordergrund gestellt werden (Altgeld 2004a). Ein kritischer Diskurs über die Medikalisierung von Gesundheit – wie dies vielfach für die Impulsgebung in der Frauengesundheitsbewegung wichtig war und ist – ist hier in der Männergesundheit bisher noch kaum zu beobachten.

Aber auch der Männergesundheitsmarkt im Zeitschriftenregal, vor allem durch die Zeitschrift *Men's Health* repräsentiert, ist hier leider kaum als emanzipatorisches Projekt verortbar. Vielmehr finden sich Hinweise darauf, dass hegemoniale Männlichkeitskonstruktionen im Gewand einer postmodernen Lifestyle-Beliebigkeit restauriert werden. Einen wichtigen Einfluss haben dabei vermutlich die Interessen der inserierenden Absatzmärkte für z. B. Männerpflegeprodukte: laut Angaben des Herstellers Beiersdorf gab es im Bereich der Männerpflege zwischen 2001 und 2006 weltweit eine Wachstumsrate von 16 Prozent (Pressemeldung 28.2.2008 auf www.beiersdorf.de).

## Männergesundheit und Ressourcenorientierung

Ein Grundproblem in der Betrachtung von Männern im öffentlichen Diskurs ist vielfach deren Bestimmung als „Problemfaktor" (Winter 2004; Schnack & Gesterkamp 1996). Diese Defizitorientierung wird dabei durch eine „Männergesundheitsbewegung als ExpertInnenbewegung" (s. o.) noch zusätzlich gefördert. Um Männer zu erreichen, sind entsprechende „Du darfst ... nicht!" – Botschaften nicht besonders gut geeignet, vor allem dann nicht, wenn diese als Anlass und Maßstab für riskante Lebensstil-Inszenierungen zur männlichen Selbstvergewisserung genutzt werden (s. o.). Stattdessen empfiehlt es sich, einen Blick auf Gesundheitsressourcen von Männern zu werfen, um an vorhandenen Potenzialen einzuhaken und diese weiterzuentwickeln. Reinhard Winter (2004) hat mit dem Konzept der balancierten Männergesundheit einen wichtigen theoretischen Ausgangspunkt dafür geschaffen.

Im Zusammenhang mit einer Studie zur Lebenslage von Jungen (Winter & Neubauer 2001) wurde dabei ein Variablenmodell entwickelt, in welchem acht Aspektpaare als Entwicklungsfelder für Jungen und Männer beschrieben werden. Mit diesen Aspekten sind mögliche Kompetenzen und Potenziale zu verstehen, die Männer (und auch Frauen) haben und von denen bestimmte Bereiche in der männlichen Sozialisation häufig überbetont sind. Um wieder ins Gleichgewicht zu kommen, braucht es also die Balance zwischen den beiden Entwicklungspolen, die jeder für sich genommen eine positiv bestimmte Ressource darstellt. Das Verständnis der Balance ist als ein dynamisches Verhältnis zu denken, welches immer neu ausgehandelt werden muss und niemals als statisch fertiger Entwurf zu sehen ist.

Winter und Neubauer beschreiben die Variablenpaare wie folgt

| | |
|---|---|
| Konzentration | Integration |
| Aktivität | Reflexivität |
| Präsentation | Selbstbezug |
| (Kulturelle) Lösung | (Kulturelle) Bindung |
| Leistung | Entspannung |
| Heterosozialer Bezug | Homosozialer Bezug |
| Konflikt | Schutz |
| Stärke | Begrenztheit |

Die links angeführten Begriffe repräsentieren jene Bereiche, die den Männern traditionellerweise zugeschrieben werden und die diese im Sinne der erwähnten *Doing Gender*-Prozesse für sich als Orientierungsrahmen nehmen. Die Begriffe sind dennoch möglichst positiv formuliert, um die Ressourcen, die in diesen Aspekten stecken können, sichtbar zu machen. Die rechte Seite bildet Bereiche ab, die ebenfalls in Männerleben vorhanden, aber oft weniger sichtbar sind oder verdeckt bleiben. Um die Nutzbarkeit dieses Konzeptes zu veranschaulichen, sei dies am Beispielpaar Aktivität – Reflexivität näher erörtert.

Aktivität (etwa „Ich gehe die Dinge an") beschreibt die Energie und Kraft Dinge umzusetzen, oder in Angriff zu nehmen. Dieser Aspekt ist erlebnis- und erfahrungsorientiert und enthält viele Inhalte, an denen sich im Sinne einer Gesundheitsförderung ansetzen lässt. Gerät er allerdings aus der Balance, indem er kein positives Gegenüber als Entwicklungspol vorfindet, so kann dies zum Beispiel in einem riskanten Aktionismus münden, bei dem sich die Lust an der *Action* ohne Einbettung in andere soziale Zusammenhänge oder Risikoabwägungen zu einer gefährlichen Schieflage entwickeln kann. Dies könnte möglicherweise einen der Hintergründe für die überdurchschnittlich hohen Unfallzahlen der Männer bilden.

Der Pol der Reflexivität (etwa „Ich verarbeite in Ruhe Erlebtes") meint den Prozess der Innenschau, des Nachdenkens und auch Bewertens von erlebten Dingen. Diese Zeit der Verarbeitung und Integration von Erfahrungen fördert den Ausgleich zu aktiven Phasen und Momenten. Um diesen spürbar zu machen, lohnt es sich an Erlebnissen von Männern anzuknüpfen, in denen diese Qualität erlebbar wird (etwa Momente und Orte des Ausspannens, der konstruktiven Nachdenklichkeit etc.). Auch diese Seite kann gegebenenfalls kippen, dann nämlich, wenn die Nachdenklichkeit so sehr dominiert, dass man sich zu nichts aufraffen kann, in der Skizze als „passives Laissez-faire" bezeichnet.

Dieses Balancemodell kann also dafür nutzbar gemacht werden, Männergesundheitsarbeit und die Männer selbst aus ressourcenorientierten Blickwinkeln zu betrachten und z. B. in Übertreibungen und Schieflagen auch das Bedürfnis nach einem Gelingen des jeweils positiven Aspektes zu erkennen und herauszuarbeiten (natürlich immer unter Reflexion der gegebenen Geschlechterverhältnisse). Gerade in der Sichtbarmachung und erlebnisorientierten Vermittlung der sonst unbetonten und verdeckten Felder, die in Männerleben zwar vorhanden sind, aber nicht ausreichend gewürdigt werden, liegt ein lohnender Auftrag an die Männerarbeit, der statt Problemen und Defiziten auch sehr lustvolle und positive Bezüge in den Vordergrund stellen kann.

Ein weiterer Bezugspunkt für eine Ressourcenorientierung in der Männergesundheit liegt in einem kritischen Blick auf erfolgreiche Männergesundheitszeitschriften und deren Transport von Gesundheitsanliegen an Männer (Bissuti 2008). Obwohl hier die kritischen Aspekte unter dem Druck marktkonformer Medienwelten zuerst ins Auge stechen, lohnt sich ein zweiter Blick auf jene Kommunikationswege, in denen sich Männergesundheit zielgruppengerecht „an den Mann" bringen lässt.

## Männergesundheit in der Praxis als Balanceakt

Abschließend sei hier aus den obigen Ausführungen das Modell einer Männergesundheitsarbeit als Balanceakt zwischen emanzipatorischem Anspruch und Ressourcenorientierung entworfen.

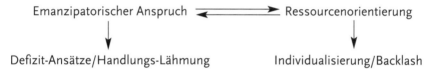

Wie bereits mehrfach betont, betrifft ein Pol im emanzipatorischen Anspruch sowohl die Internalisierung von gesundheitsschädlichen Männerbildern durch Männer, als auch das Geschlechterverhältnis und die Stellung von Männern und Frauen in unserer Gesellschaft (immer unter gleichzeitiger Reflexion weiterer Diskriminierungsmechanismen). Bleibt dieser Pol allerdings ohne Entwicklungs-Gegenüber (wobei zu betonen ist, dass es kein Zuviel an Emanzipation geben kann; gemeint ist daher ein den Gegebenheiten gegenüber nicht erfüllbarer Anspruch), so kann es zu einer Überbetonung von defizitären Ansätzen oder auch zu einer tiefen Handlungslähmung kommen. Auch wenn aus einer solchen Lähmung durchaus wichtige Erkenntnisprozesse erwachsen können, so würde ich im Sinne der Betroffenen doch für einen ausgleichenden Pol plädieren, der die Ressourcen der Männer betont und es versteht, in deren Handeln positive und zu entwickelnde Motive zu entdecken. Fehlt der Ausgleich eines gesamtgesellschaftlichen Blicks, so läuft das Männergesundheitsthema möglicherweise Gefahr, in einer Individualisierung gesellschaftlich vermittelter Probleme zu enden, die auch das Potenzial einer ressentimentgeladenen Backlash-Bewegung birgt.

In der konkreten Umsetzung dieses Anspruches im Wiener Männergesundheitszentrum MEN – welches gemeinsam mit den Frauengesundheitszentren FEM und FEM Süd das Institut für Frauen- und Männergesundheit bildet – steht dieses Spannungsfeld auf dem alltäglichen Prüfstand. Das 2002 gegründete MEN ist eine niederschwellige Anlaufstelle der männerspezifischen Gesundheitsförderung sowie Gesundheitsberatung und steht allen Männern, Buben und Burschen in deren individuellen Lebenslagen und Lebensweisen zur Verfügung – unabhängig von Alter, Bildung, sexueller Orientierung sowie kultureller, religiöser oder ethnischer Zugehörigkeit. Der Zusammenhang von männlicher Sozialisation und gesundheitlichen Störungen, männerspezifischen Bewältigungsstrategien bei gesundheitlichen Problemen sowie männlicher Körperlichkeit und psychischen Aspekten wird in den MEN-Angeboten als Ausgangs- und Bezugspunkt genommen. Das MEN dient der Impulsgebung, Förderung und Beratung im Hinblick auf gesundheitsbewusste Lebensstile von Männern, insbesondere jener von Migranten und sozial benachteiligten Männern. Dazu werden vielfältige Aktivitäten und Initiativen gesetzt, wie etwa Kurs- und Programmangebote für spezielle Männerzielgruppen, Männergesundheitstage, Burschengesundheitstage, Workshop-Angebote für Jungen, Selbsthilfegruppen, Fortbildungen für MultiplikatorInnen, Beratungsangebote online und persönlich u. a. m.

Der Anspruch, die emanzipatorische Balance in der Praxis zu leben, bezieht sich sowohl auf jene Bereiche, in denen gendersensibel gemeinsam an Projekten gearbeitet wird (etwa Gesundheitsförderung für wohnungslose Frauen und Männer; gemeinsame und geschlechtssensible Jugendgesundheitsbroschüre „Ich kenn mich aus!" u. a. m.) als auch auf männerspezifische Projekte (Männergesundheitstage im öffentlichen Raum; Plakataktion „Fit durch Fußball – TV von A bis Z" u. a. m.). Immer wieder wird hier in einer gemeinsamen Diskussion und Betrachtung danach gefragt, welche gesamtgesellschaftlich gedachten Wirkungen und Bezüge die jeweiligen Arbeitsfelder auf Männer und Frauen haben, und wie hier ein guter Ausgleich von Bedarf und Bedürfnissen erreicht werden kann. Inwiefern dieser doppelte Emanzipationsanspruch einlösbar ist und welche Probleme und Hürden sich hier stellen, ist bestimmt eine ausführlichere Erörterung wert, die jedoch den Rahmen dieses Artikels sprengen würde. Eine solche Betrachtung bleibt damit bis auf weiteres der Festschrift zum 10-jährigen Bestehen des MEN vorbehalten.

**Literatur**

Altgeld, T. (Hrsg.). (2004). *Männergesundheit. Neue Herausforderungen für Gesundheitsförderung und Prävention.* Weinheim: Juventa.

Altgeld, T. (2004a). Jenseits von Anti Aging und Work-Out? Wo kann Gesundheitsförderung bei Jungen und Männern ansetzen und wie kann sie funktionieren? In T.

Altgeld (Hrsg.), *Männergesundheit. Neue Herausforderungen für Gesundheitsförderung und Prävention.* Weinheim: Juventa.

Bauer, R., Hoenes, J. & Woltersdorff, V. (2007) *Unbeschreiblich Männlich. Heteronormativitätskritische Perspektiven.* Hamburg: Männerschwarm Verlag.

Bissuti, R. (2008). Gesundheitsförderung in der Burschenarbeit. In *Tagungsband zur 6. Österreichischen Männertagung „Balance" – Gesundheit für Männer.* Salzburg: Männerbüro Salzburg.

Brandes, H. (2003). Männlicher Habitus und Gesundheit. In *blickpunkt der mann. Wissenschaftliches Journal für Männergesundheit 2/2003.* Gablitz: Krause&Pachernegg GmbH.

Brem, J. (2004). Psychodrama mit Sexualtätern. In J. Fürst, K. Ottomeier & H. Pruckner (2004). *Psychodrama-Therapie. Ein Handbuch.* Wien: Facultas.

Bourdieu, P. (1987). *Sozialer Sinn. Kritik der theoretischen Vernunft.* Frankfurt am Main: Suhrkamp.

Bourdieu, P. (2006). *Die männliche Herrschaft* (4. Aufl.). Frankfurt am Main: Suhrkamp.

Connell, R.W. (1999/2006). *Der gemachte Mann. Konstruktion und Krise von Männlichkeiten* (1. Aufl./3. Aufl.). Wiesbaden: VS Verlag.

Faltermair, T. (2004). Männliche Identität und Gesundheit. Warum Gesundheit von Männern? In T. Altgeld (Hrsg.), *Männergesundheit. Neue Herausforderungen für Gesundheitsförderung und Prävention.* Weinheim: Juventa.

Habl, C., Birner, A., Hlava, A. & Winkler, P. (2004). *1. Österreichischer Männergesundheitsbericht.* Wien: Bundesministerium für Arbeit, Soziales und Konsumentenschutz.

Hinz, A. (2008). Jungen und Gesundheit/Risikoverhalten. In M. Matzner & W. Tischner, *Handbuch Jungen-Pädagogik.* Weinheim und Basel: Beltz.

Höpflinger, F. (2002). Private Lebensformen, Mortalität und Gesundheit. In K. Hurrelmann & P. Kolip (Hrsg.), *Geschlecht, Gesundheit und Krankheit.* Bern: Huber.

Hurrelmann, K. & Kolip, P. (Hrsg.). (2002). *Geschlecht, Gesundheit und Krankheit.* Bern: Huber.

Karoski, S. (2007). *Men on the move. The politics of the men's movement.* Unveröffentlichte Dissertation. Universität Wollongong, Australien.

Logar, R., Rösemann, U. & Zürcher U. (Hrsg.). (2002). *Gewalttätige Männer ändern (sich).* Bern: Haupt.

Meuser, M. (2006). *Geschlecht und Männlichkeit: Soziologische Theorie und kulturelle Deutungsmuster.* Wiesbaden: VS Verlag.

Resch, M. (2002). Der Einfluss von Familien- und Erwerbsarbeit auf die Gesundheit. In K. Hurrelmann & P. Kolip (Hrsg.), *Geschlecht, Gesundheit und Krankheit.* Bern: Huber.

Schulz von Thun, F. (1984). *Miteinander reden. Band 1.* Reinbek: Rowohlt.

Schmeiser-Rieder, A. & Kunze, M. (1999). *Wiener Männergesundheitsbericht 1999.* Wien: Magistrat der Stadt Wien MA-L.

Schnack, D. & Gesterkamp, T. (1996). *Hauptsache Arbeit? Männer zwischen Beruf und Familie.* Reinbek: Rowohlt.

Schröder, J. (1996) Ungleiche Brüder. Männerforschung im Kontext sozialer Benachteiligung. In BauSteineMänner (Hrsg.), *Kritische Männerforschung. Neue Ansätze in der Geschlechtertheorie*. Hamburg: Argument.
Toprak, A. (2007). *Das schwache Geschlecht – die türkischen Männer: Zwangsheirat, häusliche Gewalt, Doppelmoral der Ehre*. Freiburg: Lambertus.
Winter, R. & Neubauer, G. (2002). Dies und Das! Das Variablenmodell „balanciertes Junge- und Mannsein" und die Praxis der Jungenarbeit. In B. Sturzenhecker & R. Winter (Hrsg.), *Praxis der Jungenarbeit*. Weinheim und München: Juventa.
Winter, R. (2004). Balancierte Männergesundheit. Männergesundheitsförderung jenseits von Medizin? In T. Altgeld (Hrsg.), *Männergesundheit. Neue Herausforderungen für Gesundheitsförderung und Prävention*. Weinheim: Juventa.
Walter, W. (1996). Männer entdecken ihr Geschlecht. Zu Inhalten, Zielen, Fragen und Motiven von kritischer Männerforschung. In BauSteineMänner (Hrsg.), *Kritische Männerforschung. Neue Ansätze in der Geschlechtertheorie*. Hamburg: Argument.
White, A. & Cash, K. (2003). *A Report on the state of men's health across 17 European countries*. Brüssel: European Men's Health Forum.

## Autor

**Mag. Romeo Bissuti**
Studium der Psychologie in Wien mit Schwerpunkt Geschlechterforschung und Grundlagen der psychosozialen Versorgung, Fortbildung zum Klinischen und Gesundheitspsychologen, seit 2000 Mitarbeiter der Wiener Männerberatung, Mitbegründer und aktuell Obmann der White Ribbon Österreich-Kampagne von Männern gegen Gewalt an Frauen, Mitbegründer und aktuell Leiter des MEN Männergesundheitszentrums, Vorstandsmitglied des Instituts für Frauen- und Männergesundheit, freier Fortbildner zu Männerthemen.

# Anhang

## Das Netzwerk österreichischer Frauengesundheitszentren

Frauengesundheitszentrum FEM
1180 Wien, Bastiengasse 36–38
Tel:   01/476 15-57 71
Fax:   01/476 15-57 79
Mail:  fem@aon.at
Web:   www.fem.at

Frauengesundheitszentrum FEM Süd
1100 Wien, Kundratstraße 3
Tel:   01/601 91-52 01
Fax:   01/601 91-52 09
Mail:  femsued.post@wienkav.at
Web:   www.fem.at

Frauengesundheitszentrum
8010 Graz, Joanneumring 3
Tel:   0316/83 79 98
Fax:   0316/83 79 98-25
Mail:  frauen.gesundheit@fgz.co.at
Web:   www.fgz.co.at

Frauengesundheitszentrum ISIS
5020 Salzburg, Alpenstraße 48
Tel:   0662/44 22 55
Fax:   0662/44 22 55-50
Mail:  office@frauengesundheitszentrum-isis.at
Web:   www.frauengesundheitszentrum-isis.at

Frauengesundheitszentrum Kärnten GmbH
9500 Villach, Völkendorfer Straße 23
Tel:   04242/5 30 55
Fax:   04242/5 30 55-15
Mail:  fgz.sekretariat@fgz-kaernten.at
Web:   www.fgz-kaernten.at

Linzer Frauengesundheitszentrum
4020 Linz, Kaplanhofstraße 1
Tel: 0732/77 44 60
Fax: 0732/77 44 60-60
Mail: office@fgz-linz.at
Web: www.fgz-linz.at

Frauengesundheitszentrum Wels
4600 Wels, Kaiser-Josef-Platz 52
Tel: 07242/35 16 86-18 od. 19
Fax: 07242/35 16 86-22
Mail: fgz-wels@pga.at
Web: www.fgz.at/www.pga.at

**Wiener Programm für Frauengesundheit**
Magistratsabteilung 15, Gesundheitsdienst der Stadt Wien
1030 Wien, Thomas-Klestil-Platz 8/2
Univ.-Prof. Dr.$^{in}$ Beate Wimmer-Puchinger, Wr. Frauengesundheitsbeauftragte
Tel: 01/4000-871 62
Fax: 01/4000-99-87168
Mail: frauengesundheit@ma15.wien.gv.at
Web: www.frauengesundheit-wien.at

**Männergesundheitszentrum MEN**
1100 Wien, Kundratstraße 3
Tel: 01/601 91-5454
Fax: 01/60 191-5459
Mail: kfj.men@wienkav.at
Web: www.men-center.at